海棠栖露 —— 著

我的春秋我做主之

霸道楚庄王

中国出版集团　现代出版社

图书在版编目（CIP）数据

　　我的春秋我做主之霸道楚庄王 ／ 海棠栖露著.
—北京：现代出版社，2018.4

　　ISBN 978-7-5143-6770-6

　　Ⅰ. ①我…　Ⅱ. ①海…　Ⅲ. ①中国历史–春秋时代
Ⅳ. ①K225

　　中国版本图书馆CIP数据核字（2018）第005786号

我的春秋我做主之霸道楚庄王

作　　者	海棠栖露
责任编辑	姚冬霞
出版发行	现代出版社
通信地址	北京市安定门外安华里504号
邮政编码	100011
电　　话	010-64267325　64245264（传真）
电子邮箱	xiandai@cnpitc.com.cn
印　　刷	三河市金泰源印务有限公司
开　　本	710 mm×1000 mm　1/16
印　　张	20.25
字　　数	310千
版　　次	2018年5月第1版　2018年5月第1次印刷
书　　号	ISBN 978-7-5143-6770-6
定　　价	49.80元

自　序

这是一段关于智慧、勇气、权力和道义的故事。

春秋时期，当这个广袤世界的绝大部分族群仍处于蒙昧之中时，我们的先祖已经率先进入了人类社会的相对高级阶段。在春秋的历史舞台上，王公将相与凡夫俗子粉墨登场，各施所能，共同演绎了一幕幕精彩绝伦的兴亡大戏。然而，因为年代久远，史籍晦涩，不少人对于春秋历史只有节点式和结局式的了解。同时，由于春秋历史涉及太多的国家、人物和事件，线索纷繁复杂，全面叙述难度着实不小，以至于目前综合性讲述春秋历史的通俗读物不多，这也正是我深以为憾之处。曾数度想尝试挑战一下这个高难度动作，但总是怯于自己才疏学浅而黯然退却，痛恨与期盼之情，竟日萦绕不绝。

终于，在一个冬日的夜晚，当手机里林林总总的资讯被逐条阅尽后，我陷入了难以言及的空虚，突然想把那个向往了许久却迟迟不敢追寻的梦付诸实践，于是我鼓起勇气新建一个文档，并郑重地写下了"我的春秋我做主"几个字。

我不想搞学术研究，不喜欢每日埋头于故纸堆中做考古工作。写作是一种乐趣，我希望轻松地、欢快地把春秋时代的故事介绍给和我一样热爱春秋历史的朋友。当然，也不必讳言，本人水平有限，而且写作只是我的一项业余活动，所以，我即使有心，也无力将这延绵三百年的历史写得尽如人意。不过，在采撷本文的历史素材时，我将尽量本着严肃认真的态度，并以当时的政治经济背景和地理人文环境为参考，按照自己的思维方式做出分析与判断。

预计完成这部作品将是一件旷日持久的工作。然而，就在我提笔写下这段文字时，油然而生的欢乐在我心际缓缓流淌，使我安详，使我宁静，让我感觉到了一种使命。于历史而言，春秋就是一部传奇，华丽的故事简直让人怀疑它出自某位编剧之手；于我而言，在完成这部作品写作的那一天，我会觉得，我的人生从此有了与众不同的意义，我会觉得，我也造就了一个传奇。

我要把这件预期中的作品献给我亲爱的家人和朋友，并以此来纪念我与他们共同度过的时光。

此志。

海棠栖露

2011 年 12 月 26 日深夜于家

前　言

　　读史可以省身，读史可以明志，然而这些都基于一个明确无误的前提，那就是史书必须给人以阅读的兴趣，或者说勇气。我从不妄加揣测每位读者的素养和偏好，但既然大家都说群众路线才是文艺的生命所在，那我相信，《我的春秋我做主》这套书，至少没有脱离顶层的召唤和底层的呼唤。如果您不吝第一次翻开它，您一定能感受到我扑面而来的诚意。

　　春秋时期是一段雅俗共赏的历史，中国的典章制度和文化习俗大多由此发祥，权谋征伐和传奇典故亦不胜枚举。就题材的可塑性而言，春秋实在是一块上佳的文人用武之地。

　　本书试图在历史的严肃性和观赏性之间寻求某种融合，一方面避免史料的枯燥堆砌和说教，另一方面也防止脱离历史本原而走上架空的道路。最终的目的，是以史料为基础，以争霸为主线；用通俗亲和的文体，用有血有肉的笔触，讲述春秋时期的地缘格局、人文景观和政治演变。希望您能够带着愉悦的心情读完它。

　　我知道这很难，但我不会放弃努力！

目　录

蝶 变

公元前 615 年，楚穆王收到天国的传唤，无可奈何地将王位甩给了儿子楚庄王。

甩完以后，楚穆王的在天之灵恨不得再次下凡。因为楚庄王上任伊始的表现只能用四个字来形容，那就是不忍直视。

这家伙整天把自己关在王宫里和美女玩过家家，对于朝政不闻不问，俨然把自己的职务从楚王降成了大内总管。

楚庄王如此辱没祖宗家风，是不是因为他的心智和品性有问题，我们不得而知。但有一点可以肯定的是，这和楚国贵族若敖氏长期担任军政要职、权势滔天有密不可分的关系。

权力是一种稀缺资源，若敖氏攫取的份额多了，留给楚庄王的份额自然就少。而在崇尚暴力的楚国政坛，一位君主倘若没有掌握多少实质性的权力，那最佳的生存之道就是赶紧闭嘴。

若敖氏的势力到底大到什么程度呢？

这么说吧，从楚武王至楚成王五代君主的任期内，有史可查的令尹共有十位，而其中有七位就出自若敖氏。

如果这样描述还不能给大家带来关于若敖氏专权的直观感受，那我们不妨从若敖氏中选取一个名叫鬭克的人作代表，以他的经历为样本，体会一下若敖氏的政治能量。

鬭克是鬭班的儿子，以前曾担任申公（申邑的主官），公元前 635 年在都国和秦国交战时被俘，后来因为殽之战秦国惨败于晋国，秦国急于联楚抗晋，鬭克因此重获自由。

鬭克回国之后，自认为促成秦楚媾和有功，但迟迟得不到朝廷重用，因此心中颇为怨恨。

有怨恨的不止他一个，楚国有个叫公子燮①的人，在令尹成大心死后，谋求接替令尹的位置，结果被成嘉捷足先登，也是一屁股的火气来着。

鬬克和公子燮因为类似的境遇，很快就结成了政治同盟，时刻准备着，要从令尹成嘉的手中抢班夺权。

公元前 613 年，楚庄王初登王位，附属于楚国的舒人叛变，成嘉与潘崇一道领兵出征。

成嘉前脚刚走，奉命驻守郢都的鬬克和公子燮后脚就加固城防，预备截断远征军的退路，让成嘉要么横着进郢都，要么竖着流亡天涯。

相关工作展开以后，鬬克大概又觉得这套流程耗时太漫长，实在是等得难受，于是拿出只争朝夕的精神，派刺客赶赴前线暗杀成嘉。

不料成嘉躲过暗杀，在摆平舒人后立即回师反攻。

几板斧下来，鬬克和公子燮力不能支，遂挟持着楚庄王仓皇逃往商密，结果在途经庐邑时被当地的地方官击毙。

鬬克只不过是若敖氏中一个过气的政客，竟然也能干出挟持国君、行刺令尹、公然挑起内战的举动，若敖氏的能量之大可见一斑。

我们不难想象，甫一上任便在鬬克之乱中惨遭惊吓的楚庄王，一定对于楚国政坛残酷的生态环境有了深刻的理解，并在某种程度上被迫选择了一种装聋作哑的执政方式。

公元前 612 年，晋国郤缺率上、下二军攻击蔡国。

蔡国就住在楚国的家门口，一向对楚国百依百顺，比亲儿子还听话。可楚庄王视若不见，每天莺歌燕舞，任蔡国自生自灭。

蔡庄侯喊天天不应，叫地地不灵，只得与郤缺签订城下之盟，随即吐血身亡。

公元前 611 年，楚国风雨不调，赤地千里，民不聊生，兵患四起。

居于信封盆地的山戎率先发难，战火蔓延至阜山。楚军于大林设防，于是山戎又逸至楚国东南的阳丘，兵锋直指訾枝。

历来臣服于楚国的庸国召集周边蛮族部落造反；而几年前刚被楚国征服的麇

---

① 《左传·文公十四年》称"公子燮"，《楚语》称"王子燮"，此以《左传》为准。

国也联合百濮部落在选地集结，准备进攻楚国。

一时间，各地的武装冲突如火如荼，楚国全境几乎都陷入战乱，告急文书雪片般飞往郢都，各大衙门无不忙得焦头烂额。

申、息两邑为了防备北方诸侯趁乱来攻，连北门都终日不敢开启。楚国朝廷也开始谈论是不是迁都至阪高，以躲避敌寇进犯的事宜。

朝野各界都急得像热锅上的蚂蚁，可楚庄王却一如既往地躲在深宫里花天酒地，任外面搅得天翻地覆，就是不肯露头关注一下国计民生。

为了表达自己出世的决心，楚庄王甚至在宫门口打出横幅标语：有敢谏者死无赦。真是急死人了！

大夫伍举见楚庄王如此沉沦，痛惜不已，就找了个机会觐见楚庄王。

楚庄王躺在胸脯大腿丛中，手上端着酒杯，口中嚼着鹿肉，眯着眼睛醉醺醺地问伍举：“大夫来此，是想喝酒呢，还是想看歌舞？”

伍举不动声色地说：“臣昨天在路上听到一个谜语，怎么琢磨也猜不出，特来向大王请教。”

楚庄王来了兴致，直起身子问其详。

伍举说：“有一只五色斑斓的大鸟，栖止于楚国的高山之上，三年来不见其飞，不闻其鸣。这是一只什么鸟呢？”

楚庄王微微一振，原本迷离的眼中闪过几许寒芒。因为，伍举的话触动了他心底某些隐秘的东西。

这世上，原本就有很多事介于不说憋屈和说了矫情之间。既然伍举打机锋，楚庄王也决定不把话说透彻，继续端起那副玩世不恭的笑脸，懒洋洋地说：“这个不难。此鸟并非凡鸟，三年不飞，一飞冲天；三年不鸣，一鸣惊人。你等着瞧吧。”

伍举是个聪明人，拜谢之后便退了出来。

谁知过了很久，楚庄王仍旧每天过着“河边一群鹅，嘘声赶落河，捉得鹅来填肚饿，吃完回家玩老婆”的田园牧歌生活，丝毫看不到一丝振奋的迹象。

楚庄王有一匹心爱的宝马，平时穿着绫罗绸缎，吃着燕麦枣脯，住着四室两厅，只差没给它配专职秘书和贴身保镖了。不久，这匹养尊处优的马得了官员综合征，最后因肥胖症恶化抢救无效，与世长辞。

楚庄王准备以大夫之礼为马发丧，让群臣都去吊唁。大臣们瞠目结舌，幸亏死的只是马，这要是马它爸死了，他们还不得披麻戴孝哇？

一个叫优孟的宫廷艺人觉得满朝文武给一只牲口送终也太骇人听闻了点儿，可看到楚庄王的神情又煞有介事不像是闹着玩，于是反其意而言之："此马生前乃大王的心爱之物，仅以大夫之礼安葬，简直是对大王的侮辱。请以君王之礼葬之！"

楚庄王脸色酱紫，无言以对，只好取消了礼葬宝马的计划。

大夫苏从也被楚庄王搞得忍无可忍，决心拼死进谏。他一进王宫就放声大哭，惹得楚庄王发问："大夫何故如此伤心哪？"

苏从越发悲从中来："因为臣要死啦，楚国也要灭亡啦！"

楚庄王吃了一惊，把苏从浑身上下前后左右一打量，只见他面皮红润，哭声中气十足，一点儿也不像个行将要死的人哪！再说了，即便苏从要寻死，楚国没必要也跟着他去死吧！

苏从进一步哭诉道："国事败坏，做臣子的不得不直言上谏。大王必定因此要杀了臣，而后继续荒于朝政，亡国之期，指日可待矣！"

楚庄王勃然大怒，宫门口的警语赫赫在目，你还明知故犯，知道猪是怎么死的吗？蠢死的！

苏从毫不退缩，痛切地说："我是愚蠢，不过大王比我更愚蠢。倘若大王因此杀了我，乱政而亡国，天下皆知苏从是忠臣，楚王是亡国之君！"说完，昂首挺胸，摆出一副大义凛然，要杀就杀，要剐就剐的姿势。

暴跳如雷的楚庄王突然陷入了沉默。

三年来，入则有权臣当道，出则有敌患频传，国事糜烂至此，身为堂堂一国之君却大权旁落，毫无作为，只能靠女人和酒精来麻醉自己，这种窝囊废的日子他受够了，受够了！

想到这里，楚庄王将身边的美女一把推开，霍然站了起来。不管之前的楚庄王是少不更事，还是潜心蛰伏，至少从现在起，他获得了新生。

恰在此时，成嘉死了，鬭般继任令尹，铁板一块的若敖氏政权体系稍微出现了松动。

公元前 611 年夏，楚庄王乘隙而动，率军亲征庸国。此刻，那边局势严峻，正是扬名立万的好去处。

麇国和百濮之前敢在楚太岁头上动土，就是算准了楚国遭遇饥荒无力出兵征战，如今一看楚军摆出个无论物资还是精气都十分充足的模样，不由得大吃一惊，赶紧打哪儿来又回哪儿去了。

麇国和百濮所不知道的是，楚国的粮食危机其实并没有得到缓解，楚军此次出征庸国也是勉力而为之。当楚军行经庐地时，随军携带的粮食已经全部耗尽，再往庸国方向机动，就不得不一路打开沿途的地方粮库，以补充军需。

与庸军接触后，楚庄王用潘汪的骄敌之计，七战七败，使庸军完全丧失了警惕性。随后，楚庄王在秦军和巴军的帮助下，分兵进击，夹攻庸军。

庸军附属的蛮族慑于楚军威势，被迫降服。庸国势单力孤，很快也被楚国灭亡。

楚庄王得胜回朝，在郢都招摇过市。此时此刻，他想要宣示的不仅仅是一场战争的胜利，更多的是想告诉列祖列宗及四方臣民，他熊侣是这个泱泱大国的最高领袖，过去，他玩了三年，现在，他玩真的了。

楚庄王剿灭庸国的同时，"罢淫乐，听政，所诛者数百人，所进者数百人，任伍举、苏从以政，国人大说"，渐渐在国内树立起自己的威望，并萌生了北上中原的志向。

此时，晋国在赵盾的经营下，正处于一个上升期，频频召集诸侯盟会，处处显示出盟主的霸气与威严。

然而，晋国也并非没有一点儿内疾。当时晋灵公已经滋生了狂热的享乐主义思想，天天苦练弹弓技术，隔三岔五地还要遛遛狗、杀杀人，与执政大夫赵盾的矛盾日益尖锐，指不定哪天就会闹出大动静来。

公元前 610 年夏，也就是中行林父伐宋归来后，晋灵公在黄父阅兵，并以宋国弑君案得到妥善解决为名，召集宋、卫、蔡、陈、郑、许六国诸侯在郑国的扈地会盟。

晋国主持扈地会盟已经屡见不鲜，但这一次却有个与众不同之处，那就是作为地主的郑穆公竟然没有获得晋灵公的接见，硬生生地被撇到了一边。

对于郑国遭受冷遇，与会诸君其实都心知肚明，那是因为郑国的政治立场不坚定，朝晋而暮楚，触怒了中原盟主晋国。

就在全世界都睁大眼睛看郑国如何收拾这难堪的局面时，郑国的执政大臣公子归生用郑穆公的口吻给晋灵公写了一封怨气冲天的长信。

当然，信封上的收件人地址，标注的是绛城；收件人姓名，标注的则是另一位执政大臣赵盾。

这是中国历史上大名鼎鼎的一封信。有心研究春秋时代郑国地缘政治的人，可以在这封信中领略到郑国夹在晋楚两强之中那种求生不得求死不能的辛酸与苦楚。

公子归生在信中首先历数了自郑穆公即位以来，郑国恭奉晋国的种种往事，包括郑君、郑世子、郑大臣相继朝拜晋君，以及郑国联络陈侯和蔡侯一道前往绛城觐见晋君等。措辞之谦卑，着笔之繁絮，让我现在看了都不由得阵阵骨酥肉麻。

接着，公子归生笔锋一转，愤懑地说："今大国曰：'尔未逞吾志。'敝邑有亡，无以加焉。古人有言曰：'畏首畏尾，身其余几？'又曰：'鹿死不择音。'小国之事大国也，德，则其人也；不德，则其鹿也。铤而走险，急何能择？命之罔极，亦知亡矣。将悉敝赋以待于鯈，唯执事命之。文公二年，朝于齐；四年，为齐侵蔡，亦获成于楚。居大国之间而从于强令，岂有罪也？大国若弗图，无所逃命。"

这番话翻译成现代语言，大致意思就是说："现在，你们晋国怪郑国供奉有缺，可楚国也在那边敲骨吸髓，需索无度。郑国夹在大国中间装龟孙子容易吗？有本事，你们跟楚国死磕去哇！俗话说得好，狗急跳墙，猫急上树，兔子急了也要咬人。倘若晋国以德服人，那郑国就算砸锅卖铁也会如数缴清保护费；倘若晋国继续作威作福，那郑国就不惜铤而走险！看你们这架势，今天是非得把郑国搞残不可了，好好好，老子马上就让弟兄们全都带了家伙到鯈地（晋郑边界之地）去，你要是再苦苦相逼，老子就和你拼个鱼死网破！"

说来奇怪，赵盾收到信后，居然真的有所触动。未几，赵盾派大夫巩朔和郑国签订友好盟约，并把赵穿和公婿池作为信物送往郑国，郑国亦遣世子夷和大夫石楚入晋为质。

我想，公子归生三言两语就能改变晋国对郑国横眉竖眼的态度，凭借的绝不单纯是那股"民不畏死，奈何以死惧之"的气势，关键还在于他引入了一个重要的第三方力量——楚国。

如果晋国得势不饶人，那郑国就将彻底倒向楚国，成为反晋急先锋，到时候晋国的中原统一战线又得掉链子。事实上，郑国已经不是第一次这样做了。

而作为旁观者，我们亦不难从中获取一条极有价值的信息：觉醒后的楚庄王，他依然拥有能与晋国正面相抗的实力。

公元前608年，郑国再度背弃与晋国的盟约。不消说，他们肯定是投奔了楚国；更不消说，这肯定是楚庄王连哄带骗外加胁迫的结果。

出于可以理解的原因，郑国为自己的背盟行为向国际社会提交的官方理由是另一种说法。

郑国说，作为中原盟主，晋国前几年出兵干涉齐国和宋国内乱时，皆在收受了乱党的贿赂后中途就打道回府，并没有替受害者伸张正义。有法不依，执法不严，违法不究，这是典型的言而无信。

郑国觉得，既然晋国无信在先，那么郑国无信在后，晋国应当也不至于做出什么过激行为；即便晋国有什么过激行为，三粗五大的楚国应当也不至于抛下新欢郑国不管。

郑国的战略选择往往就是北方盟主与楚国争霸的风向标。看到郑国转向了，颇有些中原诸侯也蠢蠢欲动，开始向楚国暗送秋波。

楚庄王隐隐嗅到了体内弥漫的荷尔蒙气息，他现在欠缺的，只是一个激发情欲的燃爆点。

就在楚庄王燥热难当的时刻，恰巧陈灵公因其父陈共公去世时楚国不依礼前去吊丧，陈国与晋国缔结了盟约。

这不是赤裸裸的挑逗吗？楚庄王的血液顿时沸腾了，二话不说，点起一群衣冠禽兽就往陈国和宋国扑了过去。

赵盾以牙还牙，马上召集联军（宋、陈、卫、曹）攻打郑国，以解救陈、宋之危。

楚庄王随即转战郑国，与赵盾相持于郑国的北林。

北林前线，天色阴霾，朔风如鼓。楚庄王遥望晋国军阵，心中感慨万千。

二十四年前，令尹成得臣在城濮与晋文公交兵大战，结果丧师太半，成得臣愤而自戕。

十九年前，令尹鬬勃在泜水与阳处父对峙，结果中了阳处父的稀里糊涂退军计，鬬勃被楚成王逼死。

两年前，他自己还窝在宫里和满屋子白花花的婆娘捉对厮杀。

如今，他已背负着先辈的累累血债亲自站在了晋军的面前，金戈铁马，杀气盈胸。

赵盾，有种你就放马过来吧，为了这一天，我熊侣已经等了很久了！

随后，两军发生了试探性的火力接触，晋军失利，大夫解扬被俘。

面对楚庄王的强硬姿态，赵盾认为，在与秦国失和的背景下，血拼楚国并不明智，因此不愿再战，便主动脱离了北林战场。而楚庄王亦就此罢兵，没有继续攻打陈国和宋国。

楚庄王在和赵盾的直接较量中取得了胜利。此役谈不上轰烈，但对晋、楚之间此消彼长的实力格局做出了真实的反映，对彰显楚庄王的威权也有非常积极的作用。

对于和秦、楚两线作战的困境，刚从郑国归来不久的赵穿有自己的看法。两年人质生涯的砥砺，似乎给简单粗暴的他带来了些许智慧，他建议赵盾转而攻打秦国的小弟崇国。

应该说，一般人假使没有极度跳脱的思维能力，基本上很难领会赵穿的意图。眼下秦国不来找晋国的麻烦就谢天谢地了，你赵穿偏还要到秦国的地盘去惹是生非？

其实，赵穿的想法是：以崇国的安危要挟秦国，逼秦国与晋国结盟，待确保西方局势无虞后，再返身与楚国一决高低。

这个方案到底行不行得通我这里不做具体评估，但它给人的第一感觉真的是非常无耻，而且相当不靠谱。

不过赵盾采纳了赵穿的意见，于公元前608年冬向崇国发动攻击。

年初上任的秦共公随即发兵救崇，但就是不肯与晋国媾和。

赵盾憋了一肚子火气无处发泄，回过头来又想再次攻打郑国，以报北林之役。然而晋灵公乱政恰在此时达到了一个小高潮，使得赵盾多半的精力都被牵扯在内政处置上，所以伐郑的计划也就不了了之了。

在楚庄王奋起的背景下，中原已不是赵盾的一言堂，既然晋国有心无力，那楚国就要反击了。

公元前607年春，也就是晋灵公关门放狗前夕，郑国在楚国的指使下，派执政大夫公子归生领军攻打宋国。

宋国方面十分紧张，派执政大夫——右师华元率师抵御，司寇乐吕随军参赞。

出征之前，华元杀羊犒师。可不知为何，羊肉并未分发均匀，华元的车御羊斟就没有吃上。

羊斟一介莽汉，觉得人家都有唯独他无，这不啻天大的羞辱，因而怀恨在心。

二月某日，宋、郑两军在大棘交战。一开始双方还旗鼓相当，可是，羊斟却蛮性发作，一门心思寻机报复华元。他用一种嘲弄的口吻对华元说："前几天分羊肉的事，你说了算；今天打仗的事，老子说了算。"

说完，就驾车脱离大部队，径直闯进了郑军深处。华元猝不及防，稀里糊涂地做了俘虏。

主帅陷于敌手，将士的战斗力自然直线下降。最终宋军被击溃，副帅乐吕阵亡，二百五十名将士被俘，四百六十辆战车被缴获。

从宋军损失的人员名单和战车数量不难推测，他们做战争准备时可谓下了血本。显然，宋国认为此战关乎大局。

可就是这么一场至关重要的战役，竟然因为羊斟的一己之私而导致惨败，不由得不让人扼腕叹息。事实上，就连孔夫子在记述这件事的时候，也忍不住拍案大骂羊斟简直不是人，该当碎尸万段。

此战中还有个小故事，长期以来和泓水之战并联在一起，被人们用以嘲笑宋国人的迂腐和愚昧。

当时，宋将狂狡与一名郑将格斗，郑将抵挡不住，被迫跳进一口井里躲避。狂狡一看，呃，这么深的井你都往下跳，不要命啦？这样吧，哥拉你出来，然后咱俩继续打。

于是，狂狡倒置战戟，手持戟尖，将戟柄放入井中，把郑将拉了出来。郑将脱离困境后，也不归还武器，顺手就用狂狡的战戟把狂狡给杀了。

孔夫子对于此事的态度也很鲜明，认为狂狡行事颠倒，死得活该。

狂狡之死乃是小事，华元是宋国的执政大夫，宋国是晋国的重要盟友，郑国奉楚国之令大败宋国，这胜负关系只怕归根究底还是要算到楚国和晋国头上去。

同年夏，秦共公为了报复晋国侵崇之役，攻袭了晋国的焦地。秦国的军事行动虽然没有给晋国造成重大损害，但传递出的信息却使晋国朝野岌岌不安。

因为，秦晋自河曲之战起，休兵已达八年。正是利用这段黄金时间，晋国才得以全副身心地约束中原诸侯，巩固霸主地位。如今，单单一个楚国就让晋国应付不暇，倘若秦国趁势而起，晋国势必被迫在西部投入重兵防御，与楚国争衡时将更加力不从心。

为了防止部分敏感的中原诸侯形成唱衰晋国的大气候，赵盾振作精力，组建诸侯联军（晋、宋、卫、陈）进攻郑国，以报大棘之役。

楚庄王也毫不示弱，令司马鬬椒领军援郑。

赵盾跑到半路，探知鬬椒来了，思虑良久，说了一句意味深长的话："彼宗竞于楚，殆将毙矣，姑益其疾。"然后直接退兵走了。

赵盾无功而返衬托出楚国十足的狂野与彪悍，但此刻更值得我们玩味的却是赵盾的那句话。

若敖氏和楚王长年钩心斗角，鬬椒快要死了，姑且让他病得再厉害点儿吧。

赵盾的意思难道是……借刀杀人？

是了，借此役之败骄纵鬬椒，让若敖氏越发飞扬跋扈，从而加剧若敖氏与楚庄王的矛盾，让楚国君臣两虎相争，最后不管死的是谁，楚国都将元气大伤。与之相比，赵盾眼下望风而逃只不过是一种以小搏大的策略罢了。

嗯，有趣！有理！

两次逼退中原盟主晋国后，楚国声威大震。

同年，晋国发生了赵穿弑君事件，绛城吵吵闹闹乱成了一锅粥。次年春，晋成公亲征郑国，逼迫郑国签订和约。

作为反击，楚庄王亲率大军攻打陆浑（今河南省洛阳市嵩县北部）的戎族，兵锋直抵洛邑。这应该是春秋历史上周王和楚王第一次隔得如此贴近。

当然，周王讨厌这样，他们一定发自内心地希望楚王离得越远越好，要是能远到黄岩岛去，那就完美了。

可是，楚庄王好像生怕洛邑方面不知道他来了一样，竟然在王畿的边境地带搞了一场规模盛大的阅兵式。锣鼓喧天，号角争鸣，军车驰骋，飞沙走石，愣是把刚走上最高领导岗位没几天的周定王吓得提前患上了高血压。

楚庄王到底想要干吗？别看洛邑的那点儿卫戍部队衣着光鲜、仪容整肃，那都是用来搞仪仗的，从来就不喜欢打野战。假如楚国的蛮子一时性起，闯入王畿遂行不法可怎么办？晋国的阿盾最近比较烦，指望他来救驾是不可能了，难道、难道竟要让祖宗社稷受到侮辱吗？

带着这些恐慌和疑惑，周定王派大夫王孙满以劳军的名义，会见了楚庄王。

王孙满这个人，我们二十一年前曾经见过。当时还是个幼齿的他，就预言意图偷袭郑国的秦军将有不虞之祸。结果秦军果真在殽山遭到晋军的伏击，仅剩三个活口逃了回去。

这一次，周定王派他打探楚军的虚实，我认为是个上佳的选择。

印象中，外国人会见楚王一直是个危险系数很高的举动，不信大家瞧。

息侯夫妇会见楚文王时，男的被逮，女的被抢；重耳会见楚成王时，楚成王毫不掩饰地问重耳归国后何以为报；宋襄公会见楚成王时，在众目睽睽之下遭到劫持。

那么，迎接王孙满的，又将是什么挑战呢？不说不知道，说出来吓一跳，楚庄王竟然向王孙满打听起了九鼎的轻重大小。

九鼎，可绝不是一般的物事。

夏朝初年，禹王将天下划分为九州，并把九州贡奉的青铜铸造成九座大鼎，称为九鼎，绘之以九州山川和四方奇怪，以一鼎象征一州。此时，九鼎已隐含王权之意。

商朝时，对代表贵族身份的鼎，设有严格的规定：士用一鼎或三鼎，大夫用五鼎，而天子才能用九鼎，祭祀天地祖先时须行九鼎大礼。此时，九鼎从法律上确定成了国家政权的象征，进而固化为传国宝器。

自夏而商而周，九鼎一直为天子所有，倘若有人打起它们的主意，那就只可能是一种用意：改朝换代。

楚庄王的胃口可真不小，王孙满，接下来就看你的了！

王孙满不卑不亢地回答道："在德，不在鼎。昔夏之方有德也，远方图物，贡金九牧，铸鼎象物，百物而为之备，使民知神、奸。故民入川泽、山林，不逢不若。螭魅罔两，莫能逢之。用能协于上下，以承天休。桀有昏德，鼎迁于商，载祀六百。商纣暴虐，鼎迁于周。德之休明，虽小，重也。其奸回昏乱，虽大，轻也。天祚明德，有所底止。成王定鼎于郏鄏，卜世三十，卜年七百，天所命也。周德虽衰，天命未改。鼎之轻重，未可问也。"

从有德居之到天命所在，王孙满的说辞尽管出现了一些逻辑悖论，但言语堂皇其外，凌厉其内，倒也把楚庄王堵得哑口无言。

实事求是地说，楚庄王有此一问，固然包含了觊觎天下的野心，但未必就是急于取成周而代之。就目前的天下形势而言，以晋国为首的北方诸侯都坚持尊奉周王室为正宗，楚国根本无法凭借一己之力就将他们统统搞定。

鉴于此，楚庄王最终还是为自己找了一个华丽的台阶，他说："楚国折钩之喙，足以为九鼎！"楚国只需把武库中的矛尖折下，就可以铸出九鼎来。

言下之意，周王之九鼎，楚庄王并不稀罕，正如周王之封爵，楚国也可以另起炉灶一样。

更何况，能够问鼎于洛邑，这已经是楚庄王的巨大荣耀。环视宇内，群雄纷起，可还曾看到过有人敢于这样无法无天、胡作非为呢？

若敖鬼馁

公元前 606 年问鼎于周室，是楚庄王逐鹿中原的一个重要里程碑。它标志着楚国再次大尺度地"观中国之政"，楚庄王也借此实现了不鸣则已—鸣惊人的铮铮誓言。

但是，孟子有句话说得好，"故天将降大任于是人也，必先苦其心志，劳其筋骨，饿其体肤，空乏其身，行拂乱其所为，所以动心忍性，曾益其所不能"。

这句话所揭示的深刻内涵就是：折腾乃成功之母。

对于每个人来说，没有折腾，就无所谓成功；不经历折腾，成功便不存在价值。考科举如此，泡美眉如此，买彩票如此，争夺中原霸权更是如此。

就在楚庄王令天下刮目相看之际，一个他人生中无法回避的挑战也如期而至，那就是赵盾的回归。

在黑掉晋灵公之后，赵盾组建了绝对效忠于自己的赵氏内阁，由此取得了对晋国朝政的完全控制，并心无旁骛地重新投入到了中原角力场。

在接下来的几年里，赵盾整军南下，围绕郑国和陈国这两个战略要冲，与楚庄王展开了反复较量。

最终的结果是赵盾略占上风，不但逼迫郑国重返北方阵线，而且于公元前602年在晋国黑壤（与上文之黄父是同一个地方）组织宋、卫、郑、曹会盟，暂时稳固了晋国的霸主地位。

当然，这段时期的楚庄王也并非一事无成。虽然北上中原的宏伟计划受阻于赵盾，但楚庄王在巩固王权方面取得了巨大的成就。因为，费尽九牛二虎之力后，他终于搞定了不可一世的若敖氏。

若敖氏的轰然倒塌，不仅消除了楚庄王统一治权的最大障碍，还给楚国未来进取中原创造了一个政通人和的内部环境。从这一点来讲，搞定若敖氏比搞定赵盾显得更为重要。

说起楚庄王与若敖氏的生死较量，首先必须提到一个重要的关联人物，他叫蒍贾。

蒍贾，芈姓，蒍氏，名贾，字伯嬴，带有楚国王室血统，但不是若敖氏的人。

蒍贾历任三朝，楚庄王执政以来，他被任命为工正（掌百工之官），因为楚国政坛长期由明星云集的若敖氏主导，所以大家一般都不会注意到他。

可是，关注的目光少，并不代表蒍贾就会放松对自我的要求。如果仔细研究一下他的人生轨迹，可以发现，蒍贾其实一直都在锲而不舍地忙活一件事——与若敖氏作对。

至于蒍贾为什么要不辞辛劳、不惧艰险地这么做，结合各个时期楚王与若敖氏错综复杂的争斗形势以及蒍贾发挥的作用来看，楚王倚重他制衡若敖氏的意图给人留下了无限的遐想。

公元前 637 年，成得臣攻打陈国，立下战功，鬬縠於菟因此以令尹之位让之。

大夫蒍吕臣对这一人事任命持有异议，他诘问鬬縠於菟："子若国何？"直译过来就是说：（你把成得臣置于令尹之位），那又把国家置于何地呢？

言下之意，蒍吕臣认为依成得臣的本事，不足以担任令尹这么重要的职务。

但鬬縠於菟坚信自己是举贤不避亲，反复强调成得臣有"大功"，该当"贵仕"，否则无以"靖国"。

到公元前 633 年城濮之战前夕，楚成王准备攻打宋国，就特意安排了两场军事演习。

第一场在睽地举行，由前令尹鬬縠於菟主持。鬬縠於菟处事宽简，一早上的工夫就演习完毕，其间没有杀过人 ①。

第二场演习在蒍地举行，由现任令尹成得臣主持。成得臣处事严繁，演习持续了一整天，其间七人被鞭笞，三人被贯耳。

朝中元老纷纷祝贺鬬縠於菟，称他举荐得人。鬬縠於菟亦设宴表示答谢。

有个叫蒍贾的小孩子中途入席（很奇怪为什么一个小孩子有资格参加元老的聚会，莫非他是元老的子弟？还有，他和蒍吕臣到底是什么关系？史籍避而不谈，故我们不得而知），而且不向鬬縠於菟致以祝贺。

鬬縠於菟很纳闷，问他为何"不贺"。

蒍贾侃侃答道："不知所贺。子之传政于子玉，曰：'以靖国也。'靖诸内而败诸外，所获几何？子玉之败，子之举也。举以败国，将何贺焉？子玉刚而无礼，不可以治民。过三百乘，其不能以入矣。苟入而贺，何后之有？"

蒍贾的话，表达了对鬬縠於菟的非议和对成得臣的轻视，在他看来，成得臣不过尔尔。

之后，成得臣久攻宋都商丘而不下，眼见晋齐秦三国联军即将与宋国会合，楚国朝野都认为楚军走为上计。蒍贾尤其为此来回奔走呼吁，攻讦成得臣一意孤行，恐致楚军不虞。

---

① 古时治军，常以士卒违反军纪而杀之。

成得臣因而火冒三丈，顶着各方的压力决意要把战争进行到底，并在给楚成王的请战书中说道："非敢必有功也，愿以间执谗慝之口。"

意思就是说，他成得臣不敢保证能百分之百拿下宋国，但为了消弭国内抨击他指挥无方的言论，他愿意拼死一战。

彼时，晋文公刚刚平定王子带之乱，天下仰慕，风头正劲。任谁都可以想象得到，假使相关剧情继续发展，成得臣与晋文公就此狭路相逢，那么最后无论输的是谁，其结局都是难以承受的。

可就是这么一场预料之中相当惨烈的大战，成得臣居然意气用事，冒着丧失职业前程、个人生命和国家荣誉的危险来反击芳贾的言论，若敖氏与芳贾的积怨之深由此可见一斑。

公元前605年的时候，芳贾与司马鬬椒勾结，诬陷令尹鬬般，结果鬬般身死。鬬般虽然死了，若敖氏的势力却屹立不倒，因为继任令尹的就是鬬椒。

有人问，既然芳贾与若敖氏不睦，为什么他还要与鬬椒联手呢？

这个问题，历史记载上找不到正面答案。但是，升迁为司马的芳贾不久之后的所作所为似乎给我们指引了一些线索，因为他又联合其他大臣构陷起鬬椒来。

看到没有，联合鬬椒只是为了弄死鬬般。鬬般死后，芳贾立刻翻脸不认人，想让鬬椒也步鬬般的后尘。

到底是什么力量促使芳贾欲将若敖氏置之死地而后快？难道楚庄王没有在背后上下其手？我不相信，可我也不确切知道。我所确切知道的是，鬬椒此人远比鬬般难对付得多了。

鬬椒出生之日，其伯父鬬縠於菟曾看着襁褓中的他说："是子也，熊虎之状而豺狼之声。"

一个婴儿如果能长出熊虎之状、哭出豺狼之声，那么无论他是什么人种，什么民族；无论他是中外联谊，还是星级混血；无论他出生在什么朝代，什么地域，我都可以不假思索地肯定，他长大后绝非善类。

芳贾构陷鬬椒的后果，印证了我的上述言论。

《左传·宣公四年》中记载："子越（鬬椒之字）又恶之，乃以若敖氏之族，围伯嬴于轑阳而杀之，遂处烝野，将攻王。"

《史记·楚世家》中也有类似的记载："九年（指楚庄王九年），相若敖氏（指子越出任令尹）。人或谗之王，恐诛，反攻王。"

这两则记载共同讲述了一个历史事实。即芳贾不断地在楚庄王面前说斗椒的坏话，致使斗椒一怒之下将芳贾杀了；同时，斗椒也深知楚庄王与若敖氏的矛盾终究难以化解，所以干脆一不做二不休，发动兵变，准备弑杀楚庄王。

这么多年来，楚王和若敖氏明争暗斗，虽然若敖氏令尹被楚王杀死的流血事件并不新鲜，但彼此之间明火执仗相互攻伐的大动作还是从未有过的。斗椒悉起若敖氏的势力要与楚庄王放手一搏，鹿死谁手，还真不好说。

慑于若敖氏的声势，楚庄王为保险起见，采取了妥协的政策，主动提出要以"三王之子①"为人质谈判解决问题。

但斗椒骄狂已极，拒不接受楚庄王开列的条件，于是和谈的希望破灭。

同年七月九日，双方在皋浒（今湖北省襄阳市）开战。

擂鼓一起，两军交驰，原本难分上下。但是斗椒身负神射之技，远远望见楚庄王所在，纵马上前，流星赶月般连发两箭。

第一箭射穿楚庄王战车的鼓架②后钉在铜钲上兀自嗡嗡作响，第二箭射穿楚庄王战车的伞盖后望空飞得无影无踪。

楚庄王怎么也想不到对方竟然能隔着纷乱的战阵，超远程攻击到自己，这人身安全也太没有保障了。大骇之下，脸色煞白的楚庄王匍倒在车上，埋着头呼唤车御往后方疾驰避让。

王旗一动，楚庄王麾下的部队也不敢恋战，慢慢地开始败退，损失了不少人马辎重后方才稳住阵脚。

当天夜里，王师军营中开始散播斗椒射王的故事，经过口口相传之后，种种细节被无限放大。

最后的说法是：斗椒之箭倍长于普通箭矢，以鹤翎为羽，豹齿为镞，因为灌注了神禽猛兽的灵力，所以具有追风捕影的功效，楚庄王若非仰仗神灵庇佑，原

---

① 即楚文王、楚成王、楚穆王的子孙。
② 古之军制，元帅亲执旗鼓。

本也是难逃一劫的。

士兵都是百战余生，对于刀箭加身或许并不十分害怕，但对于神鬼怪力却是怕得要命，下意识地觉得自己身份卑微，大概是没有哪路神仙姐姐愿意搭救的，要是不幸被鬬椒射中（可能性相当大），一定会全身发霉溃烂而死，且亡魂无所归依，最后连列祖列宗都认不出了，因此甚是惊恐沮丧，恨不得连夜就拔寨而去，逃得越远越好。

楚庄王看在眼里急在心上，神怪之说，他未必全然相信，但也并非全然不信。关键在于，鬬椒之射的恐怖威力他有了切身体会，知道一般情况下是根本防不住的，只能依靠人海战术抵近攻击才有可能击毙鬬椒。

可尴尬的是，眼下还有谁敢宝里宝气冒着鬬椒的箭矢冲锋陷阵呢？明天要是再败给鬬椒，他熊侣就真的只能躲到山沟沟里去与狗熊为侣了。

一阵秋风撩开帐篷穿堂而过，楚成王浑身瑟瑟，不知不觉陷入了沉思。

关于鬬椒之射的问题，看起来是个无解的困局。因为就连楚庄王自己都承认鬬椒威猛霸道，而且他一时半会儿也没有办法激起将士的斗志，彻底的失败似乎是难以避免了。

楚庄王的困境，相信大家不乏类似的体验。

生活有的时候会抛出一些难题，要是我们循着习惯性的思维寻找解决之道，那就只能走到山穷水尽的地步。但是，假如我们在崩溃之前能够换个角度思考分析，却往往能得到意外的收获。

这一点，我家隔壁的王娭毑就是个最好的例证。

老人家有两个女儿，大女儿开伞店，小女儿开洗衣店。

自从两个女儿开始做生意，王娭毑的日子就没舒坦过一天。因为，她晴天怕大女儿家的雨伞卖不出去，雨天担心小女儿家的衣服晒不干，又不能指望东边日出西边雨，所以整天长吁短叹，忧心忡忡，愁得连麻将都戒了。

后来，她的麻友，也就是我娭毑，实在不忍心失去这么一位坚持放炮的好娭毑，就劝慰她说："王娭毑呀，你这又是何苦？你想想看，晴天二毛家顾客盈门，雨天大毛家生意兴隆，生意全让你们家给做了，要换作是我呀，高兴还来不及呢！"

王娭驰苦着脸一想，哎，还真是这个理！从此，腰不酸了，腿不疼了，吃饭香了，放起炮来也更加利索了。

楚庄王显然比王娭驰更胜一筹，因为他不需要别人的开导，就自行想出了一个消除将士恐惧心理的绝妙方法。

楚庄王把各营的将佐召集过来，对他们说："息国所造之箭锋锐冠绝天下，昔年先君文王克息时就得到了三支，其名曰'透骨风'。起初箭矢藏在太庙里，不料后来被子越窃走了两支。"

话音未落，将佐已大惊失色。难怪鬬椒之射如此凌厉，原来果真大有来头，这"透骨风"顾名思义，想必就是一箭过去，人身上立马多了个风飕飕的洞吧？既然如此，明天还打个屁呀！

将佐们的反应，早在楚庄王的预料之中，只见他口风一转，接着说："不过，今日子越连发二箭，已将所窃之'透骨风'用尽，余者不足虑也，明日定当破之。"

将佐们这才松了一口气，搞了半天，原来厉害的不是鬬椒，而是"透骨风"哦，喊！于是欢天喜地地各自回营向士兵通报了这个好消息，摩拳擦掌，准备来日再战。

次日一早，王师与叛军列阵对峙，互相窥测军阵，寻找对方的薄弱之处。

鬬椒将战车排于阵前，不时挽着弓摆弄出各种健美的造型，惹得叛军将士轰然叫好。

楚庄王在一彪战将的环拥之下，也尽量装出一副雄赳赳气昂昂的模样，不过眼角的余光总是不由自主地瞟向脚边一块特意赶制的加厚铁盾，衣摆微微颤动，心里阵阵发毛。

这时，一名叫作养繇基的小校，来到楚庄王车前，请命要与鬬椒比试射箭。

楚庄王稍稍收回眼光，诧异地看了看养繇基，正想呵斥他不知天高地厚还不速速一滚了之，忽然又回想起了昨天晚上撒的那个谎。再定睛仔细一看，眼前这个叫养繇基的汉子目光炯炯，不像是活腻了的样子，于是转成笑脸，嘉许一番，同意了他的请求。

养繇基领命而去。

鬬椒还剩下最后一组经典造型没展示完，忽然闻报对方有个小兵要和他单挑，而且还是较射，不禁一蹦三尺高，咋咋呼呼地令通信员赶紧叫那个养什么基（中间那字急切之中没认出来）前来受死。

说到这里，我不厚道地笑了。鬭椒哇鬭椒，明年的今天，嘿嘿，或许有人又会想起你。

养繇基的名字，我最早是在一部名叫"不射之射"的动画片中见到的。因为片中仅仅提到了一次他的名字（人物没有出场），所以当时该片留给我的最深印象，乃是它所阐述的"至为为不为，至言为无言，至射为不射"的哲学思想。

当然，这部取材自《列子·汤问》的优秀国风动画片，竟然由一位岛国人士所编导，也让我的心情久久不能平静。

但是，片中将养繇基与后羿相提并论，说明作者认为养繇基的射术达到了一种传奇的境界。

《战国策·西周策》上记载："楚有养繇基者，善射，去柳叶百步而射之，百发百中。"我们熟知的成语"百步穿杨"和"百发百中"就是出自这里。

据说楚国山林中有一只通臂猿，身形灵活，动作迅敏，人们尽管设下重重围杀也不能将它射落，于是叫养繇基来一试身手。

谁知，通臂猿一看见养繇基来了就惊慌失措，吱吱哀嚎着拔腿就想跑。

养繇基稳稳一箭射过去，通臂猿应声倒地，而且是穿心而过。由此可见，养繇基射术之精准，即便要击中飞速移动的靶标也不在话下。

因此，养繇基江湖人称"养一箭"，人们赞颂他无论射什么，只消一箭就能够命中。

另据《吕氏春秋·精通》记载："养繇基射兕，中石，矢乃饮羽，诚乎兕。""中石，矢乃饮羽"的意思就是说，一箭射中石头，结果连箭杆都钻进去了，只留下箭羽在外面。

说起射石，就不得不提到汉代的飞将军李广。

李广也是以神射而闻名天下。

有一次，他晚上在外面行路，猛然发现路旁的草丛中似乎蹲着一只老虎，赶忙拔箭射了过去。

后来一看，被射中的不是老虎，而是一块形状似虎的大石头。李广这一射连箭镟都射进去了，大家不禁惊为天人。

把两个射石的故事一比较，可以发现，一个射进箭杆，一个才射进箭头，养繇基射箭的力道显然强于李广。

时人还有记载："（养繇基）常蹲甲而射之，贯七札，人称神。"把七件铠甲叠放在一起，约有半尺厚，然后一箭射穿，这份力道的确不是一个人所能达到的水平。

说了这么多，无非是想证明养繇基的射术了得。

可是，对于养繇基来说，与鬭椒较射依然是一个危险的挑战。因为，柳叶不会射箭，猿猴不会射箭，石头不会射箭，铠甲也不会射箭。

大家明白我的意思了吗？

没明白是吧，告诉你们，养繇基与鬭椒的较射，将要采取双方互射的方式。

也就是说，虽然养繇基善射，可他不一定善躲。对面的鬭椒并非浪得虚名之辈，在射中鬭椒的同时又要不被鬭椒射中，这种难度远远超过了单纯的射物。养繇基到底行不行呢？

接下来的决斗，我描述不出它的惊心动魄。养繇基在间不容发的一刹躲过了鬭椒的攻击，同时竭尽全力射出一箭。

这是风驰电掣的一箭，这是断金贯石的一箭，这是惊天地泣鬼神的一箭。人们刚听见这边的扣弦之声，那边的鬭椒就血溅五步，命丧黄泉。

养繇基，终究没有辜负他"养一箭"的盛名。

鬭椒一死，叛军就失去了主心骨，随即在王师的猛烈冲击下土崩瓦解。

楚庄王得胜回朝，当天大宴有功之臣。在他看来，没有了鬭椒的若敖氏就像废掉了爪牙的老虎，看上去虽然还是个庞然大物，但实际上已不足为虑了。

所以，这是一场真正的狂欢。君臣觥筹交错，大快朵颐，从日照正中到日薄西山，没有一点儿止停的意思。楚庄王令秉烛夜饮，务必一醉方休。

微醺之际，楚庄王唤出许姬给大臣挨个儿敬酒。

许姬是楚庄王最为宠爱的女人，国色天香，姿容曼妙，属于那种正常的男人见到后神志不清、神志不清的男人见到后人事不省的尖端美女。

因此，大臣呼喝叫嚣，更加亢奋了。

许姬笑靥如花，伸出雪白的玉手端着酒樽在一群酒肉男人中辗转助兴，颇有些大臣当场就流下了无耻的哈喇子。

突然，门外吹来一口疾风，把大厅上的烛火都扫灭了，全场顿时漆黑一片。兴高采烈的嘉宾齐齐低呼了一声，自动进入半场休息，下人则赶紧出去寻取火种。

就在这时，许姬忽然察觉有一只粗糙的咸猪手凑了过来，在她的敏感部位用力抓了一把。

许姬既惊且怒，奋力推挡，挣扎之时还顺手扯断了那人帽子上的系缨。

许姬将断缨攥在手中，急急摸索到楚庄王身边，耳语道："方才敬酒时，有人乘烛灭非礼臣妾，被臣妾将系缨扯断。如今断缨在我手中，请大王速令人点烛，一查究竟。"

楚庄王想都不想，霍地站起来，招呼下人说且慢点烛。

众人在黑暗中一怔，不知道楚庄王的用意为何。只听楚庄王接着说："寡人今日约与诸卿尽欢，诸卿俱去缨痛饮。"

我在这里穿插个旁白。古时候在公共场合戴帽子是一种礼仪的要求，谁如果在领导面前把帽子戴歪或者不小心把帽子弄掉了的话，那是一种大不敬的行为。而饮宴的时候，大臣喝得东倒西歪，帽子歪斜或掉落的可能性是相当大的。

因此，楚庄王令诸卿脱帽而饮，可以视为领导带头营造轻松氛围的一种方法，并无突兀之处。此外，楚庄王既然令群臣在烛火点燃之前就脱下帽子，那帽缨被扯断之人，自然也就失去辨识特征了。

烛火重新点燃以后，饮宴继续。楚庄王照样谈笑风生，和臣下把盏言欢，自始至终没有追查冒犯许姬的狂徒。

一天过后，许姬嗔怨楚庄王为何不整肃男女君臣之礼。

楚庄王爽然一笑，温柔地告诉许姬：昨夜秉烛夜饮，君臣尽欢，有人酒后失态实属情有可原，倘若一意追查，只会令国士寒心罢了。许姬叹服。

三年过后，楚庄王与晋国交战，但见一员楚将在战场上奋不畏死，左冲右突，血染征袍。

战毕，楚庄王召而赏之。楚将名叫唐狡，自谓乃绝缨会上狂且之人，感念楚庄王不杀之恩，故今日舍身相报。楚庄王不胜感慨。

上面这个故事作为酒后的谈资甚好，只不过扯远了。

剿灭鬬椒后，楚庄王马不停蹄地展开了对若敖氏的清洗，直杀得若敖氏十室九空，百无余一。郢都城内尸横遍野，血流成河。

忘了告诉大家，当年鬬榖於菟对鬬椒做出熊虎豺狼的评语后，就力劝司马子良（鬬椒之父）弄死鬬椒，否则"必灭若敖氏矣"。

子良不听，鬬榖於菟遂耿耿于怀，直到临死前还不忘把族人聚集到一起，殷殷叮嘱道："椒也知政，乃速行矣，无及于难。"且泣曰，"鬼犹求食，若敖氏之鬼不其馁耳（意即若敖氏的子孙必将灭绝，以致若敖氏的先祖无人祭祀供奉）！"

鬬榖於菟目光如炬，若敖氏的悲惨结局大抵没有逃脱他的预料。

读史至此，我仿佛依稀看到，在一片广袤的荒原上，风雪弥漫，有一群饿鬼穿着雍容华贵的丧服永无止境地游荡，凄绝的号哭正伴随着他们那沉重的脚步一声声破空而来。

也许，只有两个人能给鬬榖於菟的亡灵带来些许慰藉。

一个是鬬椒的儿子苗贲皇①。他眼疾脚快，成功逃往晋国，后来仕途得意，还被时人视作晋国的八大良臣之一。

另一个是鬬榖於菟的孙子，时任箴尹（相当于监察部长）的鬬克黄。

当时鬬克黄正在出使齐国的归途中，行至宋国时得知了国内事变的消息。虽有随从苦苦相劝，但他仍以君令在身不得违抗为由坚持回国复命，之后又主动请求主管刑律的司败拘禁他。

楚庄王感念昔日鬬榖於菟治国的功绩，于是让鬬克黄官复原职，并将他改名为"生"。"生"者，死而复生也，警示后人的意味十分明显。

鬬生的后代鬬弃疾、鬬韦龟、鬬成然、鬬辛四代也都在楚国为官，但政治地位明显下降，例如，鬬弃疾就只担任了位阶较低的宫厩尹。

至此，楚庄王终于了却了后顾之忧。他站在巍峨的宫宇之下慨然北眺，赵盾，你最好现在别死，因为，我来了！

---

① 因采邑于苗地，故以苗为氏。

一只王八引发的血案

时间回溯到公元前 606 年冬，郑穆公架不住赵盾和楚庄王的轮番蹂躏，勉强应付了几个回合后，终于一死了之。翻过年头，世子夷继位，史称郑灵公。

个人认为，郑灵公真的是生不逢时。

因为，赵盾老而弥坚，楚庄王血气方刚，晋楚争霸愈演愈烈，这个时候无论谁出任郑国国君，只怕都会落得个身不由己、两头受辱的下场。

既生楚，何生郑？自打楚国萌生了北上之志，郑国就始终被裹挟在中原争霸的旋涡里不能自拔。我相信，在惊恐和忧虑之中度日如年的郑国国君，断断是活不长久的。

翻开郑国的年谱瞧一瞧，郑灵公的祖父郑文公当国四十四年[①]，父亲郑穆公当国二十二年，按照这个递减的趋势，莫非郑灵公只能坚持十一年？

历史给我们的答案是：错，仅仅一年。

如同绝大多数的专制君主一样，郑灵公的政治生涯也是随着他的生命一起结束的。而他的死，都是一只大王八惹的祸。

郑灵公元年，一个与往常无异的早晨，公宫外的甬道上，远远走来两个人。稍微靠前点儿的那个是执政大臣公子归生，稍后的那个是次卿公子宋，他们相约一同朝见郑灵公。

将至宫门，宋忽然停下脚步，脸上露出若有所思的神情。

归生不耐烦地扯了他一把。搞什么鬼，是不是又要尿尿？一路上都尿过三回了，赶明儿你包个尿不湿上朝得了。

宋没有搭理归生，自顾自地抽了抽鼻子，眼睛四处搜索，最后把视线停在了右手的食指上。

归生被宋的举动吸引，凑上前来一看，只见宋的食指正在以一种奇怪的韵律上下跳动。归生不由自主地暗暗动了动自己的食指，却怎么也打不出同样的节拍

---

① 公元前 632 年的城濮之战，可视为晋楚争霸的开端，郑文公于城濮之战六年后去世。

与运动轨迹。

归生有些紧张地看着宋，据他了解，帕金森氏病的早期征兆正是如此。

不料，宋刚才还拖泥带水的脸上渐渐扬起一股笑意，欣喜地对归生说，今天又可以大饱口福了！

归生鄙夷地白了宋一眼，就知道吃，这么大个官，朝廷每年专门划拨给你的招待费都有几十万，难道还没吃够？

宋兴致勃勃地说，他的食指平时不总是这样活蹦乱跳的，可一旦跳起来，而且还跳得这么风骚，那肯定当天能遇见超级美食。

见归生面露狐疑，宋带着炫耀的口气解释说：有一次出差去晋国，食指大动，结果对方用鲜嫩肥美的石花鱼招待他；后来出使楚国，食指大动，吃了一回天鹅肉；再后来又出使楚国，食指大动，竟然吃到了传说中能滋阴壮阳的合欢橘。

归生半信半疑，此去公宫定有所获？

宋眨巴眨巴眼睛，走着瞧吧！

说来也巧，刚进大门，两人一眼瞟见小太监气喘吁吁地疾驰而过，翻越一个半人高的栏杆，还没落地嘴里就尖声呼唤起屠夫的名字来。

归生大腹便便，素来看不得这样活力四射、猫弹鬼跳的动作，于是一把喝住小太监，责问他为何在宫禁重地奔走喧哗。

小太监抹了抹额头的热汗，伶牙俐齿地三下两下道出了原委。

原来，有个楚国人在江汉一带得到了一只大王八，总有两百余斤重，千里迢迢运回国内献给郑灵公享用；郑灵公准备遍邀群臣开个王八宴，如今王八还拴在朝堂外的柱子上，正急着召屠夫前去宰杀。

归生的眼珠子往外蹦了蹦。两百余斤重的王八，你确定不是通天河里的那只？小心吃了后头上长龟毛！

一旁的宋哈哈大笑，怎么样，我所言不虚吧？

走到朝堂外，果然看见一只通体乌黑的王八被锁链拴在石柱上，硕大的龟头偶尔昂然伸出，约莫有一尺长。

宋越发得意，笑声达于朝堂之内。

郑灵公隐隐听得笑声，待二人进殿后便出言相询。

归生端端正正地行了个礼，回答说："子公（公子宋字"子公"）与臣入朝时，其食指忽动，言'他日我如此，必尝异味'。今见堂下有巨鼋，度主公烹食，必将惠及诸臣，食指有验，所以笑耳。"

谁也说不清为什么，原本是要宴请群臣的郑灵公，忽然电光石火之间脑壳一热，冒出了一个邪恶的想法：他要破除宋的这个神奇预言。

于是，郑灵公皮笑肉不笑地说："验与不验，权尚在寡人也！"

宋莞尔，并没把郑灵公的话太当回事。

朝会结束后，大臣三三两两结伴而退。刚跨出朝门，归生就把宋叫到一边，不无忧虑地说："异味虽有，倘君不召子，若何？"

归生不愧为首辅，在揣摩领导意图的方面，显示出了耳清目明的深厚功底。

宋根本不相信有这回事。乡下人开宴席碰见了上门乞讨的臭叫花子都不吝啬打发一点儿呢，更何况是他这样的朝廷重臣？于是拍了拍归生的臂膀，自信满满地说："既享众，能独遗我乎？"

归生蹙了蹙眉，欲言又止，两人就此各自打道回府。

下午，郑灵公广发请帖，宋果然在被邀之列。

临行前，宋特意把腰带松了一个扣眼。这两百余斤重的王八可不是寻常之物，即便在水乡南国也难以见着，更何况是北方之地？今儿不吃个天昏地暗日月无光，那就算是亏本了。

宋一路捏着食指，喜滋滋地赶赴公宫，半道上恰巧又遇着了归生。宋想起归生上午那副杞人忧天的模样，不禁扑哧笑出声来，长揖作礼道："吾固知君之不得不召我也。"

归生哂笑，与宋联袂入朝。

已而朝臣聚集，礼毕，大家分席而坐。

郑灵公高居正首，伸出右掌朝前方四处虚按了几下，朗声道："鼋乃水族佳味，寡人不敢独享，愿与诸卿共之。"群臣轰然道谢。

郑灵公示意翠花上酸菜，之后一溜侍者端着精致的菜肴鱼贯而入，分送至各个座席。

宋咽了下口水，引颈张望。

嗯，走在最前面的是糖醋软熘鱼焙面。此菜精选黄河金色鲤鱼与上等焙面烹制而成，鱼肉甜中透酸，酸中透咸，肥嫩爽口而不油腻，酥面蘸着鲜美的鱼汁，口感极妙。

接着过来的是牡丹燕菜。此菜以精制白萝卜干丝拌和绿豆粉芡稍蒸后，入凉水中撕散，麻上盐味，再蒸成颇似燕窝之丝，中途配以蟹柳、海参、火腿、笋丝等物，再以清汤加盐、味精、胡椒粉、香油浇入既成，味醇质爽，十分利口。

再后面，过来点儿，过来点儿，哦，原来是葱扒羊肉。此菜选用熟制后的肥肋条肉，切条后配炸黄的葱段、玉兰片铺至锅箅上，添加高汤，下作料用中武火扒制，至汁浓后翻入盘内，锅中汤汁勾流水芡，少下花椒油起锅浇汁即成，成菜软香适口，醇厚绵长。

这些菜都是郑地的传统佳肴，美则美矣，宋已饱食多次，样样如数家珍，早就不以为奇了。浑身燥热的他现在只想知道，那只可爱的王八到底煮熟了没有，怎地还不送上来呢？

待得连水果瓜子和烟酒槟榔都摆放停当，终于有几个发瘟的挑夫担着许多食鼎走了进来。食鼎中装的，正是宋望眼欲穿的王八羹。

内侍首先取过一鼎，毕恭毕敬地献于郑灵公。

郑灵公将热气腾腾的食鼎擎在手中，凑到鼻下嗅其香味，脸上眉头舒展，露出陶醉的神情。

群臣纷纷羡慕地盯着郑灵公，宋更是把嘴张得老大而浑然不觉。

郑灵公左手挽住右手的衣袖，用汤勺舀起王八羹，郑重其事地送入口中，眯着眼睛品咂了几下，忽地拍案大叫："妙！真乃人间绝味！"

这一拍不要紧，满头是汗的宋差点儿没把自己的舌头给吞下去。

既然领导已经优先动了筷子，做下属的自然也就可以开吃了。郑灵公令内侍派发王八羹，在座之臣人手一鼎并象牙箸一双。

宋敞了敞衣领，把上身立得笔直，舌尖仿佛已经尝到了王八羹那温软香鲜的浓汁。有那么几秒钟的时间里，他甚至看到了自己正在一大锅王八羹里恣意游泳的画面。

美妙的幻境消失后，宋发现了一个残酷的事实：内侍竟然是从下席开始派发的。言下之意，坐在上席顺手第二位的他，得等到最后才能和王八羹亲密接触。

打你个龟孙，这不是要我的老命吗？

宋双手抠住身下的几案，凌厉的眼神就像机关炮似的在内侍身上轮番扫射。要不是看在郑灵公主持吃局的分儿上，他早就一个旱地拔葱腾空而起，接着施展草上飞绝世轻功越过诸臣头顶，径直冲到那些不知尊卑、不分男女的贱人面前，一招亢龙有悔将他们统统击毙了。

僵直良久，宋强行抑制住心头的怒火，深呼吸了一口，缓缓将身子落回脚后跟上。今天是个好日子，为了那鼎王八羹，他咬牙忍了。

内侍在生物雷达的监控下缓慢移动，一个半世纪之后，终于走到了脸色青红不定的宋跟前。

这时，远近的观众都清清楚楚地看到，原本堆积如山的食鼎至此已只剩下最后一个了，而次卿宋和正卿归生的几案上，还虚位以待。

怎么办？

此时此刻，宋与归生的脸上，没有最尴尬，只有更尴尬。

而除了宋与归生，其他人都自觉停下了各自的小动作，用征询的眼光齐刷刷地望向郑灵公。

他们觉得假如不出意料的话，郑灵公的正常反应应该是勃然大怒，把那个连嘉宾数目都没有算清楚的食堂管事骂个狗血淋头，然后温言宽慰两位受伤的臣属。

可是，群臣想得太天真了。因为，从王八羹的派发顺序到食鼎的预备数量，都是郑灵公特意安排布置的。也就是说，造成现在羹少人多局面的幕后黑手，正是今天做东的郑灵公。

至于设这个局的原因，想必大家不用我说也能猜到。

郑灵公在众人的注视下，慢吞吞地自斟自饮了一口，故作为难地说："赐子家吧（公子归生字"子家"）！"

群臣面面相觑，宋阴沉着脸垂首不语，归生欲纳还休。这一幕，正是郑灵公亟待观赏到的画面。

郑灵公转换脸色，得意扬扬地说："寡人命遍赐诸卿，而偏缺子公。是子公数不当食鼋也，食指何尝验耶？"言罢拊掌而笑，大概在他的心目中，当众捉弄群臣中一人之下万人之上的堂堂次卿，是一件无比开怀的趣事。

群臣哑然，出于对郑灵公的尊重，他们机械地咧了咧嘴，可心里觉得这个玩笑非但不好笑，还很过分。

起初在归生面前的满口夸耀、美食的诱惑、来自郑灵公的羞辱，这些因素瞬间在宋的脑海中混合发酵，进而转化成了一团不可抑止的熊熊烈焰。

众目睽睽之下，宋异常冷峻地站了起来，径直走到郑灵公案前，伸出两根铁戟般的手指，忽地一招二龙抢珠——从郑灵公的食鼎中夹出一块王八肉，丢到嘴里三下两下嚼烂吞掉，然后冲着瞠目结舌的郑灵公淡淡地说了句："臣已得尝矣，食指何尝不验也？"

说完，头也不回地转身走了。

厅堂之上，静得连放屁的声音都朗朗在耳。

半晌过后，面色铁青的郑灵公终于拍案而起，狠狠地将筷子摔到地上，指着大门厉声骂道："宋不逊，乃欺寡人，岂以郑无尺寸之刃，不能斩其头耶？"

群臣拜伏，栗栗不止。归生小心翼翼地说："子公恃肺腑之爱，欲均沾君惠，聊以为戏，何敢行无礼于君乎？愿君恕之！"

郑灵公推落杯盏，拂袖而去，群臣俱不欢而散。

归生出得公宫，直驱宋家里，将宋走后郑灵公雷霆大怒的情形叙说了一遍，接着劝宋明日入朝谢罪。毕竟郑灵公是国君，当年参加科举考试的时候，复习大纲的首页就曾白纸黑字地载明了两条：一、国君永远是对的；二、如果国君错了，请参看第一条。

宋恨恨地说："吾闻'慢人者，人亦慢之'。君先慢我，乃不自责而责我耶？"

归生苦口婆心地说："虽然如此，君臣之间不可不谢。"

宋默然不语。

次日朝会，宋随班行礼，始终眼睛盯着鼻子，全无戴罪伏罪之词。

归生居于宋的上首，暗示了他几次后见没有动静，心上总归是惴惴不安，思来想去，出班奏曰："子公惧主公责其染指之失，特来告罪。战兢不能措辞，望主公宽恕！"

郑灵公哼了一声，冷冷地说："寡人恐得罪子公，子公岂惧寡人耶？"

归生幽怨地看了宋一眼，再欲斡旋之际，郑灵公已避席而去。

散朝后，宋密邀归生至家，屏退左右，窃窃私语道："主公怒我甚矣，恐见诛，不如先作难，事成可以免死。"

归生起先还以为宋心意有所回转，想请他继续帮忙在郑灵公面前美言几句，不料听到的竟是如此悖逆之语。

大惊之下，归生捂着耳朵低声叫道："畜老，犹惮杀之，而况君乎？"

宋一动不动地盯着归生的眼睛，足有半炷香的时间，方才轻描淡写地说："吾戏言，子勿泄也。"

归生有些愠怒，想要数落宋几句，又觉得郑灵公过于轻佻，宋其实也挺值得同情，于是叹息一声告辞了。

又过了几天，郑灵公和宋虽然对不上眼，但也没有公然翻脸。

归生略感欣慰，却突然收得了一个对他极为不利的消息：有人在外面传言，说执政大夫归生与郑灵公的庶弟公子去疾朝夕相聚，每每闭门密谈，恐有不臣之举。

归生气得大小便都绿了。他与去疾素来相厚不假，时常相聚也是真，不过这朝夕相聚、闭门密谈的字眼就未免太夸张了吧！怎么不干脆说他俩晚上还同床共被、裸拥而眠呢？

归生一怒之下，当即派出去五百多路包打听，务必要把这个无耻谣言的来龙去脉给弄清楚。

调查的结果令归生伤心欲绝，因为谣言的始作俑者，竟然是他费尽心思想要拉一把的宋。这个缺德兽！

归生怒气冲冲地找到宋，责问他为什么要恩将仇报、倒打一耙。

谁知不问还好，宋竟毫不讳言地说："子不与我协谋，吾必使子先我一日而死。"

归生立倒不起，上气不接下气地问："汝意欲何如？"

宋狞笑着说："主上无道之端，已见于分鼋。若行大事，吾与子共扶子良①为

---

① 即公子去疾，字"子良"。

君，以亲昵于晋，郑国可保数年之安矣。"

归生的脑袋里传出一阵中央处理器的嗡鸣声，平日郑灵公种种稀泥巴糊不上壁的举止在眼前一一幻现，晋国和楚国步步紧逼的情景也历历浮上心头。一番天人交战之后，归生疲惫而沮丧地说："任子所为，吾不汝泄也。"

宋背过身去，天光从他身前照过来，在他身后的物事上投下了一个瘆人的阴影。

转眼又到了祭祀的时节，郑灵公照例住进了为祭奠祖先而特设的斋宫。

顾名思义，这斋宫就是食斋念经的地方，没有肉吃，没有酒喝，没有卡拉OK，也没有美女视频，是个当官的都望而生畏。

郑灵公虽说发自内心的一千一万个不乐意，但君权的至高无上离不开祖宗崇拜的鼎力支持，所以这个懒他还是不敢偷的。

郑灵公在斋宫里扳着指头过日子，有人也在外面积极设法帮他结束这种囚徒般的生活。

一个月黑风高的晚上，数名身手矫健的夜行人走出宋的家门，悄悄潜进了斋宫。

睡眼惺忪的斋宫门卫半夜里似乎听到里面传来了几许沉闷的声响，但他只是缩了缩脖子，把头从左边肩膀上偏到右边肩膀上，又继续和朝思暮想的女神约会去了。

第二天，内侍走进郑灵公的卧室，他们看到了难以置信的一幕：郑灵公的卧榻上，许多大土囊堆成了小山。

当后续赶来的人们费了好大的力气将土囊移尽后，他们在山腹里赫然发现了散发着泥土芬芳的郑灵公。

不久，朝廷发布公告，为郑灵公的非正常死亡给出了一个"中魇暴死"的官方说法。对于这个结论，正卿归生没有表示异议，于是大家也都保持了沉默。

按照归生和宋事先的密议，应由公子去疾接任国君之位。不过去疾断然拒绝，他说："以贤则去疾不足，以顺则公子坚长（论贤明的话，我做得很不够；论长幼之序的话，公子坚在兄弟排行中年岁最大）。"

于是，君位最终落在了郑灵公之弟公子坚（史称郑襄公）的头上。

郑灵公就这样稀里糊涂地死了，人们很快便忘记了他。

倒是几十年后，孔子在他的著作《春秋》中提出了不同的看法。他记载道："郑公子归生弑其君夷。"

孔子是国际知名大腕，他的见识肯定要比我这么个未经正式注册的代课老师高。不过同学们也不要怀疑我前面指证的弑君凶手有误。

我敢以这个月你们师娘发给我的总共二百五十块零花钱打赌，郑灵公确实是被公子宋干掉的。我也清楚孔子胡说八道的原因，他把杀人的罪名安放到公子归生身上，这其实是采取了政治文人惯用的春秋笔法（当然，也就是孔子一手开创的）。

练就春秋笔法的十二字真言是"为尊者讳，为亲者讳，为贤者讳"。

通俗点儿说就是，口诛笔伐的时候给予那些权贵和关系户以国民待遇，给予那些草根和非关系户以非国民待遇。

再直白点儿说就是，我得罪不起的就大事化小小事化了，我鸟都不鸟的就铁嘴铜牙批判个体无完肤。

归生身为群臣之首，然而对权力把控不足，惧谮从逆，知其事而不敢言，实在是有亏人臣气节，招人骂也不冤枉。

从孔子的角度来看，归生早已作古，对他构不成任何现实威胁，无怪乎看不惯的地方可以抽丝剥茧、毫不留情地大骂特骂了。

顽　主

时间秒进到公元前 599 年，陈国时任国君陈平国遭受箭创，横死于司马夏徵舒家中，并因此荣幸地跨入了"灵"字号混账国君的行列。

"灵"字号的国君我们见得多了，他们基本上没有寿终正寝的机会。可司马府既不是战场，也不是囚牢，平素前呼后拥护卫重重的一国之君，怎么会以这种离奇的方式死亡？中间有没有什么黑幕呢？

这一切的一切，都要从一个奇女子说起。

多年以前，郑穆公的宠妾姚子诞下了一个女婴。

郑穆公的这个女儿在出嫁之前是没有正式名字的，为了方便称呼，我们不妨暂且叫她郑小妹。

郑小妹长着粉嫩的肌肤、漂亮的脸庞和明媚的眼睛，任何人看到她，心中都会激起无限的怜爱，并对她的未来充满美好的愿景。

可是，我要提醒大家，女人长得太美也不一定就是好事。有个词叫作红颜祸水，你们都听说过吧。

而郑小妹，正是红颜中的红颜、祸水中的祸水！

少女时代的郑小妹，生得蛾眉凤眼，杏脸桃腮，如果放到现在，那一定会成为超级网红的。

不过，容颜美和心灵美并没有必然的关系，这位看似要成为未来之星的青春美少女，不久就要让那些善良、古板、纯洁、保守的人们大跌眼镜了。

因为，她竟然和同父异母的哥哥公子蛮，偷偷地做下了苟且之事。

春秋时代的情爱观念是十分开放的，可即便如此，亲兄妹乱伦在当时仍然被认作是一种对公民道德和亲情伦理底线的挑战。

有人或许会问，莫非少不更事的郑小妹天真烂漫，以为偷尝禁果就像是吃饭喝水一样稀松平常？

恭喜你，猜对了！

对于郑小妹来说，追求的是从心所欲，那些教条框框是无须考虑得太多的。

于是乎，郑小妹交际的对象慢慢从庶兄公子蛮扩散到了朝廷的诸多大臣。

当然，有一点不得不交代的是，在那个没有媒体炒作的年代，郑小妹能拥有如此众多的重量级粉丝，仅仅依靠优越的外在条件是远远不够的。事实上，她是一位偶像兼实力派的选手。

郑小妹的实力，不是指她拥有一个当国君的老爸，而是指她某些方面的功力高深莫测，据说能够吸取他人的活力以资己用。

因此，与郑小妹交往最早的公子蛮，日渐形销骨立，勉强支撑了几年，就像一盏枯竭的油灯般，扑哧一下灭了。

公子蛮的早逝引起了郑穆公的警觉，郑小妹与男人那些见不得人的事也渐渐浮出了水面。

郑穆公很愤怒，可也很无奈，毕竟丑闻的主角是自己的女儿，宣扬出去，颜面扫地的不是别人。

万般无奈之下，郑穆公做出的处理决定是：装成若无其事一样，把郑小妹下嫁给陈国的司马夏御叔。

公子蛮死了，郑小妹也远走他乡了，如果大家以为这个五彩缤纷的故事到此为止，那就大错特错了。

因为，真正的精彩，才刚刚开始。

根据未嫁从父、已嫁从夫的女子命名法则，此时的郑小妹终于有了一个较为正式的名字——夏姬。

夏姬嫁到陈国不到九个月，就生下了一个大胖小子，取名夏徵舒。

根据生物学的一般规律，夏姬能在这个节点生下夏徵舒，不外乎以下三种可能：

第一，夏徵舒是夏姬从娘家带来的，到陈国时夏徵舒虚岁已有一个月，这种可能性高达 70%。

第二，夏御叔神乎其技，且基因优良，导致夏徵舒在娘肚子里超速发育，这种可能性有 25%。

第三，夏姬早产，但从夏徵舒结实的小身板看来，这种可能性只有 5%。

夏御叔能做到司马级别的官员，能力与素质应该是没有问题的。可他是否也曾经循着上述思路做出过同样的推理，我仍然高度怀疑。

因为很明显，在夏姬的妖娆妩媚面前，任何男人都受不了，想要保持清醒头脑和理智思考，谈何容易？

在接下来的日子里，夏姬跟着夏御叔，度过了她人生中最为平静和他人生中最为激情的一段岁月。

十二载之后，夏御叔盛年而逝，夏姬一转眼变成了寡妇。读史至此，我强烈地感觉到，陈国的社会不安定因素陡然激增了。

此时夏徵舒还小，虽然享有承袭父亲爵禄的权利，却也要等几年再说。所以，夏姬带着儿子搬迁到亡夫的封邑株林居住。那地方紧邻国都宛丘，环境清幽，是个休闲度假的好去处。

这一年，夏姬已年逾三旬。但人们在她身上看不到任何哪怕是一丝岁月流逝的痕迹。她留给世人的印象，仍旧是一个云鬓堆乌、肌肤赛雪的少女模样。

这样一个无主的女人，即便想守身如玉也是不可能的，更何况她还有着一颗火热的心。

没过多久，夏御叔的生前好友卿士孔宁和卿士仪行父，就登堂入室，成为夏姬的床幕之宾。

孔宁和仪行父的私交起初也是极为不错的。但自从夏姬和他俩各自坦诚相见以后，两个人的关系忽然变得紧张起来。原因很简单，争宠。

相较而言，仪行父形象好气质佳身体棒，占了不少优势。因此，夏姬与仪行父往来密切，渐渐疏远了孔宁。

孔宁以前隔三岔五地往株林跑，后来一个月和夏姬也对不上几次暗号，当然很是讶异。他拐弯抹角地一打听，原来是仪行父占了洞天福地不挪窝，哎哟心里那个恨！

这男人啊，可骂可打可杀，但要说到在讨女人欢心方面不如别的男人，那却是万万不可的。

孔宁抓耳挠腮，冥思苦想，自忖先天条件不如仪行父，要平分秋水那是蚂蚁绊倒大象——难上加难了。可话虽如此，死活也不能让仪行父吃独食！

他决定引进一个比仪行父还威武的人来，把株林的那趟水搅得更浑一点儿。孔宁看中的人，是国君陈灵公，一个视声色犬马为平生之志的登徒浪子。

说到这里，大家是不是觉得，一旦陈灵公介入此事，孔宁再想一近芳泽，岂不是更加虚无缥缈了？孔宁到底是怎么想的？

其实呀，孔宁的心态，我倒是可以揣测一二。

这世界上总有那么一些人，自己没什么本事，偏偏又看不得别人比自己强。当见到别人潇洒滋润的时候，苦苦挣扎的他们最后通常都会生出一种毁灭世界的想法。总之自己得不到的东西，人家也休想得到。这样，自己就不会吃亏了。

孔宁私下里觐见陈灵公，言谈之间盛赞夏姬之美，陈灵公却颇不以为然。

夏御叔乃是陈宣公之孙，与陈灵公既有兄弟之亲，又有君臣之分。夏姬嫁过来时，陈灵公倒也见过一面，这个女人美则美矣，只是十几年过去了，难道还有人问津？

孔宁故作惋惜地说起夏姬的种种绝妙之处。

陈灵公觉得自己的心弦被重锤砸了几下，眼前一阵眩晕。他把孔宁揪到跟前，赤着眼盯了很久，然后一字一顿地说，世间竟有这等女子？他要试一试才相信！

次日，一架遮得严严实实的马车驰离宛丘，直奔株林。车里坐着的，正是魂不守舍的陈灵公和五味杂陈的孔宁。

株林那边预先得到了陈灵公微服来访的消息，夏姬早已治具相迎。

马车停在一片茂密的竹林外，陈灵公下得车来，款步向前。

一条曲径穿林而过，夹道数百步，但见芳草萋萋，竹影摇曳，间杂鸟鸣虫嘶，暗香扑鼻。七弯八拐后，一处精致宽敞的府苑豁然便在眼前。

陈灵公拾级而上，方进府门，便听见迎面传来一道莺啼鸟啭般清脆温婉的声音："妾男徵舒，出就外傅，不知主公驾临，有失远迎！"

陈灵公晃了几晃，扶住孔宁，定神一看，一个俏生生的仙女映入眼帘。不消说，正是夏姬候驾于此。

陈灵公深吸了一口气，竭力摆出一副玉树临风的模样，与夏姬见礼。

寒暄已毕，一行人步入庭院深处。

至于接下来，热情的主人将会拿出什么来招待贵客，我也不会编，只知道书上说：陈灵公与夏姬喝酒调笑，孔宁则在边上插科打诨。当天晚上，陈灵公就在夏姬的闺房留宿，"……灵公遂以为不世之奇遇矣。"

一夜风流过后，看核既尽，杯盘狼藉，相与枕藉，不知东方之既白。日上三竿，两人方才悠悠转醒。

陈灵公回味无穷，恋恋不舍地问夏姬心中可有分毫及于他。

夏姬素来在男人堆里逢迎惯了，哪里会听不出陈灵公的弦歌雅意？她故作扭捏地透露了一点和孔、仪二大夫的关系。

陈灵公闻言，哈哈大笑。他云里雾里刚回到宛丘，便火速召孔宁和仪行父私下相见，君臣言及夏姬，俱笑作一团。

自此，君臣三人不时同往株林，一开始还避人耳目，后来则干脆如同走大路般习以为常。

《诗经·陈风》中有一首名为"株林"的诗歌记录了当时的盛况。诗曰："胡为乎株林？从夏南兮？匪适株林，从夏南兮！驾我乘马，说于株野。乘我乘驹，朝食于株。"

"朝食于株"这一句尤为传神。古代以"食"为做某件事的别称。君臣仨天一亮就急着赶到株林去办事，那副猴急的面孔真是呼之欲出。

日子一天一天过去，株林的战争始终保持了昂扬激越的态势。

大夫洩冶忍无可忍，直言上谏曰："君臣淫乱，民何效焉？"

洩冶很快就收到了积极的回应。《史记·陈杞世家》有载："灵公以告二子[①]，二子请杀洩冶，公弗禁，遂杀洩冶。"

洩冶既死，满朝为之缄口。

不过，微妙的变化也还是有。就在这伙饮食男女的眼皮子底下，夏徵舒日渐成长，而且对于他母亲这种行为越来越反感。每每陈灵公等人登临，他就托故外出，只图落个眼前清净。

又过了几年，夏徵舒已长到十八岁，不但生得长躯伟干，而且多力善射，颇有大将风度。陈灵公为了取悦夏姬，就让夏徵舒承袭了司马之位，执掌陈国兵马。

夏徵舒虽然对陈灵公勾搭其母怀恨在心，但这份平步青云的恩典着实让他感念不已。

基于这一层考虑，当得知陈灵公君臣三人即将再次前往株林时，夏徵舒决定还是尽一下地主之谊，主动请陈灵公吃顿饭，聊表谢意。

下属因为职务提拔请上司吃饭，这属于工作餐的性质，与平日里吃花酒不同，夏姬因此没有作陪。

大家酒至半酣，陈灵公等人旧态复萌，就在酒桌上交互说起了段子。说到兴起时，嬉皮笑脸，手舞足蹈，唾沫横飞，十分难堪。

夏徵舒甚是厌恶，当着陈灵公的面又不好发作，只得以更衣为由暂避到屏风后透透气。

---

① 指孔宁和仪行父。

陈灵公与孔宁、仪行父以为夏徵舒真的如厕去了，言语更加肆无忌惮，竟然把玩笑开到了夏徵舒身上，说只怕夏姬都记不清夏徵舒的爹是谁。

言罢，君臣三人爆发出一阵刺耳的笑声，接着有杯盏摔碰之声，想是俯仰之际扫落在地的。

夏徵舒句句听在耳里，眼眦欲裂，怒不可遏，心中却是一片透亮。他蹑行几步离开宴客厅，径直奔向夏姬居室，将夏姬反锁在内，然后大步流星地从偏门出府，招呼在外面侍立的亲卫进府拿人。

夏徵舒手执利器，冲在最前，引着一众刀枪明晃的兵士从正门一拥而入，口中疾呼："休要走了淫贼！"

陈灵公斜倚在酒桌上，口中兀自说着不三不四的风话。

倒是孔宁耳朵机灵，首先听到了喊杀声。他倏地立起身来，哆哆嗦嗦地指着大门口说："主公不好了！徵舒此席不是好意，如今引兵杀来，要拿淫贼，快跑吧！"

孔宁此话有趣，人家夏徵舒口口声声要拿的是淫贼，你们三人跑什么跑嘛！

陈灵公等大难临头，根本没时间理会我的冷幽默，纷纷开了加速卷轴，夺路而逃。

三人常在夏家穿房入户，道路都是极熟的。

陈灵公的第一念头就是奔到夏姬房中，让夏姬救他一命。谁知气喘吁吁地跑到门上一看，一把铁将军牢牢当关，使出吃奶的力气冲撞了几把也无济于事。

夏姬不知外面闹哄哄的出了什么状况，正在门内翘首张望。

这对老战友打了个照面，夏姬一眼瞥见陈灵公头发散乱、面色惊惶，刚要出言相询，陈灵公唉了一声拔腿就往后园跑。

慌乱之间，陈灵公隐约看到了夏徵舒狂怒追赶的身影，酸麻沉重的躯体忽然又生出了无穷的力量，记起东边马厩旁有矮墙可以翻越出府，于是两蹄生风，呼啸着朝马厩狂飙而去。

此时，夏徵舒追赶已近，拔出弓来望定前方就是一箭，恰恰擦着陈灵公的脑勺划过。

陈灵公吓得魂飞魄散，一口气既泄，再也提不起来，眼见马厩中马匹杂乱，似可藏身，当下顾不得马粪刺鼻，一头就钻了进去。

说到这里，我忆起了很小时候看过的一个笑话。

说是有一个美食家、一个银行家和一个政治家在野外错过了宿头，好不容易才找到了一个农夫家，请求借宿一晚。

农夫没有拒绝，可他表示，客房只有两个床位，容不下他们仨同时挤进去，不过院子里有个羊圈，里面堆了很多杂草，如果有谁不嫌弃里面的怪味，勉强在草堆里窝一宿，总比在外面灌西北风强。

三个人都是很有风度的，相互对视了一眼，问农夫那所谓的怪味到底是什么味。

农夫说是食品腐烂的味道。

银行家和政治家一起把目光转向美食家，因为这个味道只有他最能适应。

美食家嘟囔了一声，埋着头走了出去。

睡到上半夜，院子里由远及近传来了脚步声。

银行家和政治家开门一看，美食家在门外，佝偻着腰边咳嗽边嚷嚷，哪里是食品腐烂的味道，明明是纸张霉烂的味道嘛，太让人受不了了。

政治家看了银行家一眼，后者经常和纸币打交道，应该熟悉这个味。

银行家耷拉着脸走了出去。睡到下半夜，院子里再次由远及近传来了脚步声。

政治家和美食家开门一看，银行家扶着墙边揉眼睛边嚷嚷，哪里是纸张霉烂的味道，明明是羊粪发酵的味道嘛，太让人受不了了。

政治家二话不说，径直走了出去。没办法，前面两个都去而复返，轮也轮到他了。

美食家和银行家刚合上眼睛，院子里忽然传来了万兽奔腾的声音。两人打开门一看，只见羊群发疯似的从羊圈里蹦跶出来，农夫在后面一边追一边哭喊："这是哪来的浑蛋，身上这么难闻的味，把我的羊儿都熏得受不了啦！"

陈灵公连滚带爬地奔入马厩，意欲躲藏。不料群马被他惊动，一齐沸声嘶叫。

陈灵公顾不得满头污秽，手忙脚乱地赶紧又钻了出去，准备另觅出路。

恰在此时，夏徵舒已踩着风火轮扑过来，迎面就是一记重箭，结结实实扎进陈灵公胸口。

陈灵公惨叫一声，往后仰倒，伸出手来虚空抓了几下，什么也没抓到，接着像一只沉甸甸的米袋般颓然倒地，扑腾抽搐了一会儿，终于不见了动静。

那边厢，得益于陈灵公吸引了夏徵舒的火力，孔宁和仪行父往西边反向奔逃，从狗洞里出了夏府，也不敢回宛丘，如丧家之犬一样，慌不择路地逃往楚国去了。

陈世子午听闻株林有变，立即逃奔晋国，夏徵舒遂自立为君。

陈灵公在位时，晋来从晋，楚来从楚，毫无节操，楚庄王老早就想给陈国劈面一榔头了。如今夏徵舒弑君自立，楚庄王正中下怀，立刻召集诸侯联军，以戡乱为由出兵攻打陈国。

出征前，楚庄王派人勘察陈国防务状况。

探马回报说陈国不可伐。

楚庄王问何故。

探马说因为陈国城高池阔，而且国库里的钱粮堆积如山，急切难以攻克。

楚庄王沉吟。

大夫宁国一针见血地指出：陈国原本是个小国，偏偏建得城高池阔，还广蓄钱粮，这是奴役百姓、横征暴敛的结果，楚国要攻取陈国易如反掌。

楚庄王嘉许，随即向陈国发了一道檄文，中心思想就是一句：无惊，吾诛徵舒而已。

陈国民寡兵微，百弊丛生，庙堂之上，朽木为官，殿陛之间，禽兽食禄，狼心狗行之辈，滚滚当道，奴颜婢膝之徒，纷纷秉政。就凭这副德行，原本在楚国手底下就走不了几招，再加上楚庄王这么一挑拨离间，更是了无斗志。

公元前598年冬，楚军云卷风驰，如入无人之境，三步并作两步攻下陈国，将夏徵舒车裂而死，然后宣布把陈国并入楚国，降格为一个县邑来管辖，并载着夏姬凯旋。

见楚庄王拍死了陈国，群臣皆具表祝贺，唯独刚刚出使齐国归来的大夫申叔时无动于衷。

楚庄王觉得申叔时没有说话不代表没有意见，就把他召过来问个究竟。

申叔时说："夏徵舒弑其君，其罪大矣。讨而戮之，君之义也。抑人亦有言曰：牵牛以蹊人之田，而夺之牛，牵牛以蹊者，信有罪矣。而夺之牛，罚已重矣。诸侯之从也，曰讨有罪也，今县陈，贪其富也。以讨召诸侯，而以贪归之，无乃不可乎？"

这段拗口的话告诉了我们一个道理：当别人犯了错误时，你不问轻重就一棍子扑死他是不对的，只有罪罚相当才能令世人信服。

楚庄王胸怀天下，对申叔时的见解极是认同，随即宣布解除对陈国的降级处分，并派人通知晋国，让陈午回老家继承祖宗的香火去。

不知不觉扯远了。风靡陈国的夏姬落入楚庄王之手，又会是怎样一番光景呢？

自己动手描述总嫌太麻烦，我手头恰好有一段关于美女闪亮登场的现成文字，为金庸先生所著，不妨直接引用如下：

忽听得丝竹声响，几名军官拥着一个女子走上殿来。那女子向李自成盈盈拜倒，拜毕站起，烛光映到她脸上，众人都不约而同的"哦"了一声。袁承志自练了混元功后，精神极是把持得定，虽与阿九[1]同衾共枕，亦无非礼之行，但此刻一见这女子，不由得心中一动："天下竟有这等美貌的女子！"那女子目光流转，从众人脸上掠过，每个人和她眼波一触，都如全身浸在暖洋洋的温水中一般，说不出的舒服受用。只听她莺声呖呖的说道："贱妾陈圆圆拜见大王，愿大王万岁、万岁、万万岁。"李自成哈哈大笑，道："好美貌的娘儿！"刘宗敏[2]道："大王，那崇祯的公主，小将也不要了。你把这娘儿赐了给我罢。"牛金星[3]道："刘将军，这陈圆圆是镇守山海关总兵官吴三桂的爱妾，号称天下第一美人。大王特地召来的，怎能给你？"刘宗敏听得是李自成自己要，不敢再说，目不转睛的瞪视着陈圆圆，骨都一声，吞了一大口馋涎。皇极殿上一时寂静无声，忽然间当啷一声，有人手中酒杯落地，接着又是当啷、当啷两响，又有人酒杯落地。适才袁承志的酒杯掉在地下，李自成甚是恼怒，此刻人人瞧着陈圆圆的丽容媚态，竟是谁也没留神到别的。忽

---

[1] 崇祯皇帝的公主，金枝玉叶，极是明媚娇艳的一名少女。——引者
[2] 李自成手下头号打手，官封"权将军"，后加左都督衔，总管军务。——引者
[3] 李自成手下头号智囊，历任大顺政权左辅和天佑阁大学士，总管政务。——引者

然间坐在下首的一名小将口中发出呵呵低声，爬在地下，便去抱陈圆圆的腿。陈圆圆一声尖叫，避了开去。那边一名将军叫道："好热，好热！"嗤的一声，撕开了自己衣衫。又有一名将官叫道："美人儿，你喝了我手里这杯酒，我就死也甘心！"举着酒杯，凑到陈圆圆唇边。一时人心浮动，满殿身经百战的悍将都为陈圆圆的美色所迷。

夏姬与"恸哭六军俱缟素，冲冠一怒为红颜"的陈圆圆都是中国历史上久负盛名的大美女，但若论起风华绝代、倾倒众生，陈圆圆只怕还要逊上几分。

楚庄王旷世雄主，一见到夏姬那袅袅婷婷的妖娆模样，也禁不住心旌摇荡、目眩神迷，当即就要编入后宫。

申公（申地主官）屈巫进言："您召集诸侯攻打陈国，到底是为了讨伐罪恶，还是为了贪恋美色呢？如果是为了贪恋美色，那一定会受到上天的严惩。请您三思吧！"

楚庄王心里揣着一个中原梦，不敢拿自己轻身犯险，一番天人交战过后，咬牙切齿地接受了屈巫的劝谏。

司马王子侧[1] 老早就对夏姬的美色垂涎三尺，小心翼翼地观望良久，确认楚庄王真的没有想法后，打起了收纳夏姬的小九九。

屈巫再次挺身而出，苦口婆心地告诫王子侧："这女人从骨子里透出一股媚劲，看起来不像是个善类，听说凡是和她有过一夕之缘的男人，大多没有什么好下场。人生在世，殊为不易，您一定要爱惜自己，天底下的美女那么多，您何必非得要她呢？"

王子侧悻悻作罢。

最终，楚庄王把夏姬赐给了连尹（官职）襄老。襄老早年丧偶，即便做出了什么饥不择食、饮鸩止渴的疯狂举动，我们也要理解他。

我们理解了襄老，可命运却不愿理解他。

公元前 597 年，楚国与晋国在郑国的邲地交兵。楚国大败晋国，一举扭转了

---

[1] 字子反，楚庄王之弟。

争霸中原的不利局面，可作为主要将领的襄老却偏偏殒命战场。

人犟不过天，有些事，你不信不行。

襄老不相信的事还有。就在他跟晋军拼死拼命的时候，他的儿子黑要正在家里和庶母夏姬抵死缠绵。

襄老饮恨黄泉，一了百了，可夏姬的致命效应依然挥之不去。多年后，黑要也死于一场与夏姬有关的仇杀。

这场仇杀虽然并不是简单的多角恋悲剧，但中间还是掺杂了大量的情欲因素，以及由情而生的政治因素。

而勾连这些七七八八复杂因素的关键人物，除了夏姬外，还有一个之前一直以睿智形象示人的男性。他，就是屈巫。

谁也没有想到，正是因为屈巫的存在，第二次婚姻失败的夏姬，最终得以铸就一段完整的传奇。

事情还是得从公元前 597 年的邲之战说起。我们暂且先不去解构那场战争的历史背景、精彩过程和深远意义，从细微处着眼，有三个亲历者的命运对夏姬的余生产生了重大的影响。

第一个人是襄老。他战死沙场，尸骨也被晋军掠走了。

第二个人是楚庄王的儿子谷臣。是役虽然晋军惨败，但晋国大夫智首（晋国时任正卿中行林父的亲弟弟）率领属下在局部战场逆势出击，俘虏了谷臣。

第三个人叫智䓨。他是智首的儿子，在交战中被楚军俘虏。

邲之战后，一向劝别人对夏姬敬而远之的屈巫，忽然与夏姬热络了起来。

具体热络到了什么程度？联系后来发生的事情，我觉得任凭大家怎么天马行空地想象都不过分。

原来，屈巫之前种种通达谙练的言行，不是出于同僚间的殷殷关怀，而是为了阻止楚庄王和王子侧染指夏姬。他真正的目的，是要将夏姬据为己有。

这，难道屈巫就不怕楚庄王和王子侧一旦发现自己惨遭欺瞒后会雷霆震怒杀了他？

夏姬呀夏姬，你到底是个人，还是个妖精？你还让不让人活？

在把黑要摆弄得服服帖帖的同时，夏姬又好整以暇地让屈巫恣意体验了她的妖媚。按说，能够享有如此艳福，屈巫应该满足了。

可屈巫偏偏就是不满足。这种偷偷摸摸的地下关系虽然刺激，但总比不上日日莺歌夜夜燕舞来得痛快淋漓。他决定不惜一切代价，也要把夏姬从黑要的魔爪下拯救出来。

然而，愿景很美好，实现起来却难于登天。因为屈巫即便有本事让夏姬把黑要打入冷宫，他也绝不敢当着楚庄王和王子侧的面公然和夏姬出双入对。或许，只有私奔才是唯一行之有效的办法。

重重压力之下，屈巫的智慧如火山般汹涌地喷发了。

他郑重其事地告诉夏姬，如果两个人想做长久夫妻，她必须首先回到娘家郑国去。

夏姬虽然很中意屈巫，但一时半会儿也没有理会屈巫话语的玄机所在。这男人只要三天没碰自己就魂不附体，怎么会突然舍得让自己离开楚国呢？

屈巫得意地笑了。他已经谋划好了一套天衣无缝的私奔方案，让夏姬回郑国，只不过是瞒天过海的第一步。

前面说过，楚国和晋国在邲之战中各有重要人员被对方控制，因此双方也都有换俘的愿望。可问题是，现在双方仇深似海，一见面就会抄家伙互砍，根本建立不起直接有效的对话渠道，换俘也无从进行。

而郑国多少年来一直依违于楚晋之间，虽然扮演的只是个人尽可欺的小受角色，但与南北两强的对话却是畅通无阻，具有为楚晋牵线搭桥的现实条件。

屈巫现在要做的，就是设法说服楚庄王启动和晋国的周转谈判，通过郑国这个交易平台，用智䓨把活着的谷臣和死了的襄老换回来；同时，顺水推舟地向楚庄王提出，让作为襄老遗孀的夏姬，先一步去郑国迎丧。

这样一来，夏姬就能脱离楚庄王的视线，率先奔出楚国。在没有夏姬的夜晚，屈巫虽然会辗转反侧，不过忍得一时之苦，能解百日之忧。这道理屈巫还是懂的。

于是，屈巫打通关系，使郑国派人通知夏姬：襄老的遗骨可以得到，不过一定要你亲自来接取。

因为此事牵涉重大，所以夏姬请楚庄王定夺。楚庄王拿不定主意，又咨询屈巫。

屈巫说："可行！智首既是晋成公的宠臣，又是中军将中行林父的弟弟，最近还升任了中军佐，在晋国颇有影响力。他对智罃爱得不得了，且又与郑国的皇戌交情很深，肯定迫不及待地想通过郑国来进行换俘。而郑国害怕晋国因邲之战惨败报复他们，所以内心里一定想讨好晋国，从而努力促使智罃平安回归。"

实事求是地说，晋国换俘的心情的确迫切，但楚国换俘的心情未必就从容了半分，大家半斤对八两，谁也没有多占对方的便宜。

只不过屈巫单单从晋国的角度说事，仿佛晋国更加忍受不了拖延换俘的痛苦、更加积极主动地在寻求和解，不知不觉就把楚庄王的注意力吸引到了晋国方面，从而使得楚庄王忽视了对夏姬返郑真正动机以及后续情节变化的评估。

很快，如屈巫所料，楚国启动了和晋国的换俘谈判，夏姬也获准去往郑国。

临走时，夏姬当着送行人的面说："不得尸，吾不反矣。"

这句话有点儿意思，乍一听像是在宣示某种坚决完成任务的信念，仔细一琢磨，其实是在表达老娘此去必不复返的隐晦之意。

至于这句话是说给谁听的，那对象也很丰富。既是对楚庄王的持续麻痹，也是在给屈巫打暗号相约郑国不见不散。

屈巫心领神会，随即秘密地向郑国求娶夏姬。郑襄公同意了。

可是，事情发展到这一步还不能算完结。夏姬人在郑国，而屈巫人在楚国，两人虽然理论上具备了婚姻关系，但却做不了事实夫妻。这岂不是要让屈巫抓狂吗？

大家先别替屈巫着急，因为这本来就只是屈巫整个私奔计划的中间环节，而他设想的最后一个步骤，就是想办法把自己也弄到郑国去。

朝廷每年的公帑开支这么大，借助公使之机非法投奔其他诸侯国的大臣一茬又一茬，屈巫相信自己很快也能加入他们的行列。

诚如屈巫所想，机会不是没有。但渴望得到的人必须要有耐心。屈巫这一等，就是整整八年。

之所以会拖这么久，是因为受到了国际政治环境变化的影响。

我们知道，外交政策是一种基于整体实力和根本利益的综合表达。显然，晋楚争霸的大气候不可能为了迁就区区换俘而发生根本性的转折。

邲之战后，楚国再接再厉，于公元前594年用武力逼迫宋国归附。晋、楚之间的斗争愈演愈烈，换俘谈判也随之丧失了应有的基本氛围，因此被搁浅了。

谈判搁浅虽然不是屈巫主观运作的成果，但恰好吻合屈巫的心意。因为这样，夏姬就找到了继续停留在郑国的理由，避免了楚国对她长期不归而产生的怀疑。

当然，过于长久的等待也不是屈巫所乐见的。毕竟，分离的现实无论对他的生理还是对他的心理，都是一种煎熬。

另外，谈判虽然搁浅，但并不等于完全废止，终究有一天还会重新提上日程，要是屈巫不抓紧时间与夏姬会合，很有可能出现夏姬奉骨而还的结局（提前预告一下，换俘于公元前 588 年完成）。

若真的是那样，屈巫的一腔心血白费了不说，千载之下的人们必将少了一个上好的谈资；甚至于说，春秋历史都有可能为之调整前进的方向。

那么，屈巫逃离楚国的机会究竟是如何降临的呢？这又得从齐国说起。

齐国虽然已经褪去了霸主的光环，但历代先贤积累的雄厚家底使得它历尽折腾后依然保持了强国的实力。

一个国家倘若怀念昔日的荣耀，又依恃当前的实力，那它一般都会保持相对独立的外交姿态。所以，齐国虽然名义上属于泛北方阵营，但实际上与晋国若即若离，对楚国也爱搭不理。

这种孤傲的行事风格放在平时最容易得罪人，可放在晋楚争霸进入白热化阶段的背景下，却颇为吃香。因为晋楚双方都想拉拢齐国这个第三方势力，以占据更加有利的战略态势。

于是乎，楚国和晋国先后向齐国抛起了媚眼。其间的过程有点儿复杂，我们在后面的章节中再加以详述，此处大家只需知道的是：楚国的公关工作占据上风，齐国渐渐地倒向了楚国阵营。

晋国为了惩戒齐国，于公元前 589 年联合卫、鲁伐齐，而楚共王①随后也报复性地发动了阳桥战役来牵制晋国。

战前，楚共王派屈巫为信使，向齐国通报楚国的军事计划。

屈巫梦寐以求的机会终于来了。他不动声色地领受使命，拜辞楚共王，然后

———————

① 楚庄王之子，公元前 590 年继位。

带着全部的家财，策马扬鞭离开了郢都，头也不回地直奔郑国而去。

当时，大夫申叔时正带着儿子申叔跪去往郢都，半路上和屈巫迎头相遇。申叔跪还跟父亲开玩笑说："这家伙行色匆匆却又面带喜色，莫不是急着去偷人吧？"

申叔跪自然不会想到，他一语道破了天机。

这一路，屈巫当真是恨不得化身为雷震子，张起风雷二翅，一夕之间飞到夏姬身边去。

此时的夏姬已年近五旬，屈巫为了她，居然做出抛妻弃子、背井离乡的决绝之举。一个女人的魅力，竟至于斯！

屈巫抵达郑国后，立即把随行的副使打发回国。言下之意，齐国我是不会去的了，楚国呢，我也不会再回。

副使带着屈巫叛变的消息回国，楚国朝野为之哗然。

屈巫也自知待在郑国并不保险，就带着夏姬一起继续逃亡。

起初，他们本想逃往齐国。不料齐国在鞌之战中新败于晋国，看起来不像是个安全的庇护所，所以屈巫转而逃到晋国，并依托晋国大夫郤至的关系，谋了个邢地大夫的职务，和夏姬优哉游哉地做起了他们一贯爱做的事情。

楚国司马王子侧掌握屈巫的动向后，一者担心屈巫利用其掌握的楚国情报帮助晋国有针对性地克制楚国，二者痛恨屈巫玩弄他于股掌之间，于是建议楚共王用极其贵重的财礼贿赂晋国，使其永不叙用屈巫。

楚共王垂头丧气地说：算了吧，倘若屈巫没有利用价值，晋国自然不会睬他；倘若能够从屈巫身上挖掘出有用的信息，晋国自然不会把楚国的财礼放在眼里。

这个见解表明楚共王是有头脑的人，不过形势的后续发展，还是令他始料未及。

屈巫叛楚的原始动机只是想追求个人的幸福生活，可是楚国国内对此事件的强烈反应，最终把屈巫逼上了一条与祖国不共戴天的复仇之路。

屈巫在楚国与两个人有私仇。

一个是司马王子侧，屈巫用诡计拐走了他心目中的女神。

另一个则是令尹王子婴齐 [①]。

[①] 字子重，楚庄王之弟。

公元前 594 年，楚国降服宋国，时任左尹的王子婴齐立有军功，回国后要求获取申邑和吕邑的部分土地作为封赏。

当时楚庄王同意了。

屈巫却表示反对。他认为申邑和吕邑是国家重要的兵源和财赋基地，假使分割部分土地赏赐给私人，必然会削弱申邑和吕邑在抵御晋国和郑国方面的整体功效。

楚庄王遂改变成旨，又把已经赏赐给王子婴齐的土地收了回来。

王子婴齐因此对屈巫切恨不已。

一个司马，一个令尹，俱是楚国的顶级权臣，他们既然怀有相同的怨恨，那一齐发作而爆发出的破坏力当然十分巨大。

于是，两人本着跑了和尚跑不了庙的想法，联手对屈巫的族人展开血腥清洗。黑要亦受到波及，死于非命。

至于楚共王，对屈巫叛逃也很恼火，就睁一只眼闭一只眼，任王子婴齐和王子侧便宜行事。

因为切恨于家族被屠，屈巫于公元前 584 年代表晋国出使东南一带的吴国，建立起晋、吴友好关系，传授吴国车战之法，并唆使吴国攻伐楚国。

随后，吴国水陆并进，对楚国猛攻不息，不但极大地压缩了楚国的势力范围，还严重地消耗了楚国的军事力量，为晋国趁势复兴乃至日后吴楚争雄埋下了伏笔。

正如喧嚣的筵席总有散伙的一刻，再精彩的故事也总有结束的时候，夏姬在三十年纵横间谁能相抗后终究渐渐归于沉寂。

千百年来，夏姬没有出现在中国四大美女的榜单上，也没有人为了她而另外创制一个五大美女的榜单，这大概是因为她的人生经历不符合儒家文化所推崇的价值理念。

但是在我的心里，夏姬就是一个传奇般的存在。比起四大美女的沉鱼落雁闭月羞花来说，夏姬的美更加充盈、更加邪恶、更加具有穿刺力、更加让人神魂颠倒欲罢而不能。

孙叔拜相

若敖氏倒了，楚国令尹这个向来被若敖氏视为禁脔的职位终于迎来了一个变更血统的机会。楚庄王为它物色的继任者，名叫虞邱子。

虞邱子此人的才具品格如何，史籍寥寥，找不到太多的描述，但几年后楚庄王与樊姬的一番对话让我对他有了内在的了解。

樊姬也是楚庄王的宠姬，不过她和许姬不同，许姬凭的是貌，她凭的是德。当楚庄王还处在不飞不鸣的青涩年代时，樊姬就一直扮演良妻益友的角色，为劝诫楚庄王花费了很多的心血。

楚庄王沉湎于田猎，她就拒绝食肉；楚庄王沉湎于歌舞，她就拒绝装扮；楚庄王沉湎于饮宴，她就以夏桀商纣的亡国故事相劝。

假如同学们觉得樊姬上述行为所彰显的妇德不过尔尔的话，那么不妨了解一下你们师娘针对老师特制的二〇一七版家庭新规，兹摘录如下：

1. 生是老婆的人，死是老婆的鬼。

2. 老婆说对就是对，不对也对；老婆说不对就是不对，对也不对。

3. 老婆打你时要任其蹂躏，谢主隆恩，不得有皱眉瞪眼之行为；老婆不在时要朝思暮想，守身如玉，不得有偷鸡摸狗之行为。

4. 在 QQ、微信、微博、论坛、游戏平台、健身房、车行、超市和信用卡等一切我能想得到以及想不到的留下你个人身份信息的地方，都要注明你是已婚人士。

5. 在街上遇见美女凝视时间不得超过两秒，并迅速指出十处以上那位美女与我相比较的美中不足。

6. 当你心情不好的时候可以破例不洗碗，等心情好了再洗不迟。

7. 你的精彩来自我的风采，所以不要嫌我买衣服太多太贵。

8. 知道你不是超人，但你必须超能忍。

怎么样，评价老婆就和唐伯虎点秋香是一个道理，不比较还真不知道什么是好。

楚庄王后宫充盈，春色无边，但他始终独对樊姬礼遇有加、高看一等。这个案例充分说明，美色是个消耗品，时间越长，价值越小，只有知性才能长久保持女人的独特魅力。

一天，楚庄王在朝堂议事，谈得兴起，不知不觉错过了吃饭的时间。回宫后，樊姬就问他，为什么不吃饭，难道肚子不饿吗？

楚庄王说，他在和贤者谈论，忘记了饥饿疲倦。

樊姬再问贤者是谁。

楚庄王说还不就是虞邱子。

樊姬掩口而笑。

楚庄王问所笑为何。

樊姬把目光转向远方，似乎说起了一些毫不相干的往事："妾执巾栉十一年，遣人之郑、卫求贤女进于王，今贤于妾者二人，同列者七人，妾岂不欲擅王之爱宠乎？妾闻堂上兼女，所以观人能也，妾不能以私蔽公，欲王多见，知人能也。"

楚庄王心头涌过一阵暖意，频频点头称是。

樊姬收回目光，挚恳地对楚庄王说："妾闻虞丘子相楚，所荐非子弟则族昆弟，未闻进贤退不肖，是蔽君而塞贤路。知贤不进，是不忠；不知其贤，是不智也。妾之所笑，不亦可乎？"

楚庄王恍然大悟。

自剿灭若敖氏以来，楚国与晋国在中原频繁交兵，反复拉锯，但一直无法有效突破晋国在中原设置的前哨郑国。

论土地宽阔、钱粮富集，兵将广众、装备精良，楚国都占有明显优势。为什么这些优势不能转化为胜势？就是因为楚国缺乏一位军政复合型高端人才来合理配置和科学运用这些固有资源。

反观晋国，自赵盾以降，六卿如众星闪耀，随便挑一个出来就能独当一面。

楚庄王觉得，在令尹这个关键位置，他必须要做出更加积极有益的探寻与变革。

公元前601年，从晋国传来了令楚庄王兴奋不已的好消息，赵盾死了。

赵盾，时人尊称其赵孟，谥号为"宣"，史料中多称其赵宣子、宣孟，卓越的政治家，杰出的战略指挥家。

赵盾一生历任三朝，执政期间，官至正卿，权倾朝野，屡挫强敌，领袖中原，为推动和巩固晋国霸权做出了轰轰烈烈的贡献，可谓"治世之能臣，乱世之雄才"。

在赵盾的治理下，晋国最大限度地抑制了楚国北上中原的意图。赵盾与楚穆王及楚庄王的宿命对决，是数百年春秋争霸战中史诗般宏伟壮阔的一道风景。

赵盾死后，在其指定接班人郤缺的操纵下，晋国六卿重新洗牌，具体人事安排如下：

中军将	郤 缺	中军佐	中行林父
上军将	先 縠	上军佐	范 会
下军将	栾 盾	下军佐	赵 朔（赵盾之子）

同年，依附于楚国的舒姓诸国发动叛变。楚庄王调兵出击，灭亡舒蓼国，并与东部的吴国和越国结盟。

公元前 600 年，晋国再度全民举哀。晋成公召集宋、卫、郑、曹四国诸侯在扈地会盟，联军攻打投靠楚国的陈国。不料前方尚未报捷，晋成公本人却死在了扈地，其子獳继位，史称晋景公。

值此难得的战略机遇期，楚庄王决定推心置腹地和虞邱子好好谈谈，为楚国的下一个五年发展谋篇布局。

执政已历一十三年的楚庄王，延续了其不鸣则已一鸣惊人的行事风格，他直接将樊姬的话原原本本地告诉了虞邱子。

虞邱子没想到领导说话这么真诚，冷汗一激，吓得赶紧从座席上爬起来，垂着头支支吾吾地无言以对。

不久，一个名叫孙叔敖的人，介由虞丘子的举荐，进入了楚庄王的视线。

孙叔敖，前司马芳贾之子，名敖，字孙叔，秃顶，侏儒，左手比右手天生长出一截，乍一看就是个标准的马戏团小丑。

但是，大家千万别以为这个形容猥琐的家伙真的就是用来给楚庄王搞笑的。记性好的人应当可以在前文中找到他的名字。

孙叔敖的真正面目是：司马迁老大人的《史记·循吏列传》中排名首位的伟大政治家，楚庄王日后能名列春秋五霸之一而流传青史，与孙叔敖的精心辅佐有密不可分的关系。

相传，孙叔敖年幼时，有一次独自在野外遇见了一条双头蛇。

双头蛇这种玩意儿，现实生活中是真实存在的。

一种情况是一卵双胎的蛇在母腹中受到外界不良环境的影响，发育成了畸形胎。

另一种情况是有的蛇尾部圆钝，且能模仿头部的运动轨迹，让人误以为它有两个头。

双头蛇在长江以南是很常见的，但在孙叔敖生长的期思（约在今河南省固始县）一带是稀有物种，所以当地流传着见双头蛇者必死无疑的说法。

少年孙叔敖惨遇双头蛇，竟没有当场晕厥。为了防止别人再见到这条要命的蛇，他鼓起勇气把双头蛇打死并埋掉了。

回到家里，孙叔敖到底还是惴惴不安。

他母亲得知原委后，安慰他说："吾闻有阴德者，天报以福，汝不死也。"

这件事传播开来，孙叔敖受到了乡邻的赞誉。他埋蛇之处被称作敦蛇丘，后来《嘉靖固始志》还把"寝野歧蛇"列为当地八景之一。

因为父亲蒍贾卷入若敖氏的政治斗争，孙叔敖成年后一度流落到了郢都城北海子湖边的白土里，穷困潦倒，依靠打鱼为生。

约在公元前 600 年，经历了人生大起大落的孙叔敖突然收到了一个足以让普通人心率过速直接猝死的通知：楚庄王召他即日赴京上任，到一个叫令尹的衙门去主持全面工作。

我觉得，用火线提拔或者是火箭上升都不足以描述这种从地狱到天堂的奇遇。

关于孙叔敖担任令尹期间的政绩，诸史多有涉及，其中《左传》和《史记》上的记载较有代表性。

《左传·宣公十二年》中的记载除了叙述孙叔敖立制明礼和选贤任能，还介绍了孙叔敖在军事领域的改革。

孙叔敖把楚王的亲兵分为两部，名曰左广和右广，每广轮流值守半天，确保楚王安全无虞。

此外，孙叔敖为楚国制定了野战部队操典，具体法则为：右军紧随主将车辕，左军负责搜寻干草柴薪以资宿营，前军举旌旗开路以侦探敌情，后军作为预备队压阵且随时策应四方，中军综合处理各方情报并策划战术方针。同时，各级军官依据旌旗所代表的职级与职权按部就班展开行动，大大提高了部队的反应速度和协调能力。

《史记》中则简单罗列了三个事例。

第一个：孙叔敖劝导百姓利用秋冬农闲季节上山采伐竹木和冶炼矿产，到了春夏丰水季节再通过河道转运贩卖，进一步繁荣了楚国的市场经济。

第二个：楚庄王嫌弃当时楚国流通的法定货币蚁鼻钱重量太轻，下令重新铸造一种体积更大的钱币来替代蚁鼻钱。谁知新币上市以后，老百姓觉得携带很不方便，纷纷拒绝兑换，直接导致通货紧缩。商贾损失惨重，不得不罢市歇业。后来孙叔敖劝说楚庄王恢复流通蚁鼻钱，仅仅过了三天，市场秩序就得到了恢复。

第三个：楚庄王认为当时楚国普遍驾乘的车辆太矮，不便于套马，遂下令全国统一改造更加高大的马车。孙叔敖劝谏说，倘若以行政命令强制执行，恐怕会招致百姓反感，不如采用诱导法，号召国人把街头巷尾的门槛统统加高，让低小的马车无法顺利通行，因为坐得起马车的都是些体面人，体面人一般不愿中途下车，自然而然就会选择乘坐更加高大的马车，从而带动改造高大马车的风气。半年后，楚国街头果然开始流行乘坐大车了。

相信大多数人读罢这三个故事的第一感觉是：就凭这点儿功劳，司马迁便把孙叔敖列为循吏第一，太言过其实了吧？

对于这种观点，我持百分之五十的谨慎赞成态度。

首先说说百分之五十不赞成的原因。

中国古文历来就有言简意赅的特点。这一方面受益于文字本身的内涵丰富、表达能力强；另一方面也与古人行文风格朴素，不喜欢铺陈辞藻有关。

具体到司马迁介绍孙叔敖时文字如此吝惜这个案例，有没有史迹久远难考、司马迁无从着笔的因素我不知道，但是如果我们仔细思考解读一下司马迁列举的三个事例，可以发现，其实它们分别反映了孙叔敖执政方式的三个显著特点。

一是因势导利，二是便民为要，三是循循善诱。

大概司马迁认为，窥一斑而知全豹，既然具备了机敏而务实的政务处理能力，那么就足以勾勒出孙叔敖一代名相的风貌了。

再说说百分之五十赞成的原因。

司马迁巨笔如椽，寥寥百十来字确实蕴含了很大的信息量，但他唯独忘记了一件事。而假如没有了这件事，孙叔敖还算不上一位出类拔萃的政治家。

孙叔敖继任令尹时，楚国正处在发展的瓶颈期，守成固然无虞，若要进一步向北拓展传统的势力范围却殊为不易。为了应对与晋国的持久斗争，楚国显然还需要积聚更加雄厚的国力才行。

楚国盘亘在长江流域，得利于多江河湖泊，境内良田相望，沃土千里，农业经济十分活跃。

可是，优厚的自然条件并不总是给楚国人带来好的收成。因为大型土木工程技术的落后以及改造地理环境意识的缺失，楚国的农业生产基本上就是一场人水互掐的战争。

风调雨顺时五谷丰登，猪跟着人一起吃稻米；水旱不调时颗粒无收，人跟着猪一起刨野菜。

据我所知，要想使气象条件及地理条件与人类的农业生产和谐相处，办法只有两个。

一是主动法。从现在开始了断尘缘，跑到晋明香严山中潜心学道修真一百几十亿年，努力考取一个名叫"昊天金阙无上至尊自然妙有弥罗至真玉皇上帝"的职称，获取统领风雨雷电四神和山神河神土地公公等一众妖怪的权限，要风得风，要雨得雨，严格贯彻落实以人为本、执政为民的精神理念，有目的、有计划、有纪律、科学合理地把雨热均匀洒向人间大地。

二是被动法。动用海量人力挖渠筑坝，对自然界的地表水和地下水进行控制、治理、调配、保护和开发利用。老天爷若是尿频尿急尿不尽，俺们就找个凹地把多余的给乘着放那；等到老天爷火气旺盛泾溲不利的时候，俺们再把战略储备给放出来。

毋庸置疑，第一种方法既潇洒又帅气，问题是太耗时，而且即便修炼成功，还得防备下面那只民主意识觉醒的老妖猴，万一它以"玉帝轮流做，明年到我家"为由蹿上界来实施打砸抢偷，办公秩序势必崩颓不堪，风雨雷电四人组根本无法正常作业。

第二种方法比较贴近群众，但是对工程设计者的专业水准以及施工方的组织协调能力是个巨大的考验。

春秋之前有明确记载的优秀水利工程师也唯独大禹一人。而大禹之所以能够战胜洪水，除了他本人精力旺盛、爱岗敬业，还有三大关键要素。

一是他老爸鲧治水失败的血泪教训，证明了息壤那玩意儿不靠谱；二是他掌握了河图、开山斧和避水剑三件上古神器；三是得到了应龙、狂章、虞余、黄魔、大翳、庚辰和童律等天兵天将的鼎力襄助。

所以，对于楚国来说，要治理境内那套喜怒无常的水利系统，是一个势在必行但又难于登天的超级难题。

不过，这个令人望而止步的超级难题对于孙叔敖来说，却远没有人们想象中那么可怕。

因为，他就是一名真正的水利专家，对于"宣导川谷，陂障源泉，灌溉沃泽，堤防湖浦以为池沼，钟天地之爱，收九泽之利，以殷润国家，家富人喜"之术有着精深的研究。

孙叔敖家道中落前，曾在家乡期思主持兴修了中国最早的大型引水灌溉工程——期思陂。

孙叔敖组织民工在史河东岸凿开石嘴头，引大别山上的来水向北，称为清河；又在史河下游东岸开渠，向东引水，称为堪河。

利用这两条引水河渠，既可灌溉史河、泉河上游之间的百里土地，又能防范史河、泉河下游的洪涝灾害，因此被后人称作"百里不求天灌区"。

经过后世的不断续建、扩建，灌区内渠陂井然，引水入渠，由渠入陂，开陂灌田，形成了一个"长藤结瓜"式的灌溉体系。

期思陂的兴建，大大改善了当地的农业生产条件，提高了粮食产量，使期思成为楚国最为稳定的产粮区之一。

三国时，曹魏的刘馥对期思陂重加整治；明代继续扩充；清朝嘉庆皇帝维修固始县境内陂塘、湖港、沟堰达九百三十二处；中华人民共和国成立后，其遗址又成为梅山、鲇鱼山灌区的重要组成部分。期思陂对当地乡民的泽惠逾千年而绵绵不绝。

据《淮南子》载："孙叔敖决期思之水，而灌雩娄之野，庄王知其可以为令尹也。"由此可见，孙叔敖善于治水的名声达于庙堂，并且为他东山再起、平步青云创造了极为有利的条件。

当时，位于淮河以南大别山北麓的寿春，是楚国的最大的粮食产地。这里的粮食丰歉，直接关系到人民安定和军粮宽舒，因此具有重大的战略意义。

寿春东、南、西三面地势高峻，北面地势低洼，向淮河倾斜。每逢夏秋雨季，山洪暴发汇聚于此，形成严重涝灾，给农业生产造成巨大损失，国家为之震动。

因此，楚庄王给新官上任的孙叔敖出的第一个实践操作题，就是尽快治理寿春水患。

孙叔敖深知，寿春不靖，楚国不宁。

于是他以令尹之尊，亲自深入到淮河以南、淠河以东，察看了大片农田的旱涝情况。然后又沿淠水而上，翻山越岭，勘测了来自大别山的水源。最后确定在淠河之东、瓦埠湖之西的长方形地带，依就南高北低的地形和上引下控的水势，合理布置工程，大规模围堤造陂。

建成后，该陂周长一百二十里许，上引龙穴山、淠河之水源，下控一千三百多平方公里之淠东平原，号称灌田万顷。因当时陂中有一座白芍亭，故名曰"芍陂"。

芍陂的修建，使淮南产粮区得以持续稳定地丰产，为楚国经济繁荣和屯田济军奠定了坚实的基础。其后续功能的发挥，使楚国呈现出"家富人喜，优赡乐业，式序在朝，行无螟蜮，丰年蓄庶"的繁荣景象。

芍陂是我国最早的蓄水灌溉设施，与都江堰、漳河渠、郑国渠一道并称为我国古代四大水利工程，具有十分重大的经济、政治和军事价值，为历朝历代的统治者所看重。

《地理志》载：西汉专业之官二十种，地区九十七处，唯九江郡有陂官、湖官，首要是治理芍陂。

《后汉书·王景传》载："郡界有楚相孙叔敖所起芍陂稻田。景乃驱率吏民修起芜废，教用犁耕，由是垦辟倍多，境内丰给。"

《三国志·魏书·武帝纪》载：建安十四年"置物州郡县长吏，开芍陂屯田"。

唐朝时芍陂因地处安丰县境，更名为安丰塘。唐肃宗和元世祖均在此广为屯田，大获其利。

中华人民共和国成立后，芍陂列入全国重点文物保护单位。国家领导人和国内外专家、学者、新闻界、电影界先后来安丰塘参观考察；当地政府对它进行综合治理，开挖淠东干渠，沟通淠河总干渠，使芍陂成为淠史杭灌区的调节水库，灌溉效益有了很大提高。

千百年来，经停芍陂的文人墨客，无不对孙叔敖造陂之功赞叹不已。

宋代王安石在《送公仪宰安丰》诗中称："安丰百里谁复叹……寿酒千觞花烂熳。"

明代宜阳侍郎王邦瑞夕也有《过孙叔敖祠》一诗："百里陂塘峙楚祠，万年伏腊动人思。爱存堕泪非残碣，功似为霖岂一时。"

清朝康熙年间，州佐颜伯殉在修治安丰塘时，专著《安丰塘志》。

清朝嘉庆六年，夏尚志对安丰塘的历史做了详细调查，完备系统地编写了《芍陂纪事》。

芍陂就像是一座耸峙的丰碑，记述了孙叔敖不朽的功绩所在。

除了上述工程，孙叔敖还兴建了今安徽省霍邱县的水门塘，治理了今湖北省的沮水和云梦泽，并在江陵境内修筑了大型平原水库"海子"。

孙叔敖治水之名，贯古达今，窃以为太史公不应该失之于册。

特别值得一提的是，孙叔敖为官淡泊寡欲，枵腹从公。

兼任芍陂工程总指挥期间，为了高质高效地完成这一功在当代利在千秋的惠民之举，孙叔敖殚精竭虑，耗散家财，与民夫一起挥洒汗水，亲力亲为。

时人箝非曾对身处工程一线的孙叔敖这样描述道："粝饼菜羹，枯鱼之膳，冬羔裘，夏葛衣，面有饥色。"

在那无数个上下奔忙的日日夜夜里，孙叔敖把他个人的所有全都毫无保留地奉献给了寿春的山水。

我时常一个人喝了酒后傻想：芍陂工程规模空前，靡费巨亿，假如孙叔敖没有三哥戴表的觉悟，那么只要他略施手脚，这贪污截留的款项，估计足够让不少妇女同胞过上优越富庶的物质生活了吧。

所以，到底是一种什么样的考虑，又是一种什么样的信念，推导着孙叔敖以国为家、视金钱如粪土至斯呢？

我无法给出一个准确的回答，因为我达不到孙叔敖的精神境界。

然而我十分肯定，世界上我所崇拜的英雄豪杰数不胜数，但让我感动的人只有四种，忠臣、孝子、廉吏、情痴。孙叔敖就是其中之一！

孙叔敖后来的仕途并不顺坦，许多史籍都不约而同地提到他的令尹职务曾经三度遭到罢贬，又三度被起用。

宦海沉浮给孙叔敖带来了弘达深邃的哲学智慧，让他细微地体察到了做人之本和为官之道。

《列子·说符》中就记载了一个名为"孙叔敖遇狐丘丈人"的故事，它所表达的人生感悟可以视作孙叔敖一生的真实写照。以下引用原文。

狐丘丈人曰："仆闻之：有三利，必有三患，子知之乎？"孙叔敖蹴然易容曰："小子不敏，何足以知之！敢问何谓三利？何谓三患？"狐丘丈人曰："夫爵高者、人妒之，官大者、主恶之，禄厚者、怨归之，此之谓也。"孙叔敖曰："不然，吾爵益高，吾志益下；吾官益大，吾心益小；吾禄益厚，吾施益博。可以免于患乎？"狐丘丈人曰："善哉言乎！尧、舜其犹病诸。"

如果说名望、权力和钱财这三样东西就是很多人削尖脑袋也要当官的主要诱因，我觉得大家都应该要有勇气来直面这个冷酷无情的事实。

咱们的文化五千年一脉相承，许多古代社会存在的政治斗争与阶级矛盾我甚至都可以用现代语言简单明了地描述出来。

比如说，"爵高者、人妒之"反映的是人多位少问题，"官大者、主恶之"反映的是相互倾轧现象，"禄厚者、怨归之"反映的是仇富心理。

正因为如此，孙叔敖关于三利三患的应对之策，对于我们来说具有非常现实的借鉴意义。

约公元前 593 年，孙叔敖在令尹任上患疽病去世。死的时候他家中不名一文，连口棺椁也备不起，老婆孩子负薪衣葛，一如他过去打鱼时穷困潦倒的光景。

孙叔敖驻留于楚国政坛的时间并不长。他在这么短的时间里辅助楚庄王将楚国国力提升了一个档次的丰功伟绩暂且不说，光是这份清风两袖朝天去的风骨，就足以让许多人唏嘘感佩，也足以让许多人无地自容。

孙叔敖死后，其子并未受到丝毫恩荫。从中国人传统价值观的角度来评说，这样的结果对孙叔敖是不公平的。

于是，那个擅长讽谏时事的艺人优孟再次挺身而出，装扮成孙叔敖的模样在宫廷表演节目，借歌舞之机为孙叔敖鸣不平。

据《史记·滑稽列传》载："庄王谢优孟，乃召孙叔敖子，封之寝丘四百户以奉其祀，后十世不绝。"

我想，封其妻荫其子只不过是善良老百姓的一腔美好祝愿，孙叔敖本人一定不会在乎。因为，发家致富这些东西，他活着的时候就触手可及，是他自己选择的不要。

可是，孙叔敖并非什么也没有得到，他收获了世世代代人们的倾心仰慕。司马迁说："此（指孙叔敖）不教而民从其化，近者视而效之，远者四面望而法之。"

能够拥有这样的评价，孙叔敖不枉此生矣！

邲之战

赵盾和晋成公大手牵小手联袂西去，中原诸侯纷纷利用晋国婚丧喜庆的绝好机会扮演孝子贤孙大肆巴结晋国，而别树一帜的楚庄王也采用于公元前 600 年攻击郑国的方式为晋国送上了特别的慰问。

无辜的郑襄公第一时间打电话到晋国报案，晋国正卿郤缺接警后当机立断，戴孝出征，于郑国的柳棼将楚军击败。

楚军撤走后，郑国上下都松了口气，唯独公子去疾忧心忡忡，长叹道："是国之灾也，吾死无日矣。"

旁人不解：这也算灾？那楚国来的时候咱干吗报案？是不是再把楚国那帮大爷请回来就能消灾了？

这三句貌似严丝合缝气势如虹的诘问，在我看来是很有喜感的。

它喜就喜在三句话本身逻辑清晰且铿锵有力，可联结在一起却构不成严密的推导关系。强行拼凑构成的效果，就像是下面这段关于探讨某 B 君到底是不是猪的对话。

A 说：你是猪。

B 说：我是猪才怪。

A 说：你是猪才怪。

B 说：我不是猪才怪。

公子去疾乃郑穆公的儿子，论品行能力绝对是兄弟中的佼佼者。只可惜当年郑穆公猪屎糊了眼，偏偏选定郑灵公来继承香火。

郑灵公在王八血案中一命呜呼，正卿归生和次卿宋原本是准备扶立公子去疾为君的。不料公子去疾坚拒道："以贤则去疾不足，以顺则公子坚长。"

公子坚继位为郑襄公后，起意要将所有的弟弟统统驱逐出境，唯独留下公子去疾辅佐自己。

公子去疾劝谏道："穆氏（指郑穆公的儿子们）宜存，则固愿也。若将亡之，则亦皆亡，去疾何为？"

郑襄公听取了公子去疾的意见，才将弟弟们全部任职留用。

从推却君位到善存公族，公子去疾给我们留下了明义理和识大体的深刻印象。对于柳棼之战的后果，公子去疾之所以深怀忧虑，是因为他清醒地认识到晋楚争霸格局已经出现了微妙的变化。

当赵盾领衔北方诸侯时，天下莫与之争，楚庄王纵然心中豪气万千，但对赵盾却也不得不服。

赵盾和晋成公相继死后，作为中原盟主，晋国短时期内必定处于某种精神上的萎靡和管理上的失序状态。那么楚庄王的潜意识里就会觉得，如果说先前与晋国对抗处于下风是因为赵盾的存在，他无话可说；但是现在赵盾死了，所以他再也没有任何理由来解释为什么自己仍不能扭转中原争霸的局势。

在这样的大背景下，并不是说楚国在柳棼败给晋国就会伤筋动骨。关键在于，楚庄王实在咽不下这口恶气，抛开争霸的意义不说，哪怕是为了给自己的颜面一个交代，楚国都必须要战胜晋国一次。

基于这些认识，那公子去疾的忧虑就很容易理解了：楚国一门心思要跟晋国死磕，但因为地理分布上没有接壤，楚国不可能坐在家里依靠发射远程地对地导弹来解决问题，还是得从征服郑国开始。可以肯定，在不久的将来，郑国会迎来楚国一轮更加狂暴的攻击。

郑襄公听了公子去疾的剖析，越想越觉得心里发毛，遂于公元前599年夏未雨绸缪背着晋国偷偷地与楚国展开接触，想要达成一个地下和约，以求得楚国下次再来的时候温柔几许。

谁知事有不周，机密泄露到了晋国。郤缺勃然大怒，召集宋国、卫国和曹国作势欲扑。

郑国吓得赶紧断绝与楚国的一切联系，转回头来又与晋国重新盟誓。

楚庄王迭受羞辱，入冬后即挥师北伐郑国。

谁知事情发展又陷入了柳梦模式。郑国报案，晋国派上军佐范会领军救援，并于郑国的颍水将楚军击退。

公元前598年春，红了眼的楚庄王再次北伐。

郑国百年来惨遭南北夹击，承受的苦楚实在是他国难以想象。但长久的折磨终于使郑国朝野达成了一个共识，那就是：

在南北任意一方中没有产生一个具有全面持久压倒性优势的政权之前，郑国是别想过清净日子的。鉴于郑国不可能像郑武公迁徙国土那样再把自己从这该死的中原十字路口搬走，不难想象，南来北往途经郑国的妖魔鬼怪依旧会络绎不绝。那么与其劳神费力地南水北调或北气南输，还不如执行唯强是从的政策来得省事，晋来从晋，楚来从楚。

在这种思想的指导下，郑国连110都懒得打了，干干脆脆地一头倒进了楚国的怀抱。

同年夏，楚庄王召集郑、陈两国在陈国的辰陵会盟。

此时的晋国，正在郤缺的大力倡导下忙着与狄族修缮关系。

狄族长期在晋国的后方流窜作案，经常插入晋国疆界烧杀劫掠摸一把就跑。可玩火的次数多了，也不是每一次都能全身而退，时不时也会被主人逮个正着，关门放狗一网打尽。

晋国也不斯文，隔三岔五地奔袭狄族老巢，把能杀的全部剁翻，能吃的全部带走，既不能杀也不能吃的就付之一炬。

直到公元前598年秋，晋狄双方忽然都厌倦了这种冤冤相报的生活，觉得还是矜持一点儿比较安逸，相互做做生意，拿皮草换点儿五金布匹，彼此都皆大欢喜。

采取政治手段解决狄族的后顾之忧后，晋国立马朝郑国装出了一副龇牙咧嘴的凶相。

郑国二话不说，赶紧奉上一张卖身契，声明前阵子和楚国勾三搭四是形势所迫，敬希谅解。

郑国的反复无常的确令人无比蛋疼。可晋国也知道，郑国并不是一生下来就喜欢人尽可夫，关键还在于要彻底摧毁楚国对郑国的影响力。

基于这种考量，晋国接受了郑国的求和。

在围绕郑国展开几番短促密集的较量之后，晋国和楚国都始终无法牢固地控制郑国。大家心知肚明，这年头文无第一武无第二，或许只有决一死战，迫使某一方阶段性地丧失功能，才能给这场无休无止的争夺画上一个暂止符。

楚国自孙叔敖就任令尹以来，发展生产，整顿政治，改革军事，整体国力有了进一步增长，因此战争意愿也更加迫切和主动。

再看晋国方面。公元前598年底至公元前597年初之间，正卿郤缺去世，六卿再度重组，中行林父勉强拔得头筹，但个人的能力和威望较前任已明显沉降。每况愈下的晋国至此跌到了自晋文公称霸以来的历史最低点。

公元前597年春，蓄谋已久的楚庄王发动了近年来规模最为庞大的一次北伐，意欲击溃郑国，一举攻占中原腹心地带，鼎定中原争霸的优势局面。

而郑国在晋国严苛的责令下，也罕见地采取了强硬抵抗楚国的策略。

楚国三军精锐尽出，势不可当，很快就深入郑国，将新郑团团包围，昼夜猛攻不止。

围城十七天后，郑军疲惫不堪，城墙亦坍塌破败。郑襄公准备投降了。

然而，此时此刻投降楚国，固然会导致晋国的怨怒，却未必能得到楚国的宽宥。

因为历史一再证明，投降要趁早。

一开始端出坚贞不屈死活不从的架势，等到体力不支后才领悟与其痛苦地承受不如痛快地享受这个道理，那么施暴者不但会怀疑你投降的诚意，还会因为你之前拼命挣扎给他造成的皮肉伤痛而记恨在心，极有可能导致拒降或杀降的恐怖结局出现。

所以，对于郑襄公来说，到底要不要投降楚国，等于就是一项风险投资。押中了，恭喜你，可以保全祖宗社稷；押错了，对不起，那就难免国破家亡。

古人在做风险评估的时候，除了要引入各种数据分析，还要照例打卦问卜，求取上天的意旨。

所以郑襄公沐浴熏香，为投降事宜虔诚地卜了一卦。结果卦象显示为凶。

郑襄公犹如身浸万年寒冰，又为继续守城卜了一卦，结果卦象显示为吉。

既然天意如此，那就只有硬着头皮上了。于是乎全民皆兵，女人当男人用，小孩当大人用，老人当壮年用，连锅碗瓢盆也临时拿来充作武器了。

在郑军的殊死抵抗下，楚军颇觉吃力，遂勒兵稍退，进行休整。

郑军抓住这短暂的休兵间隙，抢修城墙，补充物资，准备迎接楚军的下一波攻势。

随即，楚军卷土重来，再度围攻新郑。

双方舍命拼斗，战况十分惨烈。城墙之下，每一寸土地都死尸枕藉，血流成河。

三个月后，郑军的抵抗宣告终结，楚军自皇门（城门的名字）而入，至于街市大道。

郑襄公不再为天意守贞，袒胸牵羊向楚庄王请降，自愿比于县邑执事。

左右或建议灭郑以儆效尤。楚庄王回想起一年前意欲县陈时申叔时讲的那个蹊田夺牛的故事，权衡再三，还是选择了派大臣潘尪与郑襄公歃血为盟，并取郑公子去疾为质。

随后，楚军绕过新郑进军郔地，意欲饮马黄河。

郔地，郑国北端的滨河城邑。

在这里，因为楚庄王的莅临，楚国自熊通称王一百零八年来第一次看到了魂萦梦牵的黄河。这是一个不折不扣的百年梦想，今天，它终于实现了。

从齐桓公到宋襄公再到晋文公，从召陵会盟到泓水之战再到城濮之战，楚国曾经面临的对手都是中原最为强大的诸侯。虽然一路走来中过枪也受过伤，但楚国超脱长江流域向黄河流域挺进的脚步却是如此的清晰、如此的坚定。

这种历尽艰险而百折不挠的战斗精神，让我情不自禁地想起了一句用来描述楚人性格的俚语，叫"吃得苦，耐得烦，不怕死，霸得蛮"。

我生长在楚地，自信这句俚语正是楚人的真实写照。

我不知道当楚庄王怀揣着祖先的梦想伫立在黄河之畔时，到底是怎么样一幅光景。

在我的想象中，镜头里并没有鲜衣怒马、军旗猎猎、悬崖陡壁、霞光万丈诸如此类的壮观元素。

我仿佛看到，楚庄王神情肃穆，一个人漫步在宽阔而平缓的河滩上，一匹创伤累累的战马静静地跟随其后，西天残阳如血，将一人一马拉出长长的身影，河风呜咽，如泣如诉。

这一刻，活着的和死去的、贤良元勋和乱臣贼子应当都一一涌上了楚庄王的心头吧！

隔着黄河的茫茫水雾，北方隐隐有杀伐的小宇宙逐步逼近。楚庄王的眉头锁得更紧，来者不善，善者不来，他手中掌握的情报显示，河对岸扑面而来的那个家伙，自己眼下并没有拿下的十足把握。

没错，这个楚庄王眼中的大怪兽，正是晋国。

想必不少人在阅读前文时，一定会心生疑惑：楚庄王在郑国搞风搞雨的三个多月里，晋国死哪去了？

这个问题的答案，其实我前面已隐隐约约有所交代。

郤缺死后，才干相对平庸的中行林父出任正卿之路并不平坦。以微弱优势胜出的直接后果就是，中行林父需要花很长时间才能协调好六卿的利益以及敲定出兵援郑的方案，因此时间被耽搁了。

而楚庄王正是敏锐地抓住了这一有利时机，趁晋国六卿闭门分赃的当口迅速出兵郑国。等晋国回过神来的时候，郑国早已云鬓散乱、不省人事了。

事实上，晋国并不甘心轻易丧失郑国这个前哨阵地，所以中行林父最终还是率领六卿倾巢而出，南下救援郑国。时六卿名单如下：

中军将	中行林父	中军佐	先縠
上军将	范会	上军佐	郤克（郤缺之子）
下军将	赵朔	下军佐	栾书（栾盾之子）

六卿中，中行林父位居正首但实际能力不尽如人意；先縠性情冲动，作为先氏传人与赵氏有传统的家族情谊；范会、郤克和栾书均是思维缜密极有主见之人。

另外，随军的重要将领还包括：韩厥为三军司马；赵括、赵婴齐为中军大夫；巩朔、韩穿为上军大夫；智首、赵同为下军大夫。

其中，韩厥具备晋国公族血统，但本人为赵衰家臣出身；赵括、赵婴齐和赵同是赵盾的异母弟；智首为中行林父之弟；巩朔和韩穿相对而言是无党派人士。

这些复杂纠缠的人物特点与人脉关系，后来都不同程度地影响了晋军此次军事行动的走向。

晋军出发时，郑军和楚军正在鏖战；晋军行至中途时，郑国正在与楚国议和；晋军接近黄河北岸时，楚庄王正在黄河南岸饮马。

详细介绍晋军和楚军在各个时间节点的相对动态，是很有必要的。

因为敌对两军中任何一个微小的调整，都会对双方主帅的决策造成影响。了解双方各个时间节点所处的区域位置，也便于我们理解事件后续发展的脉络。

驻营于黄河北岸后，晋军司令部就接下来的行动步骤展开了激烈争论，核心的分歧就是到底要不要和楚军交战。

大家不要惊讶，晋国劳师动众大老远地驰援郑国，接敌时却突然连此行的目的都含混不清了，这绝不能证明晋国六卿就是一班拿军国大事当儿戏的饭桶。

大家但且宽坐，听我慢慢道来。

晋军总指挥官中行林父的意见是不能打。因为，郑国目前已投降楚国，那么晋国和楚国交战时，郑国不出意料应该会站在楚国那一边。这一点和当初晋国决定出兵时设想的晋郑联手夹击楚国的利好局面有了很大改变。既然战机已失，不如等待楚军完全撤离以后，再行收复郑国。

上军将范会支持中行林父的观点。他认为用兵之道，在于观衅而动，也就是说只有找到对方的疏漏后才能用兵。

范会仔细分析了楚国自孙叔敖就任令尹以来威德并立、赏罚分明、政通人和、事务合宜、典章法古、礼仪修顺等诸多有利因素，综合结论是攻击楚军乃不明智之举。

中军佐先縠坚决反对就此无功而返。

《左传·宣公十二年》的记载中有关于他发表意见的实录，兹引用如下："晋所以霸，师武臣力也。今失诸侯，不可谓力。有敌而不从，不可谓武。由我失霸，不如死。且成师以出，闻敌强而退，非夫也。命为军师，而卒以非夫，唯群子能，我弗为也。"

先縠说话很激进。晋国得逞霸业，是将士效死、群臣尽力的成果。如今遭遇强敌却逡巡畏进，就晋国而言会丧失中原盟主的威望，就他先縠个人而言这简直有辱大丈夫气节，还不如一头撞死得了。

实事求是地说，先縠此言慷慨激昂，一腔热血，忠勇可嘉，虽然有点儿纸上谈兵的味道，但既然是战前的战术研讨，身为晋国六卿之一的他，是有权力而且有必要提出自己的真实想法的。

说说话无可厚非，可问题在于，先縠接下来做的事，就真的不可理喻了。他竟然连招呼都不打一声，就率领所部军队，冒冒失失地单独南渡黄河而去。

单凭先縠一支偏师，显然是不够楚庄王塞牙缝的。但中行林父潜意识里却有一种"他自己找死，关我屁事"的想法。

也难怪中行林父产生这样邪恶的念头。诚如先縠南渡后智首所言：不遵号令、擅自行动。先縠也太没有把中行林父这个正卿放在眼里了。

晋国正卿是什么人你知道不？平时放个屁中原诸侯都要大嗅其气、大赞其香的角色！

当然，作为局外人，我们可以真切地体会到，这个桥段其实正是中行林父作为正卿但制权有所分散的一个剪影。

此外，我们也不能忽视，鉴于楚军占据的有利条件依然如故，中行林父必然会做如下算计。

第一，倘若渡河增援先縠，与楚军全面开战，风险太大，弄不好就是全军覆没。

第二，倘若任先縠飞蛾扑火，我自隔岸观战，先縠虽说凶多吉少，但他目无法纪，实属咎由自取；我尚能保存主力北归，避免了局势的进一步恶化，仍不失为有功。

就在中行林父胡思乱想的时候，司马韩厥一语唤醒了梦中人，他说："倘使彘子①兵败，您的罪责就大了。"

中行林父很讶异，明明是先縠擅自违反军纪惹的祸嘛。

韩厥进一步启发道："您作为元帅（晋国中军将又称元帅），部下不遵从号令，这是谁的过错？倘若就此退兵，必然折损军队（指先縠所部），丧失属国（指郑国），这样的罪责太大了，还不如挥师向前，与楚军一决高下。即便不能取胜，责任也可以由大家（指六卿）共同分担，这不比您一个人独当责任好吗？"

中行林父豁然开窍，将心一横，下令全军渡河，与先縠合兵南进至邲地，扎营于敖、鄗二山之间。

说来有趣，就在中行林父提心吊胆渡河的时候，其实楚庄王并无和晋军正面冲突的决心。

因为强压郑国和饮马黄河两记漂亮的组合拳，使楚国的现实利益和虚荣心都得到了极大的满足。也就是说，楚国的基本目的已经实现了。

但志得意满的楚庄王并没有得意忘形。长达近四个月的新郑攻坚战后，楚军军力已老，此时与强大的晋国生力军交战，是兵法所忌讳的。

另外，晋军决策层的分歧，楚庄王此时也未完全掌握。主动渡河而来的晋军至少表面上显示出了高昂的士气和坚定的信心，楚庄王认为自己未必是他们的对手。

所以，对于到底要不要和晋军打一仗，楚军决策层也举棋不定。

楚庄王的亲信大臣伍参（大夫伍举之父）一力主战。

令尹孙叔敖却力主退兵，他甚至觉得伍参这家伙是个战争狂人，简直就是为了打仗而打仗，一点儿也没有见好就收的政治觉悟，万一败给晋国，势必也保不住郑国，那岂不是前功尽弃了吗？

孙叔敖诘问："假使战而不捷，你的肉够大家吃吗（意指败军之罪乃伍参无法

———————————
① 彘子不是猪崽子的意思。先縠得彘地为封邑，故又称彘子。

066

承受之重）？"

伍参反诘："假使战而胜之，那就说明你孙叔敖无智。"接着又调侃道："假使战而不捷，我伍参的肉只会落到晋军手中，哪里会轮到你们来吃？"

孙叔敖的自尊心受到了很大的打击，但他知道伍参是楚庄王的心腹之人，轻易动弹不得。气恼之余，孙叔敖心想反正楚庄王也无交战之意，于是以令尹身份指挥楚军立即向南撤退。

楚庄王果然没有反对。

伍参也急了，独自觐见楚庄王说："晋国主将（指中行林父）权势未固，号令难行，这样的军队有什么战斗力可言？更何况，您以国君之尊去逃避异国之臣，传扬出去难道不是国家的耻辱吗？"

楚庄王一阵热汗一阵冷汗，当即敕令孙叔敖，赶紧把业已南撤的先头部队再给我往北撤回来，全军在管地集结待命，择机与晋军决战。

花这么多篇幅介绍了晋军和楚军的备战情况，不知道大家有没有发现一个问题。除了晋国和楚国，其实还有个国家也在这次军事对峙中扮演了重要的角色，至少如果不是因为它，晋国和楚国不会在此时此地狭路相逢。

这个被甩在角落里的国家，就是郑国。

晋国一直担心郑国会在楚国的淫威下，被迫协同楚军作战。那郑国自己到底是如何盘算的呢？

郑国现在的想法，传承了他们一贯的商业头脑，那叫一个老奸巨猾。

他们根本就不打算盲目掺和到晋国和楚国的重量级较量中去。要郑国选择站队伍？可以，最好是你们晋国和楚国先打个你死我活再说。

归根到底，郑国谁都得罪不起，它迫切希望晋国和楚国速战速决。

一者，晋楚对峙的时间越长，郑国就越要费尽心思两头迎合，里外不是人；二者，只有晋楚胜负关系明确了，郑国才能从容且准确地制定未来一段时间的外交策略。

就在这种三方钩心斗角的紧张气氛中，一个名叫皇成的郑国人，悄悄拜访了晋军。

首先，皇成按照老套路为郑国被迫降楚做了一番自我辩解；然后，他以楚军将士疲惫厌战且骄慢无备为由，建议晋军主动展开攻击。

我相信这一刻，先縠应该就像见到了久别的亲人，皇戌来得太是时候了，说的话也太对他的口味了。于是先縠挺身而出，意气风发地说："败楚服郑，于此在矣，必许之！"

中行林父的脸色十分难看。有他中军将坐镇在此，"必许之"这样的话实在不应该出自一个中军佐之口，把"必"字改成"应"字还差不多。

下军佐栾书对皇戌的话不以为然，楚军劳师已久不错，但骄慢却未必。他条分缕析地陈说了楚庄王时刻不忘在国人中树立忧患意识、积极整军备战的种种行止，并敏锐地指出，郑国劝战只不过是想达到坐山观虎斗然后择强而从的目的罢了。

赵括和赵同附议先縠，兄弟俩认为："率师以来，唯敌是求。克敌得属，又何矣？必从彘子。"

智首认为赵括和赵同在瞎胡闹。

赵朔认为栾书言之有理。

大家七一嘴八一舌，讨论结束后，中行林父一头雾水，是战是退依旧下不了决心。

过了几天，一名楚军的使者拜访了晋军大营。他用谦恭的语气说：楚国只是想教训教训郑国，压根儿就没打算要冒犯晋国；请晋国也不要以楚国为敌，还是早点回家安歇吧。

中行林父眼睛一亮。听使者这口气，原来楚军也犯怵，也没有必胜的把握呀！这条信息太重要了，中行林父觉得心中的一块千斤巨石落了地，顿时无比轻松。

既然楚国首先服软，那晋国就要借坡上驴，侧漏点儿霸气来强化一下对方的心理感觉。范会说："当年周平王令我先君文侯与郑国一道夹辅周室，因此如果郑国有什么失当之处，晋国自会妥善处置，不敢劳动楚国大驾。"

范会的话不怒自威，既彰显了晋国的高贵身份，又借周王室的口吻表达了要求楚军后撤的意图。我个人认为是恰到好处的。

可是先縠偏不这么认为。他觉得范会的话太不硬朗，太不给力，和谄媚楚国没什么区别，于是派中军大夫赵括追上已在归途的楚军使者说，晋军此行的目的就是要奉晋君之命将楚军驱逐出郑国。

又过了几天，另一名楚军使者拜访了晋军大营。这一次，使者更加慈眉善目，开门见山地提出了楚军要与晋军缔结和约的请求。

晋国众卿俱十分欢喜，连先縠这位烈火奶奶都大有消停之势。大家没有想到，自己一不小心就创造了不战而屈楚庄王亲征之兵的经典战例。遂同意了楚国使者的请求，并当场约定了盟期。

当晋国人沉浸在预期的胜利中自我陶醉之际，楚国人却正在厉兵秣马，磨刀霍霍。

大家不要怀疑我行文的逻辑有误。楚国一边求和一边备战，这并不矛盾，因为他们压根就是在欺骗晋国。

楚军两名使者接连访晋，肩负的真正使命有两条，一是刺探晋军军情，二是施放烟幕弹迷惑晋军，唯独和结盟一毛钱的关系也没有。

真实的情况是这样的。

起初，楚军也和晋军一样，决策层各持己见。但后来和晋军不一样的是，晋军决策层的分裂贯串始终，而楚军决策层在楚庄王的主持下，一旦明确了与晋军决战的思路，就完全地摒弃其他杂念，整体迅速进入到了战术实施阶段。

第一名使者的所见所闻印证了伍参关于中行林父难以驾驭众卿的判断；第二名使者继续示敌以弱，成功地使晋军首脑误以为楚军无意交兵，从而松弛戒备，降低了防范级别。

至此，晋军和楚军一个在明，一个在暗，最终的结局已冥冥注定。这结局正如同我年少时曾经反复吟唱的一句歌词：我已经看见，一出悲剧正上演。

尽管楚军为了最大限度地迷惑晋军而周密部署，但战争从来就不是完全处于战争者的绝对控制之下，一些个横生的枝节还是为战争增添了偶然因素。

就在楚军第二名使者回营不久，三名楚国下级军人羞愤于当局态度暧昧，误以为楚庄王真的要与晋国和谈，竟然秘密策划了一个惊人的军事行动。

他们驾乘一辆战车突袭晋军大营，干净利落地杀一人并取其左耳，另生俘一人，接着公然在晋军营外停留整顿马鞍，最后甩脱晋军追击安然返回。

从战术实施的角度来说，这三个人真是帅呆了、酷毙了，其英勇堪称楚军全体将士之楷模；可是从战略利益的角度来说，这三个人闯下了弥天大祸，虽九死不足以赦其罪。

楚庄王想破脑袋的是要让晋军麻痹大意，然后攻其不备。你们仨这样一闹，假设晋军引以为戒，就此识破了楚军的诡计，进而严阵以待呢？又或者先縠等主战派借此发飙，引领了晋军的决策走向，进而找楚军拼个鱼死网破呢？

楚军高层就像死囚牢里的犯人，惶惶不安但又无可奈何地等待着坏消息地降临。

出乎楚庄王意料的是，对于这一次挑衅，晋军似乎麻木不仁，并没有太大的反应。

反应其实也有，只不过不是楚庄王害怕的那种。

中行林父一心求和，想当然地以为，己方之前的傲慢态度使对方难堪，所以少数楚军愤青一时冲动做出了寻衅滋事的行为。

基于这种考虑，中行林父非但不提高警备级别，反而担心楚军会改变和谈初衷转而求战。于是他摒弃了主战派要求反击的议案，决定派人出使楚军大营以巩固和谈的期约。

大概是为了显示诚意，中行林父派出的使者和楚军一样，也是两人，而且也是一前一后。确切地说，是前一个还没回来，后一个就接着出发。要说诚意，还真是诚到家了。

中行林父派出的使者不是无名之辈，第一个叫魏锜，第二个叫邯郸旃。

见到他俩的名字，我只能说，如果把派人谈和看作是基于误判形势下做出的中肯抉择，那么派这两个人谈和，则连谈和本身都成了荒谬之举。

因为，这两个人实在无法理解也不会贯彻落实中行林父关于和谈的意图。

凑巧的是，魏锜和邯郸旃简直就是一个模子里印出来的双生子，有着太多的相似之处。

第一，他们都是名门之后。

魏锜是前晋文公车右魏犨之次子。魏犨大家见识过，跟随晋文公流亡十九年，孔武有力但性格粗暴。公元前632年，作为城濮之战的先导战役，晋文公曾攻破曹国。晋军进入陶丘城后，魏犨凶性大发，悍然血洗并焚毁了曹国大夫僖负羁的家。晋文公一怒之下将其罢免，魏犨就此籍籍湮没。

邯郸旄是赵穿的儿子。赵穿同样大家都很熟悉，晋襄公的女婿，赵盾的堂弟，从小养尊处优，骄奢蛮横。公元前 615 年的河曲之战，因为赵穿的狂妄无知，致使赵盾拖垮秦军的精巧构思付诸流水；公元前 610 年，赵穿入郑为质；公元前 607 年，赵穿桃园弑君；同年，赵穿奉赵盾之命，到洛邑迎接公子黑臀回国继位为晋成公。晋成公一上台就立即赦免了赵穿的弑君之罪，但随后赵盾设立公族大夫时大肆封赏赵氏宗族，唯独赵穿原地徘徊，继续做着他的邯郸君。赵穿满怀憧憬但久候佳音未果，抑郁成疾，脑子里长了恶性肿瘤，浑身溃烂而死。

第二，他们都仕途蹭蹬。

不知道是不是受了老爸劣迹的影响，两人的仕途都不顺畅，其中魏锜求为公族大夫而不得，邯郸旄求为卿亦不得。

第三，他们都脾气火暴。

这个似乎不用详细介绍，两位公子爷跟他们的老爸如出一辙，讲究的是睚眦必报，绝不姑息迁就。

特别是魏锜，因为在职场上失意，他暗暗萌生了仇恨国家仇恨社会的畸形心理，因此思想进入死胡同，竟然希望晋军以战败收场。

在楚军三勇士突袭晋军之后，魏锜曾主动请战，要求以彼之道还施彼身，同样地单车突袭楚军大营，被中行林父断然拒绝。

魏锜旧恨新恨一起涌上心头，电光石火之间脑海中蹦出了那个致败晋军的邪恶想法，继而装模作样地要求出使楚军，以平息两军的冲突和纠纷。

中行林父不察，欣然同意了。

魏锜去而未返，邯郸旄却已按捺不住，火冒冒地请求单兵挑战楚军进行报复。

中行林父有点儿烦，刚才不是说了和为贵和为贵吗？

邯郸旄不甘心晋军生生受辱，灵机一动，复请求召楚人前来结盟。

中行林父一看这流程似乎很眼熟，遂派邯郸旄出使楚军。

魏锜和邯郸旄相继走后，郤克不无忧虑地说：这两个人心怀怨恨，到了楚军大营后必然惹是生非，晋军应早做防备。

先縠嗤之以鼻：郑国劝战，你们求和，楚国劝和，你们却又忸怩作态，如此轻率浮躁，即便做了防备又有什么用？

范会觉得还是小心提防为好：如果魏锜和邯郸旃真的激怒了楚军，楚军很可能会随后掩袭晋军，做好防备可以避免仓促应战；如果楚军愿意继续和谈，那晋军再撤销防备也不迟，根本不会损害两国的友好，君不见，就算是诸侯会面都有虎视眈眈的近卫军随行呢！

先縠听了嘿然冷笑，中行林父听了无动于衷，赵婴齐听了若有所悟。

范会见中行林父下不了决断，只好暗地里嘱咐属下巩朔和韩穿在敖山设下七处伏兵，以策应万全。

赵婴齐人微言轻，既不敢公开反驳上司先縠，内心却又赞同范会的观点，于是偷偷地安排部下搞了几条快船停靠在军营背后的黄河岸边随时待命，准备一有情况拔腿就跑。

范会和郤克的担忧很快变成了现实。

魏锜跑到楚军大营后，自作主张窜改来意，口口声声说是代表晋国向楚国宣战来的，结果被楚将潘党赶走。

邯郸旃更绝。他于魏锜离开楚军大营的当天深夜抵达楚军大营，可他连辕门都不进，直接席地坐在军营外，指令他的随行部属袭击楚军。而他的部属也胆大得出奇，寥寥数人就吆三喝四径直冲杀了进去。

邯郸旃的突袭，确实造成了楚军一定程度的损伤。楚军在黑夜里不知道外面到底来了多少敌人，于是连夜进入临战状态。邯郸旃则趁乱回逃。

天光乍现，楚庄王亲自率领左广和右广的护卫精兵出营追击邯郸旃，逼迫很紧，甚至连邯郸旃的铠甲和下衣都打落了下来。

追着追着，晋军大营方向尘头大起，似有一支庞大的部队迎面杀来。原来，中行林父思前想后，到底还是担心魏锜和邯郸旃的安危，遂派了一队轺车（疑为古代战场上屯守之专用战车）前来接应。

楚将潘党最先发现情况有变，以为晋军主力到来，赶紧令人驰报大本营，让后方前来增援。

令尹孙叔敖随即率领全部楚军拔营而起，火速与回撤的楚庄王合兵一处，摆开击敌的阵势。

孙叔敖按照兵法上"先人有夺人之心"的教导，提出了"宁我薄人，无人薄我"的行动方案。楚庄王许之，于是催动大军主动向来敌发动了猛烈进攻。

晋军小分队从专业分工上来说本就不是攻击的主导力量，加上势单力薄，很快就淹没在了楚军的茫茫人海之中。

楚军并不收手，趁势攻向了晋军大营。

此时的中行林父正在一门心思等待和谈捷音，却突然接到了楚军大举进攻的消息，当即花容失色，脑海中闪过的第一个念头就是赶紧后撤以避敌锋芒，于是传令全军撤至黄河北岸，且"先济者有赏"。

先济者有赏，这道命令的另一个含义其实就是：不管你用什么方法，只要逃过河去就行。

元帅令下，毫无防备的中军和下军顿时丢盔弃甲，舍生忘死地向黄河岸边发动集团冲锋。

唯独上军因有敖山伏兵之故，殿后掩护，与楚庄王之弟王子婴齐率领的楚国左军战成一团。

晋国中军和下军兵败如山倒，退到黄河岸边后，一个个都傻了眼。因事出无备，准备就绪可以直接扬帆起航的船只仓促之中根本就找不到几条。

眼看楚国的豺狼虎豹蜂拥而至，晋军陷入了更大的混乱。有的人失神，有的人抓狂，有的人跳河泅水，大部分的人则选择了夺船北渡。

我生于江南水乡，小时候颇多乘坐渡轮过河的经历。

往往一条渡轮靠岸，陆边等候的汽车、拖拉机、摩托车、自行车、手推车和肩挑背扛扶老牵幼的行人便一哄而上。喇叭声、叫嚷声、油门轰鸣声、车辆碾压渡轮跳板造成的哐当声、间或还有推搡挤压造成的哭喊声，令人耳不暇接。

直到最后，连船舷边都排满了人员和物资，渡轮方才喘着浓重的黑烟蹒跚起步。车辆或行人一不小心滑落入水的惨剧，我都数不清耳闻目睹了多少回。

眼下晋军面临的困境大概就是我记忆中车人争渡的升级版本。当一条船黑压压地载满了士兵摇摇晃晃离开河岸时，仍然不断有后续的士兵蹚着水追上来，钳住船舷拼命往上翻。

严重超载的船本就吃水很深，再被一溜人这么往侧面一扳，结果彻底失去平衡，整船人统统落入水中。

那好，当先发的船只如此这般倾覆了几艘后，后发的船只就学乖了。遇见再有人强行翻船舷时，船上的士兵就会瞪着血红的眼睛，毫不犹豫地举起刀来将钳住船舷的手指一律砍断。

断指者在惨叫声中跌落水去，但更多的蹚水者在楚国追兵的逼迫下，还是源源不断地争先恐后前去攀船。

于是，攀了剁，剁了攀，再攀再剁，再剁再攀。不知道大家能否想象这到底是一幅怎样的恐怖画面。

哀鸿遍野？

河水血红？

浮尸塞道？

不不不，这样的画面虽然也存在，但我们时不时有机会见识，它带给人的刺激已经不那么鲜活了。让我们看看《左传·宣公十二年》中给出的现场报道是怎么描述的："舟中之指可掬也。"

被砍断的手指当然会落入船中。因为越砍越多，砍到后面，断指不知不觉已盈满船舱。船上的人既不便落脚，又担心增加船只的负荷，只好想办法把断指扔到水中了事。怎么扔的？用双手捧起来，一把一把地往外扔！

说完了宏观的战局，我们再来关注一下几个具体人物的命运。

晋国中军和下军四卿自然是平安地抵达了彼岸。无论形势如何凶险，当大佬的总能优先获取逃生通道，大家就不必为他们的人身安全担心啦。

上军二卿在节节有序地抵抗后，有惊无险地渡过了黄河。其余一司马和六大夫，也安然无虞。

《左传·宣公十二年》中唯一提到了邯郸旃的逃生之路。

邯郸旃这人简单粗暴，但算是个悉不畏死、有情有义的硬汉。他把两匹良马让给了叔父和哥哥，自己却驾乘着劣马逃奔，中途遇到楚军截杀，他只好弃车潜入树林，眼看就要被追兵围堵。

突然一辆晋国的兵车从他身边呼啸而过，车上坐着的是逢大夫父子三人。

大家应该有这样的经验。一个人被危险的东西紧紧追赶时，是根本没有时间转头回望的；假如硬要回望，那一定会减缓奔逃的速度，降低逃脱的概率。

所以，逢大夫一早就叮嘱两个儿子，逃的时候千万别回头看。

可当父子仨从邯郸旃身边闪过的一瞬间，俩小子眼睛挺尖的，竟然看到并认出了那个岌岌可危的战友就是邯郸旃。兄弟俩回头看着来路尖声呼喊："爹，赵老头儿（邯郸氏是赵氏的分支）在后面！"

逢大夫可能原本就惊吓过度，再被两个不听话的儿子这么猛地一喊，脑袋顿时短路。他怒不可遏地把两个儿子赶下车，指着路边的一棵树说以后会来这里给他们收尸的，接着掉转马头，捞起邯郸旃跑了。

另外值得一提的是，晋军在溃退之际也并非没有任何收获。

当时智首的儿子智䓨被楚大夫熊负羁俘虏。俗话说，打虎还须亲兄弟，上阵还须父子兵。做老爸的撤到半路时听到这个噩耗，自然万分焦急。于是智首让魏锜驾车，带着一彪人马展开了绝地反击。

在寻觅智䓨的过程中，智首亲自弯弓射敌。可是他每次把箭从背后的箭袋中抽出来后，都要细致地察看一下。如果箭做得很锋锐，他就插到身旁魏锜的箭袋中去；只有那些做工不太精细的箭，才对准楚军发射①。

魏锜觉得智首简直不可理喻，于是怒吼道："这都什么时候了，你竟然还吝惜蒲柳（制作箭矢的原材料）？到底是你的儿子重要，还是蒲柳重要？董泽②的蒲柳难道用得完吗？"

智首绝无停顿地重复着先前的动作，厉声呼道："如果不得到别人的儿子，又怎么可能救回自己的儿子？利箭我是不会轻易发射出去的！"

原来，智首在紧急关头仍然没有丧失理智的思考。他把利箭积攒在一起，是希望俘获楚军的重量级人物，然后以之为筹码，换回智䓨。

俗话说得好，凡事预则立，不预则废。有了较为充分的准备，办起事来就要顺畅得多。

智首一路冲杀，先是射杀了楚国连尹襄老，接着又射伤并俘虏了楚庄王之子

---

① 良箭的准头及杀伤力均优于劣箭。
② 晋国某地，盛产蒲柳。

谷臣。后来眼看楚军势重，一味蛮干只会把自己也搭进去，造成无谓牺牲，智首才带着敌方的一人一尸追赶大部队而去。

晋国残兵归国后，中行林父自感罪责深重，主动向晋景公请死以谢天下。

盛怒的晋景公正准备答应，大夫士渥浊（士穆子之子）却劝谏说不行，接着给晋景公讲起了城濮之战的往事。

当时晋文公击败成得臣，缴获了楚军遗留的大量辎重，按理说应该是无比欢畅的事情了，可晋文公脸上依然带着战前的那种忧色。

至于原因吗？晋文公担心成得臣东山再起。因为如果再次冤家聚首，他还是没有把握击败成得臣。

直到获取成得臣自戕的准信，晋文公这才露出喜色，称之为晋国的再次胜利、楚国的再次失败。

讲罢往事，士渥浊就拿中行林父和成得臣做比。此时中行林父和当年成得臣的境遇极其相似，假如晋景公杀了中行林父，那就和楚成王逼死成得臣是一样的效果，只会让敌人更加高兴而已。

晋景公恍然大悟，咬牙切齿地下令赦免中行林父并使其官居原位。

中行林父固然大失水准，但晋军在邲地惨败，先縠也负有极其重大的责任。因为，如果不是他近乎偏执地疯狂求战，或许根本就不会有历史上的邲之战发生。

先縠乃晋国前中军将先轸的曾孙，凭借历代先辈与晋国公室及赵氏的鸡黍深盟，还未出道便受到了赵盾的百般关照；郤缺执政后，先縠直接担任晋国上军将；中行林父执政后，先縠再升一级，担任晋国中军佐。

累世公卿的家境，过于顺坦的仕途，于潜移默化中造成了先縠刚愎自用的性格缺陷。

这种缺陷具体表现为：犯错前，狂妄自大，我行我素，邲之战可为证；犯错后，护过饰非，死不悔改，用更大的愚昧来遮盖既有的愚昧。

反省邲之战，先縠也清楚自己难辞其咎，但他选择了一条和中行林父截然相反的补救措施，那就是造反。

由于担心遭受军法的制裁或者说忍受不了世人鄙夷的目光，先縠于公元前596年勾结赤狄攻打晋国，妄图通过政变改朝换代来抹除自己的过错。

但是，天作孽犹可恕，人作孽不可活。先縠的阴谋很快败露。晋景公一怒之下，将先氏灭族，曾经显赫一时的先氏就此消失在了晋国的舞台。

除了大人物的故事，还有小人物的故事要说。

小人物无名无姓，乃是一车溃逃的晋军。当时，他们的战车卡在陷坑里无法拔出，遂被楚军追上。

谁知楚军并没有痛下杀手，而是带着嘲弄的神色，教他们抽掉车前的横木以便出坑。

没走几步，战车再次落坑。于是楚军又教他们放倒大旗并扔掉车轭以便再次出坑。

本来，这是一个极其平淡乏味甚至略嫌啰唆的小事，不过亮点接踵而来。

大概是落败之余再遭奚落让其中一个晋军小兵极度不爽，他鼓起勇气朝得意扬扬的楚军回敬了一句：我们到底还是不如贵国逃奔的经验那么丰富哇！

楚军闻言，立倒不起。

这天傍晚，楚军主力部队清剿完黄河南岸的晋军后，没有继续追击，就在邲地安营扎寨。整个夜晚，晋国残军败将熙熙攘攘渡河的声音都清晰可闻。

六月某日，楚军移师衡雍。潘党建议楚庄王设立京观以宣扬此次胜利的辉煌成就。

京观是个专业术语，大家切不可望文生义，以为潘党是建议楚庄王搞个观光团到首都去巡回报告楚军的光辉事迹。

京观，又称武军，就是指为了炫耀武功，而将敌军尸首堆在大路两旁，盖上夯实，形成金字塔形的土堆。很显然，这种行为的视觉冲击力和心理威慑力是气势磅礴的，但其性质也是极端不人道的。

楚庄王听了潘党的话后，沉吟良久，关于到底什么是武功的命题不经意间萦绕上他的心头。

他语重心长地说："你知道什么是'武'吗？从文字的角度解析，那就是止戈为武。当年周武王克商后，有感而发创作了《武》和《颂》两篇文章，告诉世人所谓武功，就是用来制止强暴、消弭战争、保全社稷、巩固功业、安定百姓、谐和万邦、增加财富的。只有做到这七条，才算是取得了武力方面的功绩。如今我一条都没达到，有何武功可以炫耀？况且古代圣明的君主只有在讨伐无德的国家且诛灭了大奸首恶后，才筑京观以惩戒罪恶的行为，如今晋国并非有罪，我凭什么修建京观呢？我看哪，还是先祭奠河神，然后在黄河岸边修建先君神庙，告之以捷，完事了早日班师回朝吧！"

众臣诺诺，皆叹服不已。

综观邲之战全程，双方的出场阵容都很强大，这原本应该是一场势均力敌的巅峰对决。

从晋军方面看。

明知楚国已经摆平郑国且率先进入阵地，可晋军高层制权分散，观点对立，是战是退始终不能达成一致意见。

先縠轻率南渡后，晋军主力被迫悉数跟进，背靠黄河驻扎，断绝了退路，形势进一步恶化。

面对郑国的煽风点火和楚国的战术欺骗，晋军高层缺乏清醒的识别能力，而且众卿之间的裂痕逐渐扩大，将自己的弱点全部暴露给了楚军。

在误信了楚军的和谈要求后，晋军的个别关键人物逞一己之私，擅自窜改军令行事，加速了战争的进程。

最后，面对楚军的突然攻击，晋军高层指挥无方，终于将自己置于万劫不复之地。

反观楚军。

间隙期驻屯黄河渡口以谋战，对峙时顾虑周全以慎战，一旦定论则多管齐下以备战，临敌时先发制人以胜战，处处抢占先机，逐步累积优势，最终以雷霆一击取得胜利。

楚国在邲之战中大败晋国，并彻底征服郑国，斩断了晋国伸向中原的一只臂膀，使中原争霸的天平明显偏向了楚国一边。

从辩证法的角度来考量，邲之战是楚晋争霸的历史转折点，它在实质意义上结束了晋国垄断四十多年的中原领袖地位，同时也为春秋时代中原事务的主导权第一次落入南方诸侯之手埋下了伏笔。

邲之战是自强不息、执着追求的代名词，它改变了华夏广袤大地上的政治格局。楚庄王熊侣，这个曾经立下"不飞则已，一飞冲天；不鸣则已，一鸣惊人"宏愿的汉子，终究没有辜负自己的铮铮誓言。

信义的力量

假如把晋楚争霸看作一场体育竞技，那么邲之战就是楚国进取中原的一个重要局点，而非是赛点。

因为，在中原核心地带，除了郑国，还有宋国没有归附楚国。

宋国自公元前 638 年泓水之战中惨败给楚国后，再也没能恢复祖先的荣光。但因其地缘位置东贯西通、南引北控，历来就是有志于中原者的必争之所。

当宋国尊奉晋国的局面没有改变时，晋国的势力范围依旧接续成片，仍然能够缕缕不息地持续发挥对中原东部诸国的影响力。

所以，对于楚国来说，要想夺取中原争霸战的全面胜利，征服宋国，是有且仅有的一条必由之路。

在邲之战后的两年多时间里，楚国阵营和晋国阵营仍在频繁调整着彼此的势力格局。

公元前 597 年冬，楚灭萧（宋国附庸），宋国救援无果；晋、宋、卫、曹在清丘结盟，随后宋以陈附楚，出兵伐陈，而卫以卫、陈有旧好之故，出兵救陈。

公元前 696 年夏，楚以宋救萧，出兵伐宋；冬，晋以卫救陈，遣使责卫，谓"罪无所归，将加而师"。

公元前 595 年春，先前主张救陈的卫国正卿孔达自缢而死，卫以此陈说于晋，遂得免；夏，晋景公依中行林父之计，以邲之战中郑国协同楚国作战的缘故，大张旗鼓地出兵伐郑，然未及交战便阅兵而还（典型的投机取巧，既展示兵力，试图吓得郑国主动来降，又及时收手，避免陷入真正的战争）。郑襄公惧，赴楚求助，并使公孙黑肱代公子去疾入楚为质。

重创之下的晋国如此不消停，用意是为了显示邲之战虽然折损但并未摧毁晋国中原盟主的威严与实力。

这让楚庄王洞隐烛微地认识到，征服宋国，完全控制中原，进而把晋国从神坛上扒拉下来，实在是一件刻不容缓的头等大事。

到底该如何开启攻击宋国的序幕呢？这是个让楚庄王头疼的难题。因为，楚国眼下找不到一个攻击宋国的合适理由。

师出无名，难以服众，极易使自己被国际社会孤立，导致未战而先败。久经阵战的楚庄王并不想在经略中原的紧要关头犯这种低级错误。为此，他陷入了深深的苦恼之中。

当时，东海之滨的齐国意欲在晋国和楚国之间达成某种战略平衡，以最大限度地拓展自己的生存和活动空间，于是背着老大晋国与楚国眉来眼去。

公元前595年夏某日，一个名叫申舟的大臣，正在拜辞楚庄王，准备出使齐国去商讨楚齐合作的事宜。同时在场的还有一个叫公子冯的人，他也将要出使，但目的地是晋国，肩负的使命不详。

楚庄王忽然灵光一泛。俗话说，踏破铁鞋无觅处，得来全不费工夫。这不有一条绝妙的好计就摆在眼前吗？

楚庄王嘱咐了谈判注意事项后，似乎是心不在焉地指示：申舟路过宋国时不要向宋国当局假道，而公子冯路过郑国时也不要向郑国当局假道。

申舟很惊讶，因为楚庄王的命令明显违反了外交惯例。

外交使节经停任何国家都需要通报当事国。只有取得当事国的允许，使节才能合法地进入、停留和离开该国。如果擅自破坏规则，当事国有权对使节处以严厉的惩罚。

可申舟显然不好冒冒失失地指出领导犯了常识性错误，于是灵机一动拐了个弯说："郑国识趣，楚国的使者去往晋国没有风险；而宋国不识趣，我要是贸然经过，必死无疑。"

关于申舟的这番话，我要解读两点背景。

背景一，郑国和宋国的国情有差别。

郑国之前已经归附楚国，一举一动都要看楚国的眼色行事，楚国即使驳它的面子，它也绝不敢和楚国对着干。因此公子冯可以放心大胆地私自过郑。

而宋国目前是楚国的死对头，背后又有晋国为它撑腰，假如申舟私自过宋，那宋国当然会毫不留情地执法必严、违法必究。

背景二，申舟和宋国有旧仇。

公元前617年那会儿，晋国刚刚经历了狐射姑和箕郑父等人引发的政治动荡，在国际事务中暂时处于低潮期。楚穆王抓住有利时机，接连降服郑国和陈国，继而召集郑、陈、蔡在厥貉相会，谋划攻打宋国。

宋国为了避祸，被迫主动降楚。为了表示顺服，宋昭公还特意赶赴厥貉，慰劳楚军，并邀请楚穆王携与会诸侯到宋国的孟诸打猎游玩。

孟诸虽然是宋国的地盘，但现场的主角显然是楚穆王，其他诸侯只能和同来的楚国臣子一样，打打下手，随时听候吩咐。其中，宋昭公奉命率领右盂[①]，楚臣申舟担任左司马[②]。

楚穆王令各部门人员次日一早用车载着取火的工具一齐出发。可宋昭公不知何故，至期竟然没能完全遵照命令行事。

于是，申舟开始发飙，二话不说，逮住宋昭公的仆人狠狠地鞭笞了一顿，并在全军示众。

旁人劝谏申舟说：人家终归是个国君，你这样羞辱他，不觉得太强横了点儿吗？

申舟满不在乎地说：我不过是忠于职守罢了，有何强横可言？

申舟的话是大道理，别人纵然无从辩驳，但内心里绝对不会认同。而宋昭公屈从于楚国的强权，自然不会为一个小小的仆人就立地翻脸，只能打落牙齿和血吞，回家后再把申舟的十八代祖宗翻来覆去地问候几遍。

背景介绍完毕，继续看申舟和楚庄王的对话。

楚庄王的脸上闪过一丝难以察觉的笑意。外交规则他明白，孟诸往事他也了解，强行通关的后果他更是清楚，他之所以知其不可为而为之，就是要利用预期中宋国处死申舟的结果来做一番文章。

这个结果对于申舟很残酷。但是，为了国家的利益，个人做出牺牲是不可避

---

① 打猎时有专用的阵法，右盂意为右边的圆阵。
② 一个负责纪法的职务。

免的，无论这种牺牲是出于主动还是出于被动。

当然，这些原委牵涉重大，楚庄王不能对申舟挑明。因此他只是郑重地承诺，宋国应该不会轻举妄动，假如申舟命绝于宋国，楚国也一定会出兵伐宋替申舟报仇。

为了表达自己的决心与诚意，楚庄王特意将申舟的儿子申犀召来，当着申舟父子的面，重申了上述诺言。申舟就此挥泪而别。

申舟一进入宋国，就毫无悬念地被宋国关吏逮捕。

查明身份后，关吏得知了申舟乃楚国使者，也不敢简单地以偷渡罪论处，于是将申舟暂行羁押，并将案情上报朝廷，最后辗转到达了右师华元的案前。

前文曾经提到过，春秋时宋国中央高层实行六卿制度。此处再补充一点的是，宋国六卿的具体名称以及各名称所代表的职务高低一直处于变动的状态。就眼下而言，右师为六卿之首，所以华元就是宋国的正卿。

这个华元，很不简单。

他具有宋国公族血统，一生历事昭公、文公、共公、平公四君，政治军事样样拿手，长期执掌国务，是当时宋国的擎天巨柱。更令人不可思议的是，此人的功夫十分了得，数次在关键时刻施展身手促使形势发展出现戏剧性转机，让敌我双方都惊叹不已。

公元前 611 年，宋昭公被弑，其弟公子鲍被立为宋文公，赵盾派中行林父率多国联军前往问责。宋国一边派人贿赂晋灵公，一边派华元亲至晋军大营，备述了公子鲍仁厚得民、深受拥戴的实情，劝退了联军。

公元前 607 年，郑国在楚国的指使下出兵攻打宋国，于大棘将宋军击溃，并俘虏了宋军主将华元。

华元是宋国的首席大臣，宋国当然不想让他客死异乡，于是提出要以兵车百乘、文马百驷为赎物将华元换回来。

兵车百乘、文马百驷不是个小数目，都快够装备一个小国的主力部队了，显见宋国为了营救华元是不惜血本的。

可赎物送了一半后，宋国忽然没有了下文。

究其原因，既不是华元遇害已无赎取的必要，也不是华元不堪牢狱之苦一夜之间重度脑残即便赎取也再无为国效力的可能。而是因为，华元竟然凭借一己之力，挣脱囚禁日伏夜行逃了回来。

那么，智勇双全的华元，又将如何处理申舟这个棘手的烫山芋呢？须知，不杀申舟则国威尽隳，杀申舟则触怒楚国无疑。在一般人眼中，这根本就是个无解的题目。

华元的处理方式令人耳目一新，他说："<u>过我而不假道，鄙我也。鄙我，亡也。杀其使者必伐我，伐我亦亡也。亡一也。</u>"说完，毫不犹豫地将申舟杀了。

华元的意思是：楚国人路过宋国而不行通报，实际上就是把宋国当楚国的县邑看待，也就是说楚国已经在主观上把宋国给灭亡了。如果不杀申舟，宋国无异于承认自己亡国；如果杀了申舟，最坏的结果也不过就是楚国兴兵伐宋，将宋国灭亡。既然杀不杀申舟，宋国都是灭亡，那宋国又何妨过把瘾再死呢？

申舟殉职的消息传回楚国时，楚庄王正在寝宫里休息。

听闻申舟身死，楚庄王"投袂而起，屦及于窒皇，剑及于寝门之外，车及于蒲胥之市"。

这个场景用现代语言描述是这样的：楚成王闻报勃然大怒，一甩袖子从座席上立起身来，光着脚冲出门外。侍者措手不及，赶紧备好楚庄王的日常用品追了出去，追到庭院里才送上鞋子，追到宫门外才送上佩剑，一直追到蒲胥街市才送上马车。

如此夸张震怒酷似于电影特写的表情动作，我猜想，除却国体受辱导致血压飙升的成分，大部分应该还是顺势而为演给天下人看的。

大家瞧瞧，两国交兵还不斩来使呢！宋国竟然罔顾江湖道义，无故截杀楚国使者，我熊某人素以天下兴亡为己任，倘若不主动出面主持公道，这世界上岂不是没有正义可言了？

当年九月，处心积虑的楚庄王大起刀兵，以司马王子侧为中军主将，浩浩荡荡亲征宋国。

公元前595年的这场楚国侵宋之战，在历史上没有多少名气。这大概是因为它对于历史进程的影响并不怎么大，很多人都把它看作是邲之战的余波荡漾。

但我要强调的是，它的过程和它的细节，并非如它的意义那般，平凡得可以任人一笑而过。

战争初期，楚军一直打得很顺利，三下五除二就抵达了宋国都城商丘的城下，围城而攻。

说到围城，我必须要向大家介绍一些春秋时代城市攻防战的相关特点。

那时候工程技术水平很落后，因此城池普遍筑造得低矮，能上两丈就可称作蔚为壮观了。

大家先别急着质疑如此低矮的城墙到底能关小白兔还是能挡大灰狼，评判盾的坚固程度总是要以矛的锋锐程度为参照物的。

当时攻城手段的技术含量相较而言更加落后，几乎没有重型投掷设备，大多靠士兵顶着矢石攀爬城墙抵近攻击，效率极其低下。

也就是说，哪怕是个两丈高的城墙，也足以在相当长的时间内把敌人拒之门外。

因此，春秋时代的城市攻防战大多殊途同归演化成了持久战。打到最后，基本上要么是攻方不堪伤亡或粮草不济而主动停止攻击，要么是守方粮食耗尽或大势已去而被迫投降。

前文曾述及公元前 597 年楚军围攻新郑，就是耗费了三个多月时间才破城而入的。而商丘，尤以城防坚固闻名[1]。

历史上，我所知道的就有郑军来过，鲁军来过，楚军也来过，但从没见到谁攻破过。特别是公元前 632 年城濮大战前夕，成得臣曾率领多国联军在此围攻一年而未果，显示出了商丘深厚的城防能力。

那么，此次围城，商丘能不能延续它坚挺不倒的传奇记录呢？

闲话少说，直接将日历从公元前 595 年九月翻到终战的次年五月，在总共长达九个月的交战时间里，楚军自始至终没有一兵一卒踏入商丘城。

然而，楚军最终未攻破商丘城，并不代表楚军铩羽而归；相反，楚军借由此战圆满完成了征服宋国、鼎定中原的作战任务。

假如大家迷惑不解，觉得打仗应该不带这样的，那你们就恰好找到了此战最大的耐人寻味之处。

---

① 20 世纪末，经中美联合考古队的发掘，证实宋国城池大多达到了"顶宽十二至十五米，底宽在二十五至二十七米之间，高十一点五至十二米"的规格。

公元前 595 年的后四个月里，宋国一直是咬紧牙关独自抗击着楚军的进攻。

宋国原本也是有帮手的，譬如晋国和齐国以及周围一些靠宋国吃饭的小国。小国就不说了，反正它们也不敢螳臂当车不识时务地跳出来打抱不平；但是晋国和齐国为什么也熟视无睹、任由宋国苦苦支撑呢？

先说晋国，作为北方联盟老大，晋国不是不想来，而且翻过年头后宋国也多次向晋国发出了求救信号。但是晋国在邲地新败于楚国之余，实力不济兼胆气减损，实在是不敢与楚国再来一次正面较量。

再说齐国，齐国虽然今非昔比，但优越的地缘环境使它一直保持了较为强大的综合国力。它与宋国交情深厚，如果在平时见到宋国落难估计是会伸出援手的。

可非常不巧，在齐国此时的战略定位里，楚国被认作是一个可资利用的非敌非友的国家，对齐国没有现实威胁；而且这次宋国杀了楚国派往齐国商谈要务的使者，齐国的自身利益也受到了损害。鉴于此，齐国扭扭捏捏地保持了中立。

不得不说明的是，晋国不敢开展军事援救，并不等于它完全坐视不管。毕竟，它现在还要竭尽全力维护家里那块摇摇欲坠的中原盟主的金字招牌。

既不敢出兵，又想支援宋国，这可怎么操作呢？

答曰：无他，继续诈唬而已。

晋国分析判定，楚军攻势甚猛，但后勤供给堪虞，已是强弩之末；宋国虽然危若累卵，但最难挨的阶段已经度过，总之以后的形势不会比现在更差。

所以，晋国只需表示出援救宋国的立场，装出要夹击楚军的模样，令楚军悚然收止，就能收获无敌楚之劳而有救宋之果的功效。

晋国的具体做法很简单，派一个叫解扬的人出使宋国，诈称晋国援军不日将至，让宋国继续拖住楚国，并依托城防使楚军知难而退。

说句良心话，这个办法无耻是无耻了点儿，若论行之有效，还真挑不出什么大的瑕疵来。

当时的楚军确实粮草转运困难，士兵疲惫，和城内的宋军一样，都是凭着战斗意志在互掐。倘若得知晋军从屁股后面杀来，楚庄王极有可能主动撤兵以免陷入被动局面。

可是问题又来了，楚军把商丘围得像个铁桶似的，难道解扬有什么飞天遁地、大幻挪移之类的法门可以避开楚军的耳目混进商丘吗？

当然没有。

既然如此，那解扬能轻而易举地将口信送到宋国人手中吗？

当然不能。

事实上，解扬才跑了一半的路程，就在郑国被截获了。然后郑襄公派专车运送，一路精兵开道，仿佛唐明皇给杨贵妃送荔枝那般，把解扬马不停蹄地押解到了楚庄王设在商丘城下的行营。

正在为围城僵局苦苦思索的楚庄王动起了脑筋。

首先他确定了一个基本前提。解扬的口信绝不能进入商丘，因为不管晋国援军何时到达，都能立刻起到提振宋国士气的作用，将进一步加大楚军攻城的难度。

其次他想清楚了一个道理。如果就地处决解扬以报复晋国，那就是一种把孩子和脏水一起泼出去的愚蠢行为。因为，利用这个晋国派出的信使，楚国可以明修栈道，暗度陈仓，神不知鬼不觉地把宋国带入圈套。

楚庄王派人对解扬施以重贿，请求他反其来意而言之，告诉宋国人晋国不会出兵、不要再负隅顽抗了。

解扬一口回绝。

楚庄王又派人对解扬施以恐吓，逼迫他按照楚国的意图行事。

解扬还是毫不动摇。

楚庄王濒临绝望的边缘，他坚信只要解扬愿意开口诓骗宋国（其实楚庄王和解扬都不知道，解扬领奉的使命本身已经是在诓骗宋国了），那解扬的话就会成为压死宋军的最后那根稻草，无形之中能避免楚军巨大的人员伤亡和物资损耗。

怀着听天命尽人事的想法，楚庄王最后一次派人去说服解扬。他想好了，要是解扬再不从命，他就把解扬一刀剁了，免得节外生枝。

谁知这一次，解扬终于改变了初衷，同意配合楚军组团忽悠宋国。

楚庄王顿时浑身舒爽。

第二天，楚庄王安排解扬登上一台特制的楼车，让他居高临下对商丘城头喊话，自己则率领一彪趄趄武将踌躇满志地在阵前观望。

城上和城下一时间十分安静。旷日的厮杀早已令双方士兵精神略显麻木。

在战斗的间歇期里，大家宁愿倚着靠着打个盹儿，一来略微恢复点儿精力，二来略微减少点儿肠胃蠕动，最近军粮库存告急，一天中能饱食一餐就算是主帅神武英明了。

楚庄王神采奕奕，拔下商丘，不仅再次证明了楚国无与伦比的攻坚能力，而且还标志着楚国完成了在中原的战略布局，领袖群雄将指日可待。

意淫到高潮之际，楚庄王仿佛听到，手下的宣传干事用一种威严又满怀怜悯的口气播诵道："里面的人听着，里面的人听着，你们已经被包围了。赶快放下武器，出来投降！楚军优待俘虏，给你们热水洗澡，还有热馒头吃！"

他又仿佛看到，神情沮丧的宋文公负荆而出，后面跟着一长溜衣衫褴褛面黄肌瘦呆若木鸡解除武装的宋国士兵。这样的情景实在是太美妙了。

忽然，周围的将士一阵轰然骚动。

楚庄王回过神来，只听见解扬正朝着商丘城大声疾呼："晋师悉起，将至矣！"楚庄王差点儿一个跟头倒栽下车，赶紧令人把解扬拽了下来。

言而无信，典型的言而无信！

楚庄王雷霆震怒地喝问解扬为何临阵反水，难道就不怕世人的耻笑吗？又纵然你解扬厚颜无耻，难道就不怕楚国给予你道义的审判吗？

解扬冷笑。信用？你们楚国竟然和我解扬谈信用！老子临阵反水是无信，那老子要是屈从了你们的软磨硬泡，对于晋君来说又算什么呢？

楚庄王哑然，在场的所有楚国人都收拾起了冷峻的眼神，集体变得怯懦起来。

隔天，楚庄王派专车护送，一路精兵开道，仿佛高力士给唐明皇送杨贵妃那般，把解扬恭恭敬敬地奉还给了晋国。

晋景公笑纳，随后授解扬勋爵厚禄，以彰其忠君爱国、不辱使命。

解扬功德圆满了，可该死的战争却还要继续。

宋军被解扬注了一剂强心针后，又暗暗生出一些勇气。在华元的指挥下，将士兵不卸甲马不离鞍，老百姓竭尽所能毁家济军。军民众志成城，死守待援。

楚庄王也彻底抛弃了投机取巧的幻想，沉下心来要把围城进行到底。

一转眼，时间进入公元前594年五月，楚军和宋军就像武打小说里对掌比拼内力的两个高手一样，都已到了油尽灯枯的最后关头。

被困九个月的商丘城，断绝了与外界的一切联系，物资极度匮乏。

少得可怜的一点儿粮食全部定量配给到守城的将士手中了。那居民们吃什么呢？

大部分的居民不需要吃什么，因为他们早就饿死了；少部分的居民在苟延残喘，他们之所以还没有饿死，并不是因为家中的地窖里藏有余粮，也不是因为食谱丰富连树皮草根都吃——这种粗粝的植物纤维很多天以前就被采摘一空了。

事情的真相印证了人类在饿极的状态下会丧失伦理道德、为了活命什么东西都不吝下口的基本行为规律。商丘城内幸存的老百姓靠的是"易子而食，析骸以爨"。

我相信，无论何时何地，一旦出现这种骇人听闻的场景，那说明形势真的危险到无以复加的地步了。

城外的楚军也好不到哪里去，尽管一再降低伙食标准，但即便按照"只要不饿死就行"的标准来估算，军粮也将在旬月内告罄。

要是双方再这样无休止地耗下去，事情只可能出现四种结局：一是两败俱伤，二是鱼死网破，三是玉石俱焚，四是同归于尽。显然，这些都不是楚庄王想要的结局。

忧心如焚的楚庄王望着死气沉沉但偏又老是没死透的商丘，再看看萎靡不振日甚一日的部属，决定立即全军开拔，打道回府，尽早脱离战争的泥潭。

止步于商丘城下，虽然延缓了楚国称霸中原的步伐，但是仗打到这个份儿上，也不算丢人了。

撤军的命令发布后，楚军都欢呼雀跃，就如同他们攻下了商丘一般。

唯独申犀悲愤难当，他拦住楚庄王的马头，稽首道："无畏（其亡父申舟之字）知死而不敢废王命，王弃言焉？"

楚庄王没想到这个小祖宗在这个时刻还来这招，矢口否认昔日所言或以申舟之私置大军生死于不顾显然都不可能，他一下子呆立当场。

就在楚庄王左右为难的时候，申叔时轻巧地参赞了一个妙计，拨散了楚庄王头顶的满天乌云。

申叔时说："筑室反耕者，宋必听命。"筑室者，筑造房舍也；反耕者，耕种土地也。

把整句话的内涵和外延加起来，意思就是说：宋军料定楚军粮尽而必归，所以心存万一，迟迟不降；那么楚军只要瞅准这一点，用科学有效的反制措施击垮宋军的心理支撑点，宋军必将土崩瓦解。

高，实在是高。这就好像下棋下到残局时，某方选手突然有如神助，放下了一个惊天地泣鬼神的胜负手，将对手的精神意志完全摧毁。

楚庄王如饮甘醴，在他看来，迫降宋军，再也没有任何悬念了。

于是，楚军就地屯军，大大方方摆出一副可持续发展的架势，任宋军尽情观摩。楚军高层自觉胜券在握，俱各安枕高卧，只等山穷水尽的宋国人投案自首。

他们的确没有失望，宋国那边果真有人送货上门了。

几天后的深夜，一个矫健的身影缒城而下，小心翼翼但义无反顾地靠近楚军大营，从阵脚侧面潜了进去。

在我公布这个夜行客的身份之前，大家猜想他会是谁呢？

如此神神秘秘似有不可告人之意，难道是抢先一步主动前来投诚邀功的宋国叛徒，抑或是预先打入宋国内部现今回来通风报信的楚国特务？

夜行客在黑暗中七弯八拐仔细查探了一番，摸清楚营房的方位布局后，灵巧地避开重重岗哨，径直钻入了司马王子侧的帐篷。

帐篷里，一束炉火在忽明忽暗地闪烁。夜行客蹑手蹑脚绕过地上摆放的物件，摸到床榻边，定睛一看，床上酣睡的人，正是楚军的二号首长王子侧。

夜行客大喜，他一跃上床，从腰间拔出一柄短刃，稳稳地架在王子侧脖子上，然后冷静地拍了拍王子侧的脸。

王子侧变换了一下睡姿，勉力睁开惺忪的睡眼。他首先看到的是一张黑乎乎的脸廓，接着又感受到了颈间的森森寒气。这一惊当真非同小可。

夜行客稍稍侧了下脸。就着微弱的火光，王子侧终于看清了来者何人，他竟是堂堂宋国右师华元。

王子侧几欲晕厥。大家都是有头有脸的上流人物，干吗非要仿效匹夫之勇，绅士点儿不好吗？再说，你拿刀比着我又算什么回事？看这造型自然不会是乞降于我，但你也没有趁我熟睡之际刺杀我，难不成想把我活生生地劫出营去？

看着惊疑不定的王子侧，华元开口的第一句话是："宋军断粮多日了。"

王子侧更加摸不着头脑。被围了九个月，不断粮才怪。问题是别人都习惯打肿脸充胖子，你华元有必要示敌以弱吗？

王子侧的躯干看似一动不动，但实际上他在努力往后拉伸颈部肌肉，以便离那把刀远上一丝半忽。他同时还很好奇，华元的葫芦里到底卖的什么药？

华元冷冷地说："宋军支持不下去了。虽然如此，我们宁愿举国赴难，也绝不会和你们签订城下之盟。"

王子侧挺着僵直酸楚的脖子，额头上汗珠滚滚，心里又急又气。说支持不下去的是你，说宁死不屈的也是你，这不等于啥也没说吗？到底要怎么办，你给个痛快的行不行？

华元执刀的手很稳定，他专注地盯着王子侧足有半炷香的工夫，开列出了最后的交易条件："如果楚军先行后撤三十里，宋国可以接受楚国提出的任何要求。"言下之意，宋国认输，但必须体面地下台。

王子侧松了一口气。见过劫持人质以求财的，没见过劫持人质以求面子的。不管怎样，他至少确定了对方不到万不得已不会取他性命。

王子侧职居司马，统领三军，按说能够代表楚国与宋国开展军事谈判。可这次是楚庄王亲征，情况就不同了，即便他王子侧同意弭兵，楚庄王又会不会同意呢？

电光石火之间，王子侧想到了关键的两点：

第一，人的生命是宝贵的，每个人都只能活一次，他王子侧也不例外，拒绝华元的要求就是跟自己的老命过不去。

第二，只要迫降宋军的目的达到了，方式并不重要，楚庄王应该比他王子侧想得更加通透。

思及于此，王子侧接受了华元提出的条件。两个人就在卧榻之上指天盟誓：我无尔诈，尔无我虞。

表完了决心，华元整衣下床，从容离去，王子侧并没有追袭。

随后，王子侧战战兢兢地把刚才自己被迫盟誓的情况报告给了楚庄王。他一边说，一边偷地观察，在楚庄王的脸上，他看到了几许惊诧，但更多的，是宁静与平和。

当月，楚军松开包围圈，主动后撤三十里。华元也果不食言，旋即亲赴楚军大营正式举行和谈。

双方共同约定：自此宋国受楚国节制，且不得与晋国再发生任何官方接触。作为协议保障措施的一项，华元入楚为质。

当这场楚国侵宋之战落下帷幕的时候，它带给我们最大的启示，就是信义。

信义是一种力量，赋予人勇气；信义是一种信念，教会人忠贞；信义是一种宽容，让人们领悟到除了争斗和欺诈，解决问题的办法还有以诚相待，这一点在延绵三百年的春秋无义战中显得尤为稀缺和宝贵。

宋国南投使得楚晋争霸战局完全明朗。中原东部诸国在楚国强大的军事压力下望风而附，北方联盟土崩瓦解，晋国已无法阻挡楚国向权力巅峰一路狂奔的脚步。

所有的人都相信，楚庄王加冕中原霸主将只是个时间问题。

的确，剩下的只是时间问题。

然而，就是这个问题，无情地截断了楚庄王不断追寻的梦想。

公元前 591 年秋，一代雄主楚庄王熊侣溘然离世。

他征服了中原，在他人生的最后时刻，楚国达到了空前绝后的鼎盛状态。但他终究没有在生前正式获取应该属于他的那份荣耀，这是个让人唏嘘感叹的结局。

楚庄王死后，其子楚共王即位，楚国随即在吴国掣肘和晋国反攻等因素的销蚀下，国势逐渐倾颓。

公元前 589 年六月，晋国大举攻伐与楚国你侬我侬的齐国，双方在鞍地交兵。齐国大败，被迫与晋国结盟。

当年十一月，为了巩固楚国在齐鲁之地的影响力，明确楚国在中原的领袖地位，楚共王出兵伐鲁，并召集鲁、蔡、许、秦、宋、陈、卫、郑、齐、曹、邾、薛、鄫等十三国于蜀地（鲁地）会盟。洛邑震动，天下为之轰然。

这是一次耐人咀嚼的盛会。如果我们把它视作楚国成为中原霸主的象征，那么它缺少了周天子御赐胙肉、弓矢和天子车马等法定项目，而且历史证明此时的楚国并非处在最佳时期；如果我们把主盟中原诸侯的功劳算到楚共王头上去，那么他实际上只是在吃楚庄王的老本。

不管如何，让我们向楚庄王致以崇高的敬礼，他是不折不扣的无冕之王。在楚国那片广袤的土地上，庄王之后，再无庄王！

初税亩

公元前594年注定是中国历史上一个值得纪念的年份。

这个"值得纪念"的称誉，并不是出于楚宋两国用诚信和智慧开启了一种全新的国际危机处理模式，也不是出于楚国在中原争霸战场上的高歌猛进，而是出于一种相较于整个人类文明而言更加优越的土地契约从属分割方式得以付诸践行。

人类社会的向前发展，其根本在于生产关系的变革。

从这个角度来说，楚庄王即便最终一统江湖，成功当选中原盟主，一则只不过是齐桓晋文的历史重现，二则其本身也没有对周王室的分封制度产生颠覆性的作用，因此还不能算作一件有历史意义的大事。

公元前594年，真正有资格被称为对中国历史有重大影响的事件，发生在一个我们很久未曾论及的东方国度——鲁国，那里创造性地实行了一种名为初税亩的田赋制度。

在前东周时代，中国的田赋制度普遍实行一种由原始氏族公社土地公有制发展演变而来的基于土地国有的井田制。

学术界指出，井田制是建立在以井田作为一种有效的产权供给制度为基础的中国夏、商、周三代社会的农业生产方式及其制度结构安排的总体描述；同时也可以解释为微观经济活动如何与宏观价值构造相结合以实现资源包括自然资源与社会资源兑现率最大化的一种社会政治经济关系。

窃以为，专家学者的相关论述虽然精简凝练，但总是难逃故作高深的嫌疑，不符合大众文艺通俗易懂的要求。所以，我们不妨结合一个具体对象加以阐述，相信会有更佳的演示效果。

譬如西周，天下的土地以分封的方式被周王室划归各诸侯国的国君所有（也可以视同为划归各诸侯国的中央政府所有），国君再把国土划拨给贵族去采邑，封邑领主再把土地分发给农夫去耕种。

整个分配过程中，土地的所有权没有遭到分割或改变，任何使用权都没有包括买卖和转让的成分在内，理论上政府拥有的田土面积是固定不变的。

在这个金字塔形分配路径的底部，封邑领主把大块的田地（称为一井，约九百亩）用纵横交错的阡陌和水渠分隔成均匀的九块小田（称为一田，约一百亩），形成 3×3 的方形网格。

正中间的那块田地（通常也是光照、水分和肥力等条件最好的）称为公田，由八户庶人共同耕种，收成用以供养封邑领主（也就是说，当时的官员没有俸禄，只有食邑）；周边的八块田地称为私田，分由八户耕户耕种（前提是公田里的农务已劳作完毕），收成用以供养耕户自己（农忙间隙耕户们还要为领主服杂役）。

作为回馈，封邑领主视掌管的公田面积大小和农夫数量多寡，向国君缴纳一定比例的包括物资、劳动力和兵役等形式在内的贡赋。

井田制的设置，以法律形式大致划定了中央政府、封邑领主与邑民之间的收入分配比例，满足了生产力水平极端低下时养活尽可能多人口并维持政府运转的要求，在历史上发挥了自己应有的贡献。

但是，当生产力水平带动着生产效率提高到一定程度时，它却会因为劳动者的积极性不高（一个重要的原因是：耕种公田是应付领主和国家的义务劳动，丰产或歉收与己无关，而耕种私田是踏踏实实的利己行为），导致生产效率不能跟随着生产力水平的继续提高而继续进步，并最终使得井田制因此失去了存在的价值。

如果大家读懂了上面那段文字，就能够明确无误地理解并认同我下面的这个结论，即在井田制制度下，最初随着生产力水平的提高，生产效率也会提高；而当生产力水平达到某个点以后再继续提高时，生产效率不一定会随之提高。

也就是说，井田制的寿数几何，取决于生产力水平何时达到那个关键点。

那个生产力关键点的肇始与固化成型的全程，其实就是中国早期牛耕方法和制铁工艺的发展之路。

牛耕最迟起源于养牛业兴旺的商代，甲骨文中的"犁"字可以作为证据。

春秋时代，牛耕取代人耕，成为一种主流的农作方式。

《国语·晋语》上提到，范氏和中行氏将宗庙的牺牲用来耕田。

另外，孔子有个弟子姓氏司马，名耕，字子牛。把耕与牛相连，用作人的名称，反映出牛耕对传统文化的影响已经颇深。

冶铁制铁也应该最迟起源于商代。

20世纪70年代，在河北省保定市容城县和北京市平谷县（即今北京市平谷区）各出土了一件商代中期的铁刃铜钺。经科学鉴定，刃部都是用陨铁加热锻造而成。

在商代，铁器是不折不扣的稀罕物；但到西周末年，铁器便开始多了起来。

《诗经·秦风》中有"驷铁孔阜"的诗句，为秦襄公（前777—前766年在位）时代的作品。诗句中用铁色来形容马的颜色，只可能在铁器不再罕见之后才符合逻辑。

用铁制作农具大约出现在春秋前期。

管仲拜相后向齐桓公建议："美金以铸剑戟，试诸狗马；恶金以铸鉏夷斤斸，试诸壤土。"意思就是说要以"美金"（即青铜）铸造兵器，以"恶金"（即铁）铸造农具。

再到春秋末期，铁制农具已成为寻常百姓家的必备用品。《管子·海王篇》就记载："今铁官之数曰：一女必一针一刀……耕者必一耒一耜一铫。"

春秋时期，牛耕方法和铁制农具的推广应用，为人们开辟山林荒野和兴修水利工程提供了技术支持，给农业生产带来了巨大的上升空间。前文所述那个摧毁井田制的生产力关键点正是肇始于此。

随着农业生产力水平不断提高，大量未经政府部门登记注册的荒地被开垦成田地后，隐瞒在私人手中，成为可以偷逃田赋的私有财产；同时，由于礼制崩坏，通过诸侯之间相互侵吞兼并以及诸侯国内部的贵族之间私相转让、封赏等途径转化为私有的田地急剧增加。

到春秋末期，田地非法私有的状况已经严重到了骇人听闻的境地。

私有田地的所有者相时而动，不惜采取主动降低剥削程度的种种惠民措施，大肆招徕原本就有限的劳动力去耕作私有田地，而置公田于不管不顾（相较于需缴纳贡赋的公田来说，封邑领主们更喜欢"免税"的私有田地），致使国家财政收入不能分享生产力提高所带来的成果。中央政府为之恼怒却又一筹莫展。

总之，春秋末期各诸侯国面临的一个共同经济难题就是：一方面，在国土部门正式备案过的田地能够向中央政府缴纳的贡赋在低位徘徊不前；另一方面，私人新辟的精耕细作的田地又逍遥于中央政府的有效管辖之外，国家财政因之增长乏力。

井田制越来越成为一个制约社会发展的短板，变革已势在必行。

实行初税亩田赋制度之前，鲁国实行的也是井田制，对政府核定的公田征收百分之十的贡赋。但是因为不断有私有田地加入到偷逃贡赋的行列，所以中央财政收入占全部农业产量的比重在持续下降。

鲁国实行初税亩，其核心内容就是要"履亩而税"。中央政府派员奔赴全国各地实地丈量田土，不分公田还是私有田地，凡占有了田地的人均须按照所占田地的总面积缴纳贡赋，税率依然为百分之十。

税率虽然不变，但是田土面积的基数壮大了，所以中央财政最终的贡赋收入无疑大大增加了。

初税亩以向私有田地征收贡赋的方式，变相承认了土地私有的合法性，这是中国后世两千五百多年实行土地私有制的发轫之始。

在中国历史上，以"千耦其耕""十千维耦"为具象的井田制，构成了奴隶社会的制度基石。假如全部土地的所有权一直牢牢控制在国君的手里，我们将难以想象奴隶制度会在哪一天寿终正寝。

自初税亩实行以后，无论公田、私田还是野田，都堂而皇之成为封邑领主的私有财产，神奇般构筑出一个三赢的局面。

对农夫而言，田地没有了公私之分，理论上全靠租种领主的土地维持生活，只需按率上缴田租，多劳即可多得，因此精细化管理田地的愿望增强了。

对于封邑领主而言，辖区内的所有土地都成为自己的私有财产，向租种户收取的田租瞬间翻倍增长，财富积累加速了。

对于中央政府而言，激发了下线的劳动热情，又杜绝了税源的漏征漏管，一方面充实了中央财政的再分配能力，另一方面控制了封邑领主实力的无序扩张，国君的地位更加巩固了。

看到鲁国的土地改革取得了这么良好的社会效益，各诸侯国群起而仿效，土地私有制度也在各国共同的摸索与实践中逐步完善。

公元前361年，摧毁井田制的生产力终于发展到了固化成型的地步。

商鞅在秦国实施变法，涉及土地改革的主要内容就是"废井田"和"开阡陌"。

商鞅建议秦孝公废除贵族食邑的制度，打破封邑自我封闭成小王国的状态，彻底承认土地私有，允许土地买卖，全面实行土地所有者向耕户收租、国家向土地所有者收税的经济政策，直接促成了农奴制向雇农制的转变，为秦国一扫六合奠定了坚实的经济基础。

所有的这一切，都起源且得益于公元前594年的初税亩。

"海棠老师，你叽叽歪歪地说了这么多，是不是想要告诉我们，因为土地私有化的施行，万恶的封建社会马上就要来临了？"

"正解！亲爱的叽叽，你怎么不早点儿站出来说话？你可知道，为了让你们弄懂初税亩引发社会制度大变革的道理，老师一动不动站在这里滔滔不绝地讲了三个小时，开课时就感觉尿意上涌，现在头发都被浸湿了。"

初税亩是中国税制的伟大变革，关于它的专业论述已经瀚如烟海，我在这里就不雷门布鼓、贻笑大方了。

我们下节课把视线转向晋国，在遭受了接二连三的沉重打击之后，晋国又迎来了转机。

鞌之战

公元前594年，晋国丧失了中原腹地的另外一个重要盟友——宋国，中原盟主的盛名之下，其实已经难副了。

要界定此时的晋国在北方诸侯眼中到底处于一个什么样的地位，是一件费力的事情。

正所谓林子大了，什么样的鸟都有。大大小小的北方诸侯，依据各自的实力水平与利益诉求，采取了不同的对晋外交政策。

晋国以外，北方诸侯实力最强大的当属秦国和齐国。

秦国历来与晋国龃龉不绝，早先虽然承认过晋国的盟主身份，但如今基本上处于敌对状态。

齐国虽然表面上尊奉晋国，但难以掩饰自己谋求恢复昔日荣光的欲望，随着晋国国势衰减，与晋国越发貌合神离。

实力次之的郑国和宋国不消说，被楚国实实在在打怕了，现阶段只可能尽量撇清和晋国的关系，绝不会有胆量有心情还去吃里爬外。

实力再次的卫国和鲁国之类则情况各异。

卫国倾向于亲晋却颇多顾虑。自从郑、宋两国降楚后，卫国就暴露在了楚晋争霸的前线，恶劣的生存形势迫使卫国只能采取见机行事的方针。

鲁国内心里是坚定支持晋国的，这主要基于一种文化认同。

鲁国是春秋时代首屈一指的文化礼教大国，对于华夷之分极为讲究。在他们眼里，楚国就是一个从南方山林里窜出来的高阶猴子团伙，永远也不可能与正统的华夏源流相提并论。所以哪怕楚国国君以王自称都一百多年了，鲁国的各种文献还一口一个楚子，那是绝无松动的。

公元前587年①，鲁成公②出访晋国，作为东道主的晋景公对客人并不怎么尊重。

鲁成公很生气，回国之后就想背叛晋国而与楚国结盟。

卿士季孙行父极力劝阻，他引经据典地说："史佚之《志》有之，曰：'非我族类，其心必异。'楚虽大，非吾族也，其肯字我乎？"

鲁成公只好作罢，宁愿忍气吞声继续待在北方阵营。

当然，还有一点不得不提的是，希望依仗晋国来抵御齐国入侵，也是鲁国投晋的重要原因。

实力更次的蕞尔小国就懒得说了，人微言轻，纯属群众演员，有他不多，无

---

① 当时楚国已经事实上称霸，但是霸权触顶回落，晋国又渐渐笼络了部分北方诸侯。

② 公元前590年即位。

他也不少。

在这样的国际背景下，晋国周边的赤狄潞氏部落也开始挑战晋国的尊严。

潞氏首领名叫婴儿，乃晋景公的姐夫，其执政大臣就是曾与狐射姑谈论"夏日之日"的酆舒。

酆舒非常跋扈，不仅射伤了婴儿的眼睛，还杀害了婴儿的夫人伯姬（也就是晋景公的姐姐），端的是气焰嚣张，根本没顾忌晋国的感受。

晋景公很愤怒，瘦死的骆驼比马大，晋国再怎么背时，也轮不到你潞氏跳梁吧？

晋景公正准备拖家带口一波流搞定酆舒时，有大臣建议说，不要贸然兴兵，因为潞氏是个强大的部落，酆舒又很有才干，强行征讨恐怕会损及自身，还是等到酆舒死了以后再找潞氏的子孙算账得了。

大夫伯宗却认为该大臣的观点太官僚、太没有担当。打不打暂且放到一边，可是用秋后算账的借口来给予当下虚幻的安慰，你丢不丢人？要是潞氏的子孙又很厉害，难道你还要等到世界末日让老天爷来收了他不成？

伯宗素以思维敏锐和言语犀利而闻名。年初宋国被楚国围困而向晋国求援时，他就曾以"虽鞭之长，不及马腹（成语鞭长莫及即源于此）"为由，反对出兵。

对于把潞氏问题留给后人解决的议案，伯宗嗤之以鼻。他首先列举了潞氏的五宗罪，一是不祭祀先祖，二是酗酒，三是劫掠邻邦，四是杀害伯姬，五是射伤君目；然后慨然陈词，一定要打，而且晚打不如早打，打了可以惩恶扬善，立威树德，如果姑息养奸，异日必成大患。

晋景公从伯宗所言，令中行林父出兵剿灭了潞氏。酆舒败逃卫国，结果被卫国引渡到晋国，就地正法。

在晋国征讨潞氏的同时，秦桓公①发兵入侵晋国，攻占了晋地辅氏。

秦军先锋名叫杜回，此人是秦国家喻户晓的大力士，浑身上下都是爆满的腱子肉，前凸后翘，颇有猛将风范。

说到以大力士为将，我想借机谈谈中国的武术。

---

① 秦共公之子，公元前 604 年即位。

武术的核心构件就是武术高手——掌握了高超武术技艺的特殊个人群体。

武术高手在中国的历史文化中有一个明显的成长过程。

《史记·刺客列传》里记录了当时一些武术高手的事迹，以写实风格开辟了中国武术文化的先河。那个年代的武术高手似乎并不以神乎其技见长，而是以重义轻生作为处世传世的根本。

随着时间推移，中国的武功技法历经了怎样的发展我不得而知，但猜想任凭肉体凡胎与十八般武器如何巧妙结合，一个人的武术技艺再怎么高超，总不至于突破人类生理极限和违背力学定律。

然而武术文化有个特点，即武艺做不到的，文艺可以做到。

随着文艺的繁荣，特别是经历明清传奇小说、民国武侠小说和现代武侠文艺的塑造与熏陶，在各种媒介上，武术高手已然拥有了超级玛丽式弹跳、鬼魅般灵巧身法和圣斗士级打击与抗打击能力等诸般技艺。

这样的文艺创作，满足了我们对奇巧淫技的消费需求，但同时也带来了一个明显的弊端，那就是让很多人尤其是让小朋友搞不清楚，在真实的世界里，武术技艺到底可以达到什么样的境界，以及武术技艺到底可以发挥什么样的作用。

毋庸置疑，武术高手也是人生的，所以他们的武术技艺断断不会达到超人的水准，类似于飞行、隐身、遁地、用肉掌发射空气炮弹以及种种匪夷所思的群伤技能都是瞎扯淡。若说修炼武术能在一定范围内提升武者的力度、速度、精准度和意志力，这倒是真的。

至于武术技艺的作用，当然是让人变得更加能打——无论打情骂俏还是打架斗殴。

而打架斗殴，那高手出彩的场景简直数不胜数。

小场面如前文所述，南宫万单挑宋国禁军，歼灭一个排的禁军外带吓跑一个连的禁军援兵都不成问题。

大场面也可以举出两个经典的案例。第一个是明朝抗倭，第二个是长城抗战。

先看第一个案例。

明朝时倭寇为患，这帮亡命之徒数量不多，但极其能战斗，初期几乎把明军打得没有脾气。

嘉靖三十四年（1555），四十多名倭寇从浙江平湖登陆，在东南沿海招摇过市，一路上神挡杀神，佛挡杀佛，如入无人之境，完全没有把地方的东厂、西厂和锦衣卫以及黑社会放在眼里。

一个月后，这一小撮倭寇竟然一个不少地悉数窜到了明政府的陪都南京城下。在最后被明政府的野战军剿灭之前，他们已造成明朝军民死伤达三千多人之巨。

长期以来，这件事情被用来说明明政府腐朽和明军战备松弛，殊不知在它背后隐藏着一个不为人知的真相。

倭寇虽然禽兽不如，但并非乌合之众，他们的战斗骨干是倭国浪人（即失地流亡的倭国武士）。

大家千万不要小看倭国浪人。浪人的浪和五浪真言里的浪没有丝毫关系，他们是一群真正的武术高手，从小就接受严格的武术训练，精研剑道。普通明军的武术技艺和他们相比，压根就不在三四个档次之内。

可是不管怎么说，这次入侵事件搞得大明帝国颜面扫地。被上司骂得死去活来的南京方面大员压力山大，为了防范四处出没的倭寇，他们可谓绞尽了脑汁。

最终的解决方案绝对出人意料。南京方面把苏杭两地的寺院武僧组织起来，建立边防巡逻军，专门堵截倭寇。

事实证明，高手在民间，而且中国高手比倭国悍匪更加威武霸气。接下来的三年里，僧兵在杭州湾及松江府一带与倭寇大战小战，无一败绩，有效遏制了倭寇的凶焰。

再后来戚继光驰援东南，在江浙组建戚家军，操练武艺，演习鸳鸯阵法，终于把倭寇清剿干净。

再看第二个案例。

长城抗战时期，西北军拼刺刀起先总不是小日本的对手，因此增加了许多伤亡。后来西北军教习大刀战法，用简单实用的破锋八刀招式，上磕之后就势一刀顺风斩，砍得鬼子人仰马翻，以致"长城之坡，尽弃遗尸"。

当时年仅二十岁的中国音乐家麦新还为此创作了一首令国人热血沸腾的《大刀进行曲》，唱响了那个黑暗年代里炎黄子孙的最强音。

秦国以大力士杜回为将，因为大力士就是战场上的武术高手。为什么这么说呢？咱们继续摆龙门阵。

拿关羽为例。不知道大家读《三国演义》的时候有没有注意到，在关羽和敌将交手的记录里，基本上没有发生过像张飞斗马超那般几百回合的鏖战，大多都是速战速决，一二三去买单。譬如温酒斩华雄、斩颜良诛文丑、过五关斩六将等。

这是为什么呢？

道理很简单，关羽是一个大力士。

我提出这个观点的逻辑在于，关羽使用的青龙偃月刀重约八十二公斤。

如此重的一个铁家伙要想挥舞自如，两条膀子没有惊人的力量是玩不转的。可青龙偃月刀一旦抡起来，就不需要太多的技巧。因为迎面一刀砍下去，敌人往往都会连兵器带人一齐被劈成两截，省心又省力，用一次就爱上一辈子。

所以，我很担心，奉命反攻辅氏的晋国主将能在杜回的手下走几招。

晋国主将名叫魏颗，乃魏犨长子，魏锜之兄，此刻，他已面临生死关头。

交战之时，魏颗接战杜回，力气不支，眼看就要被剁翻。

忽然，从镜头外闪进来一个健旺的乡下老头儿，拿着一条用草结成的绊索，奋不顾身地冲进战团，用绊索遮拦杜回。

杜回被绊倒在地，空负一身熊虎之力施展不出，被魏颗当场击杀，秦军就此败退归国。

魏颗凯旋，欢喜之余兀自惊魂未定。那个神秘的老头儿事后去了哪里？他到底是谁？他这样做的目的又是什么？一团又一团的疑云笼罩在魏颗心头。

谜底于当晚揭晓。在魏颗的梦中，老头儿出现了，他告诉魏颗，结草绊倒杜回是为了报答魏颗善存其女儿的恩德。

原来，魏犨有个宠姬（就是无名老头儿的女儿），没有生育子嗣。魏犨年老生病，自知不起，就叮嘱魏颗，倘若自己死了，一定要将宠姬改嫁个好人家。魏颗诺诺。

可魏犨到临死前又改了说法，叮嘱魏颗要将宠姬殉葬，使自己黄泉路上可以继续乐呵乐呵。魏颗还是诺诺。

魏犨死后，魏颗将宠姬改嫁了出去。

魏锜责怪兄长没有遵循父亲的遗训，擅自处置家产。

魏颗反驳道：父亲神志清醒时说要改嫁，病入昏沉时说要殉葬，那你觉得哪个才是父亲的本意？

这个载于《左传·宣公十五年》的故事，就是成语"结草衔环"中"结草"的典故。它给我们的最大启示在于：人要多做好事，多积阴德，好人不吃亏，好人有好报。

接连挫败赤狄和秦国，说明晋国纵然丧失了海外的大部分势力范围，但多年积累的优势使得它仍旧拥有强大的实力。

公元前593年一月，范会率师攻灭赤狄之甲氏、留吁及铎辰诸部。自此，赤狄之土，几乎尽归于晋国，范会因之声威大震。

三月，晋景公派范会献俘于周定王，以宣示晋国的武功，范会越发风光无限。

这一连串的动作，客观上体现了晋国重振国势的努力与成果；但对于正卿中行林父来说，却是别有一番滋味在心头。因为一年前他率军攻灭赤狄最大的部落潞氏时，晋景公派往洛邑献俘的不是他本人，而是赵同。

同样的伐狄有功，为什么只有范会获取赴洛邑觐见周天子的殊荣呢？

政坛进行高层人员变动时，历来讲究事先吹吹风、造造势。或许，这种耐人寻味的现象预示着晋国六卿将迎来新一轮的调整。

果不其然，没过多久，晋景公就免去中行林父的职务，提拔范会担任中军将，兼任太傅（执掌礼刑的朝官）。

范会的资历不比中行林父浅，都是晋国世家，都在晋文公朝出道，中行林父曾任晋文公专职司机（车御），范会曾任晋文公专职保镖（车右）。

但我总认为，范会的能力要比中行林父高出一筹。

具体高在什么方面，其实也是个难以说清楚的问题。关键是，《左传》中关于范会的正面描述较多，譬如河曲之战中将晋军动向盘算无遗的机敏，与赵盾联袂劝谏晋灵公时的睿智，邲之战中对战局清晰把握的沉稳，等等。

反观中行林父，《左传》中关于他的记载亮点较少，除却先蔑使秦时中行林父殷勤关怀表现出的仁义，几乎就乏善可陈了。

河曲之战后，晋国六卿商议诳骗范会回国。中行林父竟然不着边际地提出，要把时任执政大夫赵盾的死敌狐射姑也一并迎回来，就曾让我发自内心地觉得，中行林父如此天真烂漫，实在不是搞政治的料。

及至邲之战，中行林父优柔寡断，指挥无方，导致晋军惨败，则彻底暴露了他才干平庸的实质。

总地来说，范会其人，威望更加隆盛，目光更加深邃，办起事来也更加举重若轻。关于这一点，下面我们不妨通过一个缉捕盗贼的事例来做进一步阐释。

范会主政前，晋国盗贼四起，十分猖獗。朝廷费尽九牛二虎之力加以整治，可收效甚微，老百姓都不胜其苦。

后来晋景公听说，有个叫郤雍的人，具有很强的辨识分析能力。于是，派郤雍负责缉捕盗贼。

郤雍也不负领导重托，他只要在市井里转一圈，就能根据路人的神情变化，判定该人是不是盗贼，隔三岔五在市井上指指点点抓一批嫌犯到衙门，从来没有失手过。

晋景公非常高兴，他认为只要有了天才郤雍，消弭盗患指日可待。谁知事与愿违，晋国的盗患非但没有消弭，反倒愈演愈烈。

而究其缘由，是郤雍捕盗只能治标不能治本。只要人们还有作盗的需求，就会源源不断地加入盗贼的行列，捉怎么捉得完？不久，郤雍为群盗忌恨所杀，晋景公的捕盗工作以失败告终。

紧接着，范会主政了。他对付盗贼的方法另有一套，也不搞什么天罗地网、严刑酷法，而是倾注心力以教民劝化为务。

然后，奇迹诞生了。盗贼们成群结伙地逃往秦国而去，晋国又恢复了良好的社会秩序。

为什么范会开出的药方会有如此神奇的疗效？晋国著名时事评论员羊舌职先生对此有精辟的诠释：昔日"禹称善人，不善人远"（大禹举拔好人，坏人因此远离），可见"善人在上，则国无幸民"（有好人主政，国家就没有心存侥幸、胡作非为的百姓）。

刚摆平国内盗患，洛邑那边又出事了。

还是公元前593年，周王室内部卿士间的权力斗争愈演愈烈。继前一年王孙苏杀了政敌召戴公和毛伯卫后，今年，召氏和毛氏的党人蓄力反扑。王孙苏无法立足，只得避难于晋国。

王孙苏这家伙，当真是特别爱战斗。

二十年前周顷王刚死那会，王孙苏和周公阅争权，吵吵闹闹不亦诺夫斯基，害得洛邑方面连周顷王的讣告都没来得及发布。后来两人的官司打到晋国，还是赵盾出面调解方才平息。

二十年后，人事俱已变迁，没想到王孙苏依然健旺，又和召、毛二氏斗得难分难解。

当然，调解周王室纠纷的机会，晋国绝不会嫌弃来得太多。只要争斗的焦点没有侵害晋国的利益，晋国很乐于做个和事佬，左边拍拍，右边哄哄，间或宣讲几句精诚合作、振兴华夏之类的大道理，不知不觉就把自己塑造成了道义和权势完美结合的化身。

与上次政治斡旋不同的是，晋国把这次开展斡旋的地点选在了洛邑，晋景公派范会前往主持。范会去了后，把两边都搞得熨熨帖帖，周定王为此设享礼款待范会。

宴席之上，范会发现餐盘里盛放着切割好的带骨肉，不禁大惑不解，于是偷偷询问作为相礼的原襄公：难道举行享礼时牲畜是这么吃的吗？

周定王恰巧听到范会的疑问，心里也很纳闷：奇了怪了，难道以你堂堂晋国上卿范会的见闻所及，不是这个吃法吗？

我这里稍微交代几句当时的饮食文化，大家看了以后就会明白到底是周定王无礼，还是范会无知。

春秋时代，但凡祭祀或宴会，都有烹食牲畜的习俗，只不过具体怎么个吃法，却是各有讲究。

如果把整只牲畜盛放在餐盘上，那它就不是用来给人吃的。给谁吃？祭天的时候给神吃。

如果把半只牲畜盛放在餐盘上，那理论上是天子用来招待诸侯的。为什么强调"理论上"？是因为，这道菜仅仅是个形式，按照礼节，主宾都只能看看闻闻，并不能将它分而食之。

如果把牲畜肢解成连骨带肉的小块盛放在餐盘上，那是天子用来招待诸侯国卿士的。这道菜才是真正意义上的菜，主宾俱可以用胃舌赏鉴之。

所以，用切割好的带骨肉招待范会，是周定王基于礼节做出的中肯安排，并无不妥之处。

只不过，晋国作为一个"启以夏政，疆以戎索"的国度，文化传承已不如周王室那般纯正，难免会在礼仪的理解和运用方面出现偏差。

虽然情有可原，但当着周天子的面显露出自己的无知，还是让范会很羞愧。于是他"归而讲求典礼，以修晋国之法"，为晋国进一步营造了规范有序的社会环境。

缉捕盗贼、平定周王室内乱和求礼修法这三则小故事，大致反映了邲之战后，晋国国力逐渐恢复的过程。

公元前 592 年春，晋国尝试着向楚国霸权发起反攻，具体行动方式是筹划召开断道（地名）诸侯大会，重整晋国在中原的影响力。

既然要开会，肯定就得有人传达会议通知。而负责给齐国传达通知的人是中军佐郤克。

以堂堂中军佐为使，说明晋国极为重视这个东方传统大国，希望拉拢它以显著改善晋国的地缘政治环境。

郤克在去往临淄的路上，遇见了同样出使齐国的鲁国正卿季孙行父①和卫国上卿孙良夫。三人结伴而行抵达临淄，一起觐见齐顷公。

这次见面仪式本身并没有特异之处，但除了齐顷公，谁也没有料到，它将会成为一个拙劣的恶作剧。

会见之前，齐顷公对母亲萧同叔子说，带她去看个好玩的东西。太后欣然应允。

会见之时，齐顷公在会场上设置了一道帷幕，让萧同叔子躲在帷幕后偷偷观看。

不一会儿，郤克、季孙行父和孙良夫在齐国内侍的引导下，步入会场。现场迎候的齐国工作人员不禁目瞪口呆。

---

① 即"三桓"三祖之一季友的孙子，初税亩就是他主导实施的。

因为，因为郤克、季孙行父和孙良夫恰好都有身体缺陷。郤克是个驼子，季孙行父是个跛子，孙良夫是个独眼龙，这也就罢了。给他们领路的三个内侍，竟然也分别是驼子、跛子和独眼龙，就跟玩连连看似的。

此情此景，令萧同叔子忍俊不禁，笑出声来。

郤克等三人这才意识到自己被齐顷公恶搞，俱各羞愤难当。

会面一结束，郤克就把使齐未竟的事宜丢给副手乐京庐处理，自己怒气冲冲地先期归国，并指天发誓："所不此报，无能涉河。"

回到晋国后，郤克向晋景公汇报了在齐国遭受羞辱的情景，并态度坚决地再三要求出兵攻打齐国。

晋景公也很愤怒，然而他婉拒了郤克的要求。因为齐国目前是晋国争取的对象，虽然与楚国保持了暧昧关系，但不到万不得已，最好不要把齐国彻底推到楚国的怀抱去。

范会认为晋景公言之有理。大丈夫成就功名，要能屈能伸。齐顷公对郤克不敬，固然与其谋求从晋国影子里走出来的外交政策有关，却也难免有应景而生戏谑之心的可能。晋国暂时还是采取隐忍的方针为佳。

同年夏，断道大会召开，约以建立军事同盟。受邀的鲁、卫、曹、邾四国都是国君亲自出席，唯独齐顷公害怕出席会议时遭受晋国的羞辱，所以只选派了四位大夫前往。

可这四位大夫也提心吊胆，生怕晋国因旧隙拿他们撒气，于是有一个走到半路就逃了回去。余下的仨硬着头皮赴会，结果被晋国统统逮捕。

想必这一次，非但郤克对齐国的怨恨更进了一层，连晋景公也怒不可遏了。

范会感受到了这种氛围的变化，他敏锐地意识到，"郤子之怒甚矣，不逞于齐，必发诸晋国"，其"不得政，何以逞怒"。

此时的范会原本也垂垂老矣，自知攻伐齐国这样的剧烈运动对于他来说的确有点儿勉为其难，倒不如将事权交给郤克，一者避免郤克气塞于胸反致内乱，二者此时伐齐名正言顺，可趁势经略中原东部。

于是，范会主动请辞正卿，以郤克自代。

公元前591年，楚庄王去世，晋景公抓住时机，会同卫世子臧伐齐，兵进阳谷。

齐顷公被迫在缯地与晋景公结盟。

公元前 590 年，晋国帮周王室驱逐茅戎，奏凯而还，原本形势一片大好，然而齐顷公却背叛了缯地之盟，且有联楚进犯鲁国之意。

随即，鲁国派臧孙许（臧孙辰之子）入晋，与晋景公在赤棘重温盟誓，以对冲齐国和楚国的军事威胁。

公元前 589 年春，齐顷公亲征鲁国，直至巢丘。

接着，卫国孙良夫领军攻击齐国以策应鲁国。

齐顷公闻讯，移师截住卫军，将其击退，并尾随至卫国的新筑。

于是鲁、卫皆向晋国求援。

晋景公令正卿郤克、上军佐范燮（范会之子）、下军将栾书、三军司马韩厥，率兵车七百乘驰援。

七百乘兵车足以组建超级军团，郤克却仍不满足，他说这个数目相当于城濮之战时晋国的兵力①，但他郤克没有当年晋文公和一众先辈良将的英武神明，恐怕不能一举击败齐国，所以请求再增加兵车一百乘。

晋景公也是志在必得，毫不犹豫地一口答应了。

晋国大军在鲁军的接应下进入卫国后，有军士犯法，韩厥准备依律杀之。

主帅郤克大概是这名军士的关系户，听闻此事赶紧亲自驱车疾驰往救。然待赶到时，军士已经伏法。

郤克看着血淋淋的尸身，感觉有一腔无名怒火在心头升腾，可再看一眼不怒自威、正气凛然的韩厥，他又觉得自己这把火来得很虚弱，于是转换一副面孔，将尸身在全军示众，以彰军纪。

时齐军已凯旋，晋、鲁、卫遂联军追击齐军，并于卫国的莘地发现了齐军主力的动向。

六月十六日，晋国联军机动至齐国的靡笄山下，将要与齐军接触。

先于阵仗发生的，是双方的口水战。

---

① 城濮之战时，晋国三军尽出，兵力为七百乘。而此时晋国三军仅出其半，兵力亦为七百乘。可见，晋国三军的兵力比以往翻了一番。

齐顷公派人对郤克说，我们的军队很少，怕得要命，明天早上勉强陪你们玩一玩。

郤克回话说，讨厌，咱走着瞧。

齐顷公再说，是吗，那太好了，我还以为你们不敢来呢。

齐国大夫高固也凑了一把热闹。他率领小股部队突袭晋营，先是捡起地上的石头扔向晋军，接着生擒了一个晋军俘虏，然后挟着俘虏驾车撤退。

安全返回后，高固在军营里大夸海口，说假使谁想像他那般勇猛，可以到他那里去购买他多余的勇气。引得满营将士轰然喝彩。

遭受高固突袭后，晋国联军并没有发动反击，而是迅速机动到鞌地。结合后续的事态发展来看，这一举动当时给齐军造成了一种联军心怯的印象。

齐军侦知晋国联军移师鞌地，立即拔营而起，连夜尾随而去。

六月十七日清晨，齐军刚到鞌地，还未来得及休整，就和先期抵达的晋国联军摆开了阵势。

齐顷公对将士大声呼喝："余姑翦灭此而朝食（让我们宰了对面那帮臭小子再吃早饭）！"话音未落，就马不披甲地率先冲向联军。

战斗十分激烈。

晋军元帅郤克受了箭伤，鲜血汩汩外流，把鞋子都浸湿了。但他坚持擂鼓不绝，最后实在支撑不住了，才艰难地喊了一声："我受伤了！"

车御解张大呼："刚一开战，我的手和肘就被射穿了，还不是折断了箭照样驾车？虽说左边的车轮都被我的血染成了黑色，我也不敢嚷嚷受伤。您还是忍着点儿吧！"

车戎郑丘缓说："从一交战到现在，每当遇到危险，我都下去推车，您难道没看见吗？"

郑丘缓这句诘问的用意是想激励郤克再坚持一下。不过他随即发现，郤克之伤确实比较严重，不禁也慌乱起来。

解张奋力呼喝："这乘车的旗帜和鼓声引领全军的进退，我们岂可轻易退避？上了战场就要置于死地而后生，既然伤不至死，那我们还是尽力而为吧！"于是左手继续驾车①，右手接过郤克的鼓槌去擂鼓，毫不迟疑地往前冲杀。

联军将士在主将的鼓舞下，斗志倍增，个个前仆后继，奋勇争先。

齐军也很强悍，但终归一夜劳顿减损了战斗力，渐渐地招架不住，开始败逃。

鞌地附近有座华不注山。此山不但名字怪异，而且山势独特，孤零零地平地凸起，并无支脉蔓延，宛如桌子上倒扣着一个碗。

之所以要介绍华不注山的山势，是因为齐军的败逃路线很搞笑。

一般情况下，战败的军队都会径直逃往后方大本营。而齐军不同，他们在联军的追击下，莫名其妙地三百六十度绕着华不注山奔逃。

山不是很大，齐军丢盔弃甲跑了整整一圈，晋国联军也锲而不舍地追了整整一圈。

齐军回头一看，哎呀，你们还真是死脑筋，绕着圈追不觉得自己很傻吗？行，咱继续跑。

跑完第二圈，齐军还是没有甩脱联军的追击。双方就像小狗转着圈儿咬尾巴一样，马不停蹄地展开了第三轮追逐。

在这个追逐的过程中，发生了一件充满巧合的事。

当时，晋军司马韩厥一马当先咬住齐顷公紧紧追击，双方相距很近，近到韩厥可以清晰辨识齐顷公战车的程度。

韩厥并不认识齐顷公本人，但根据对方战车上的人员位置，他认准了居中的那个人就是齐顷公。

说到这里，我再重复一下战车上人员分布的知识，以便大家增进对后续情节的理解。

春秋时代的战车，一般搭乘三人。车左为弓箭手，居中为御者，车右为车戎；倘若是国君或主帅乘坐的战车，则君帅居中擂鼓，车御在左，车戎在右。

齐顷公也不认识韩厥，他只知道对方绝没有把自己看作是急支糖浆。为了摆脱追击，齐顷公准备射杀韩厥车上之人。

韩厥的战车上总共有三个人，原本应由韩厥居左担任射手。可是，韩厥作

---

① 单臂驾车，无法实现对马的收束，也就是说，不能减缓车速。

战前梦见父亲告诫他不要站在战车的两侧，于是在交战时选择了亲自居中担任车御。

齐顷公的车左邴夏说："（韩厥战车上）居中的那个人，看仪态像是个君子，先把他射死吧！"

君子的仪态大多只有显贵人物才具备。邴夏的话，我们可以理解为射人先射马①，擒贼先擒王，是一种正确的选择。

谁知齐顷公慌张奔逃之际，竟然极其古板地回了句："既然知道他是君子，为何还要射死他？这样不合礼法吧！"

作为一名观众，我真不知邴夏在杀气腾腾的战场上忽然听到了这么句爱意融融的话后，有没有感觉到一股极度深寒从脚板心直蹿发梢。

当然，我这纯属瞎操心，既然国君拍了板，那就避开对方的车御，专射车左和车右吧。

于是乎，齐顷公这边唰唰唰几箭过去。韩厥的车左被射死后滚落于车下；车右的运气稍微好一点儿，虽然也被射死了，但尸身倒在了车上，没有被后面跟进的车马踏为肉泥。

韩厥毫不畏惧，继续疯狂追击。因为路面崎岖坎坷，马匹又奔驰太快，所以战车颠簸得很厉害。好几次，韩厥车右的尸体几乎都要蹦出车外。

韩厥不忍心失去战友的尸体，于是俯下身子，用手稍微固定住尸体，避免其坠落，视线的焦点也随之离开了前方齐顷公的战车。

然而就在这么短暂的间隙里，局势发生了一个微妙但关键的变化。齐顷公和他的车右逢丑父相互调换了一下位置，由齐顷公执戟居右，逢丑父执鼓居中。

等到韩厥再度把目光聚焦于前方时，由于春秋时代国君的军服和将佐的军服并无多少区别，所以他并没有意识到，先前的齐顷公和现在的"齐顷公"，已不是同一个人。

华不注山有一眼泉水，叫作华泉，是当地的四A级景点。齐顷公将要第三次绕经这里时，遇到了麻烦，他战车两边的骖马被树木牢牢绊住不能前行。

---

① 韩厥御马，他倒了的话，马自然就会失控。

通常在这种情况下，车右会下车去扫清障碍，协助车御使战车脱离困境。可逢丑父前几天野营时被毒蛇咬伤了手臂，且隐瞒伤情带伤上阵，因此帮不上邴夏的忙。

战车死活动弹不得，眼看韩厥引领的联军前锋越追越近，齐顷公有了一种水淹到喉咙的感觉。

齐顷公的命运会是如何，大家不妨尽情想象。但我要提醒一句的是，大家别忘了，为了欺骗追兵，齐顷公和逢丑父事先已经互换了角色。也就是说，齐顷公最终的结局，其实还存在着一定的变数。

韩厥把"齐顷公"团团围住后，一改追击时那种玩死玩命的冷酷造型，适时换上了一副温文尔雅的姿态。

他拿着马缰步行至"齐顷公"面前，跪下叩头，然后一手献上满斟的酒觞，一手献上玉璧，恭恭敬敬地说，晋景公的本意是协助鲁国和卫国自保，并无侵犯齐国之意；不过他韩厥身在行伍，好大喜功，所以违反君令擅自追击齐顷公，实在是罪过罪过。

一个稳操胜券的战胜者竟然对一个引颈待毙的战败者如此礼遇有加，看似荒诞不经，其实这正是韩厥综合素质的真实反映。

对战俘下跪行礼，是因为他恪守了君臣之道。齐顷公再狼狈，也是一国之君；他韩厥再威风，也是一国之臣。君子不乘人之危，也不欺人于暗。

至于把活捉齐顷公的事说得那么小心翼翼、仿佛他韩厥犯了天大的过错一般，则是为了给晋景公的外交策略留下回旋的空间。

韩厥深知，在晋景公的战略构图中，晋、齐并无不共戴天之仇，打击齐国只是为了震慑并最终使齐国宾服，出手太狠只会适得其反，所以一边打还得一边哄。他韩厥的言行越是恭敬，就越能减少齐国的敌意，从而实现晋国利益的最大化。

当然，有一点不得不强调的是，韩厥如此闲庭信步、好整以暇，都基于一个明确无误的前提，那就是齐顷公已入彀中，一切尽在掌握。

而事实上，齐顷公与逢丑父互为镜像的细节，把韩厥搞了个措手不及。

"齐顷公"面对韩厥的深情表白，装模作样地敷衍了几句，然后就让下人"逢丑父"去华泉取点泉水来解渴。

韩厥不善使诈，自然也就不善识诈，觉得只要正主老老实实待在这，其他人等不必看管太紧，这也属于优待"齐顷公"的范畴。

于是，齐顷公和几个随从驾着马车堂而皇之地驶出包围圈，从韩厥的视线中消失得无影无踪。

等到郤克率领大军赶上来后，才发现韩厥中了逢丑父的偷梁换柱之计。暴怒之下，郤克当即喝令左右将逢丑父拖出去乒乒乓乓剁他几个来回。

逢丑父并不甘心就死，朝着郤克嚷嚷："自今无有代其君任患者，有一于此，将为戮乎！"

郤克一怔，逢丑父能将思绪缜密的韩厥玩弄于股掌之间，这难道仅仅是代表逢丑父一个人，或仅仅是代表一次花招诡计的胜利吗？

郤克在心底暗自予以否定，他觉得这更多的是一种人性光辉的胜利。逢丑父为了保全君父不惜赴汤蹈火，一腔忠勇感人至深，假如他杀了逢丑父，那么随着逢丑父一同死去的，还有那份千金不复的情义。

思及于此，郤克断然止住左右，赦免了逢丑父。

齐顷公侥幸脱困后，沿途陆续聚集了一些齐国的散兵。就在这群残兵败将准备簇拥着齐顷公往临淄全速前进时，齐顷公却将手指坚定地指向了华泉方向。

将士大感不解，敌军的主力就在华泉，难不成您想自投罗网吗？

齐顷公摇了摇头。在他的眼里，没有敌军，只有逢丑父，倘若他就这样抛下逢丑父一个人逃之大吉，那他的灵魂在他的有生之年将不会得到安息。

刚才还失魂落魄的将士们忽然仿佛变成了另外一群人，他们眼中露出决死的神色，攥紧武器随着齐顷公的战车义无反顾地向华泉杀去。

接下来发生的事，可以拍摄为一个经典的电影桥段。据《左传·成公二年》载，齐顷公率残军"三入三出"，"每出，齐师以帅退"，先入于晋军，不获逢丑父；复"入于狄卒（晋军中配属了狄族的步兵），狄卒皆抽戈楯冒之"，依旧不获；再"入于卫师，卫师免之"。

齐顷公像一头疯狂的野兽，在晋国联军的茫茫人海中反复冲杀，只为寻找并营救陷入敌手的逢丑父。齐国残军也将生死置之度外，须臾不离地紧紧护卫着齐顷公。

奇迹发生了！联军将士为齐顷公与逢丑父之间的君臣恩遇所感动，虽然他们可以不费太多力气就撂倒齐顷公，但他们非但不忍心下手，反而对齐顷公施以了护卫。

已而残阳如血，齐顷公终究没能找到逢丑父，再战无益，于是主动脱离联军，取道徐关投临淄而去。

联军乘胜追击，浩浩荡荡自丘舆进入齐国后，准备掠取马陉。

人到屋檐下不得不低头。齐顷公也不敢再逞血性之勇，只好派大夫国佐[①]携着几件稀世珍宝和几份地契[②]去找联军总司令郤克和谈。

郤克与国佐的会晤较之韩厥与齐顷公的会晤，身份和氛围已大不相同，因此郤克的口气非常强硬。

郤克告诉国佐，齐国如果要谈和，必须答应晋国两个条件：一是以萧同叔子入晋国为质，二是使"使齐之封内尽东其亩"。

萧同叔子不是别人，正是三年前郤克出使齐国时发声嬉笑的那位太后。

战胜国取战败国的重要人物为质，是由来已久的习惯性做法，目的是为了保证战败国履行战败协议。但取妇人为质特别是取对方太后为质，却是一种极端罕见的行为，我觉得郤克有点儿借题发挥、公报私仇的味道。

至于"使齐之封内尽东其亩"，意思就是说，把齐国境内的田垄全部改为东西向（当时的田垄基本上都是南北向）。

有的人或许会搞不清楚改变齐国田垄的方向到底对晋国有何益处。这并不奇怪，想当年，似海棠这般玉树临风、冰雪聪明的江南四大才子之五，也曾为这个问题苦苦思考了近两分钟之久才恍然大悟。

郤克欲使齐国东其亩的原因，其实和蒋介石要求阎锡山在山西修标准火车轨道是同一个道理。

阎锡山自辛亥革命起统治山西，最为忌讳的事就是别人染指他的地盘，俨然把山西当成了一个水泼不进的国中之国。

---

① 齐桓公时代上卿国懿仲之孙，亦称宾媚人。
② 齐国此前侵占的卫、鲁之地，现在准备归还卫、鲁。

可当时民国总统蒋介石为了理清全国的治权，又必须把山西纳入中央政府的有效管辖范围之内。

一个想要闭关锁国，一个想要门户开放，彼此针锋相对，互不退让。

面对阎锡山的严防死守，蒋介石想了一个办法，叫阎锡山把山西的两条铁路干线（正太线和同蒲线）从一米的窄轨改为一点四三五米的全国标准轨，理由是便于人员物资全国流通，促进山西经济发展。

蒋介石甚至表态，只要阎锡山同意，铁道部可以拨付专款交由山西使用。

遇上活雷锋了，又出点子又出钱，这样的好人打着灯笼也找不着哇！阎老西你还等什么，快点儿同意呀！

可是阎锡山一口回绝。因为他看穿了蒋介石渗透山西的用意。

山西修窄轨，一旦遇有战事，无碍于阎锡山及时运兵至省境线上；一旦战事不利，依然无碍于阎锡山及时把军队从省境线上全部拉回，而蒋介石的军队却无法从外省乘火车一路滔滔追进山西腹地。

倘若山西修成标准轨，那外省运兵的火车可直接开进山西，山西的防御将被大大削弱。

再看郤克的腹稿。

晋国在齐国西面。倘若齐国的田垄多为南北向，则沟渠与道路亦多南北向，这样的地貌不利于晋国的战车有朝一日向东驱驰攻击齐国的核心地带。而倘若齐国的田垄都改为东西向，那刚才的问题就迎刃而解了。

太后为质有辱国体，垄亩东向有伤国本，如此苛刻的条件，齐国当然不可能接受。

但问题是，现在齐国是战败国，虽然它有权利选择宁死不屈，可晋国也有能力长驱直入，给齐国造成更大的损失。

所以，对于国佐而言，如何尽量用委婉的语气、巧妙的逻辑和坚定的态度，来说服郤克收回成命，无疑是一个十分艰巨的挑战。

《左传·成公二年》中有关国佐答词的记载称得上是文采飞扬、无懈可击。只可惜其上古文言文的体例，使得高级知识分子以下层次的群众很难领会它的妙处，因此我不得不用生硬的现代语言把它剖析给大家看。

国佐主要利用了伦理、道义和礼仪的力量来反驳郤克。对于郤克以齐太后为质的要求，国佐阐述道：

第一，齐国和晋国是对等的诸侯国，齐君的母亲就相当于是晋君的母亲，所以晋国不得对齐太后无礼。

第二，晋国对齐国发布命令，要求齐国以太后为质，那倘若周天子对晋国发布命令，晋国是否也要以太后为质呢？

第三，晋国要求齐国以太后为质，就是逼迫齐顷公做出不孝的举止，这将引起天下诸侯的公愤。

对于郤克欲使齐国垄亩东向的要求，国佐阐述道，周天子昔年对天下的土地定疆界、分地理，因地制宜，做了有利的规划布置。如今晋国为了使自己的兵车方便进出齐国，强行要求齐国改变垄亩方向，就不只是破坏了自然规律，并且也违背了周天子的政令。既然违背了周天子的政令，晋国如何还能够冀图获取诸侯的拥戴？

国佐的话句句切中晋国要害。本来呢，话说到这个份儿上，相信郤克不会再为难齐国了。

然而国佐并不满足，在结束答词的时候，他刚柔并济地说，倘若晋国就此收手，则齐国愿意尊奉晋国号令；倘若晋国不依不饶，则齐国只好选择背城一战。

齐国的俯伏并非没有限度，继续施加压力，只会导致齐国孤注一掷地奋起反击。

更为紧要的是，楚国为了支援齐国，此时已在卫国和鲁国边境蠢蠢欲动、威胁联军的后路，郤克必须就此打住，然后全力以赴地与楚国周旋。

七月，国佐与郤克在爰娄签订和约，齐国退还了之前侵占鲁国的汶阳之田。晋军初步达成了震慑齐国的目的，便匆匆回国了。

赵氏孤儿

接下来所要讲述的，是一个有关绝望和希望的故事。

为了使大家更好地理解剧情，我不妨首先简单介绍一下将要在本故事中出场的人物角色。

晋灵公——晋国国君，昏聩凶顽之主。

晋景公——晋国国君，尸位素餐之主。

赵盾——赵衰之子，晋国执政大夫，正能量的代表。

赵同——赵盾异母弟，赵衰与赵姬长子。

赵括——赵盾异母弟，赵衰与赵姬次子。

赵婴齐——赵盾异母弟，赵衰与赵姬幼子。

赵朔——赵盾之子，晋景公的姐夫。

赵庄姬——赵朔之妻，晋景公的姐姐。

赵武——赵朔之子，被称作赵氏孤儿。

屠岸贾——晋灵公宠臣，晋景公宠臣，时任司寇（相当于刑部尚书），心狠手辣。

韩厥——三军司马，为人正直而坚忍。

公孙杵臼——赵朔的门客。

程婴——赵朔的挚友。

故事还得从公元前607年说起。

当时的晋国国君是晋灵公，此君别的本事没有，弹弓走狗鱼肉百姓倒是行家里手。

晋灵公手下有两个重要人物。一个是执政大夫赵盾，精明强干，权倾朝野；另一个是侍臣屠岸贾，虽然职级很低，但极受晋灵公宠信。

这三个人之间有牵扯不断的恩怨情仇。概括地说，就是晋灵公不君，屠岸贾在旁边帮衬，结果长期遭受赵盾打压。而且赵盾的势力最终弑杀了晋灵公，屠岸贾也就此沉寂。

赵盾曾经做过一个奇怪的梦。在梦中，先祖赵叔带抱着他的腰痛哭，非常悲伤；哭完之后又大笑，还拍着手唱歌。

古人认为梦是一种与神灵交流的渠道，常人可以借由解读梦境获取预见性的现实信息。所以赵盾为此进行占卜，结果龟甲上烧出的裂纹中断，可后边又好了。

一位名叫援的史官据此推断说："这个梦的预兆很凶，不过并不会应验在您的身上，而是应验在您的儿子身上。到了您的孙子那一代，赵氏家族将更加衰落。"

赵盾在世之日，摄理国政，专行无忌，不知道史官援的话到底给他带来了多大的震动。但我可以肯定的是，史官援的话并非危言耸听，这个诡异的梦境就像一片挥之不去的乌云，从来没有消散过。

屠岸贾并未在赵穿弑君的事件中丧命，他活了下来，并在十年后获得晋景公的宠信，成为当时的头号权臣。

十年来，仇恨的种子没有因为时过境迁而枯萎，反倒随着赵盾的故去以及自己跻身权力中枢而在屠岸贾的心里潜滋蔓长，一发不可收拾。

屠岸贾执掌刑狱和纠察，自他上台的第一天起，脑海中就铆定了一个念头：向赵盾复仇，向赵氏家族复仇，要把昔日遭受的痛苦千百倍地报复到赵氏后人的头上去。

公元前 597 年，晋国在邲之战中惨败，但时任下军将赵朔立有局部战功，晋景公因此将姐姐下嫁给了赵朔。

再度与公室结亲，这本是赵氏家族天大的荣耀。然而与荣耀同行的，还有致命的杀手。

屠岸贾蓄谋已久，要以追究当年晋灵公被弑为由报复赵氏家族。他私下里对亲信的军队将领说，赵盾即便没有亲自动手弑君，但还是难逃干系，如今赵盾的后人仍在朝廷做官，必须要受到严厉的惩处。

司马韩厥嗅到了危险的气息，就仗义执言对屠岸贾说，晋灵公死的时候，赵盾身在外地，确不知情。晋成公即位以后，曾颁旨赦免赵穿弑君之罪，撇清了赵氏家族的责任。现在你们想背着晋景公诛杀赵氏后人，则非但违背了晋成公的意愿，而且是对晋景公的公然藐视。

对于韩厥的辩护，屠岸贾压根儿就没有放在眼里，反而日夜加紧谋划，意欲置赵氏家族于死地。

韩厥一看形势不可逆转，只好回过头来警告赵朔：屠岸贾马上要发难了，你最好是现在就赶紧逃亡，跑得越远越好。

赵朔大概认为如果选择逃亡，将会给世人留下一种自己畏罪潜逃的印象，越发难以抗辩屠岸贾的诬陷；而且，自己作为堂堂先执政大夫赵衰的孙子、赵盾的儿子，如果就这样一跑了之，对于先人来说也是一种辱没。因此毅然选择了留守待变。

不过，对于韩厥的忠告，赵朔十分感激。因为预感到凶多吉少，他再三对韩厥叮咛嘱托道："您一定能不使赵氏的香火断绝。这样，我就算死了也没有遗恨。"

韩厥郑重地领受了赵朔的遗命，第二天就称病不朝，哪里也不去，谁来了也不见，完全把自己置身于一场预期中必来无疑的风暴之外。

过了几天，屠岸贾果然大开杀戒。

在晋景公不知情的情况下，屠岸贾率军包围了赵氏家族聚居的下宫，然后纵兵杀戮。包括赵朔、赵同、赵括、赵婴齐等人在内的赵府上下几乎全部死难，幸存者只有三个人：赵庄姬、公孙杵臼和程婴。

赵庄姬当时已经怀有赵朔的骨血，在大屠杀开始之前，她趁乱逃到了晋景公的公宫。

公孙杵臼和程婴劫后相逢。

公孙杵臼问程婴，你为什么不去为赵朔殉死?

程婴说，赵庄姬怀有身孕，即将生产。倘若她生下的是个男孩儿，那我就以余生去奉养他，希望他长大后为赵氏复仇；倘若她生下的是个女孩儿，那赵氏就此绝后，我再死也不迟。

两个人心意互通，引为生死之交。

于是，屠岸贾与赵氏家族矛盾的焦点，集中到了赵庄姬腹内的胎儿身上。

屠岸贾不可能直接对赵庄姬下手，毕竟她是晋景公的姐姐。他唯一能做的就是等，等待赵庄姬生产的那一天。如果生下的是男孩儿，那就杀了婴儿，如此一来，赵朔绝后，赵氏就再也没有翻身的机会了。

接下来的这段时间，看起来很平静，其实对于双方都是一种煎熬。我们完全可以想象，无论屠岸贾还是赵庄姬，肯定都在满怀期盼但又忐忑不安地等候那一天的到来。

过了没多久，赵庄姬分娩，一个男孩儿呱呱落地。

屠岸贾事先布置了许多眼线，不间歇地探察赵庄姬的分娩结果。当得知赵庄姬诞下了一名男婴后，他第一时间就带领武士前去搜查，要将这个小生命扼杀在襁褓之中。

赵庄姬知道屠岸贾必欲亡赵氏而后快，而寝宫里各个隐蔽的处所都不能为婴儿提供安全的掩护，情急之下，她将儿子藏到了裤裆里。屠岸贾再凶狠，总不至于让武士搜查她的下身吧。

远远地听见门口传来武士冲杀的脚步声，赵庄姬的心揪紧了。她在心里默默祷告：如果天意注定赵氏绝后，那儿子你就哭吧；如果天意注定赵氏续存，那儿子你就不要哭。

当狼奔豕突的武士数度经过赵庄姬身边时，这个可怜的女人几乎要因为过度紧张而晕厥。然而万幸的是，夹在她双腿之间的婴孩，仿佛感受到了裙裤外传来的腾腾杀气，自始至终没有发出半点儿声响。

屠岸贾在赵庄姬住所掘地三尺也没有找到男婴的踪迹，只好悻悻地走了。

这一次虽然又侥幸逃脱，但形势并未根本改观。因为很显然，一个婴儿不可能长出翅膀凭空飞走，只要屠岸贾紧紧封锁赵庄姬的住所，控制一切人员物资的进出，那么笑到最后的人，迟早还是屠岸贾。

所以，如何转移屠岸贾的视线，偷偷地把赵氏孤儿运出公宫，转移到一个不为人知的地方加以抚育，成为挽救赵氏的当务之急。

程婴问公孙杵臼：逃脱了这次，下次又怎么办？

公孙杵臼反问：扶立遗孤和马上去死相比，哪件事更难？

程婴脱口而出：那还用说？当然是死很容易，扶立遗孤很难。

公孙杵臼慨然而道：那好，赵氏待你不薄，你就勉为其难承担起扶立遗孤的重任；而我就偷个懒，选择去死吧。

两个人聚在一起，终于商议出了一条营救赵氏孤儿的妙计。

隔天，他们设法弄来一个别人家的男婴，给他包上华贵的襁褓，由公孙杵臼带到深山里藏好。

然后，程婴到屠岸贾处自首，说自己没出息，无法抚育赵氏孤儿，假如屠岸贾能够以千金为赏，他就愿意供出赵氏孤儿的所在。

应该说，到现在为止，这是一个十分完美的骗局。

屠岸贾不是傻瓜。他知道，作为赵氏的余孽，程婴的确是最有可能得知赵氏孤儿下落的人；而且，程婴的要价很高，千两黄金可是个吓死人的大数目，正好符合赵氏孤儿的价码。

于是，屠岸贾接受了程婴的条件，并立即令程婴开路，调了一个集团军进山拿人。

屠岸贾等人七弯八拐，费了好大力气才终于找到紧紧搂着一个男婴的公孙杵臼。

见程婴带着凶神恶煞般的屠岸贾赶到这里，公孙杵臼悲怆地大声哭喊："程婴，你这个无耻之徒！当初赵氏有难，你却以隐藏赵氏孤儿为由苟且偷生。你不能抚养他也就算了，又怎能忍心出卖他呢？"

程婴嗫嚅。

公孙杵臼老泪纵横，捧着婴儿绝望地哭诉："天哪！天哪！赵氏孤儿有什么罪过？求求你们放过他，只杀我好不好！"

屠岸贾仰天长笑。放过他？糟老头儿！你以为老子不眠不休兴师动众是闹着玩吗？

屠岸贾的脸色突然阴鸷得可怕，他伸出手指向前一勾，一彪如狼似虎的武士冲上前去（导演，麻烦来点儿模仿刀光剑影和血肉横飞的音响效果），将公孙杵臼和无辜的婴儿当场杀死。

屠岸贾如同欣赏艺术作品似的仔细端详着血泊中的两具尸体，再看了看魂不守舍、两股战战的程婴，一股巨大的成就感涌上心头，让他如痴如醉。

屠岸贾带领着属下欢天喜地地呼啸而去，一如他们来的时候那般意兴冲冲。

唯一和他们心绪不同的，是悲喜交集的程婴。他悲的是，公孙杵臼惨遭屠戮；他喜的是，在成功地实施了偷梁换柱计、调虎离山计和苦肉计之后，屠岸贾掌握的户籍资料里，终于勾销了赵氏孤儿的名目。

不出程婴所料，屠岸贾回家以后，果然撤销了对赵庄姬的监控。而赵氏孤儿，则由程婴辗转运出公宫，带到深山里藏了起来。

在深山穴居野处的岁月里，程婴含辛茹苦，一个大老爷们又当爹来又当妈，一把屎一把尿把赵氏孤儿喂养大。

这一个老仆、一个少主相依相偎，过着与外界隔绝的生活。唯一知道他们具体下落的人，只有韩厥。

光阴荏苒，岁月如梭，转眼十五载过去了。当年发生在下宫的灭门惨案，已经随着时间的磨蚀，慢慢淡出了人们的视线。

有一天，晋景公生病了，病因未明，只好占卜问询于天。

占卜师说，这是因为大业①的子孙遭遇坎坷，因而作怪。

听了这么摸头不知脑的解析，晋景公还是不明就里，于是又去问询韩厥。

韩厥是整个赵氏灭族事件中对所有情况最为通透的人，占卜师的话他当然一听就懂。

韩厥紧张地思考了一会儿，他觉得借由神鬼之意来牵引出赵氏的冤屈，正是一条顺其自然而且势在必行的道路。因此，他委婉地对晋景公说："大业的后代子孙中如今已在晋国断绝香火的，不就是赵氏吗？从中衍传下的后代都是姓嬴的了。中衍人面鸟嘴，来到人世辅佐殷帝太戊，到他后代辅佐的几位周天子，都有美好的德行。再往下到厉王、幽王时昏庸无道，叔带就离开周王廷来到晋国，侍奉先君文侯，一直到成公，他们世代都建立了功业，从未断绝过香火。如今只有您灭了赵氏宗族，晋国人都为他们悲哀，所以在占卜时就显示出来了。请您三思呀！"

晋景公悚然，屠岸贾先斩后奏将赵氏灭门的骇人场景如同电影胶卷般在脑海中历历闪过。他斟酌了半天，期期艾艾地问：那，赵氏还有后人吗？

韩厥面色凝重地说：有。赵朔有个遗腹子，名叫赵武（就是赵氏孤儿），被公孙杵臼和程婴奋不顾身救了出来，只不过大家都不知道罢了。

晋景公听韩厥一五一十地讲述了赵氏家族与屠岸贾仇怨的来龙去脉，终于搞清楚了赵氏灭门这件事，是一起性质极端恶劣的政治迫害案件。对于自己耳目失聪亲近小人屠岸贾，导致忠良赵氏蒙冤，晋景公内心里非常自责。

于是，晋景公就与韩厥商定了迎立赵武，重振赵氏的行动方案，先是秘密派人把赵武接到公宫里妥善安置下来，由韩厥亲自带兵加强公宫护卫。

对于这一切，屠岸贾毫不知情。

---

① 赵氏是秦人的分支，大业是秦人的一位先祖。

不久后，屠岸贾的亲信将领组团进宫探视晋景公的病情。晋景公抓住这个机会，预先让韩厥在现场布置了许多武士，然后把赵武叫出来和诸将见面。

当得知眼前这个英武少年就是昔日他们苦苦追杀的赵氏孤儿时，诸将都震惊了。

当然，更让他们坐立不安的，是现场禁卫森严的气氛，以及在这种肃杀气氛基础上对于晋景公公布赵武身份的目的的猜测。

他们猜测的答案是：晋景公要为赵氏翻案了。

诸将心知肚明：只要得到了高层的认可，屠戮一个显赫的世家并不可怕；可怕的是，高层改变了对屠戮事件的定性，由此开启重新清算的序幕，那么陈旧的血债，庶几要用新鲜的血来偿还。

想到这里，诸将争先恐后地表白道："当初赵氏灭门，都是屠岸贾假传君命，一手策动的。不然，谁敢发动变乱呢？就算今天您不说起，我们也早就准备提议迎立赵氏的后代了。如今得到您的命令，正是了却了我们的心愿哪！"看风使舵的种种丑陋，不一而足。

韩厥像尊铁石一般纹丝未动，晋景公的脸上露出欣喜的神色，赵武和程婴则咬牙切齿地拜谢了诸将。

之后，在晋景公的授意下，诸将反戈一击，随赵武一道诛灭了屠岸贾的家族。

晋景公把原属赵氏的封地又赐还给赵武，赵氏家族终于洗清了背负十五年之久的血海深仇。

过了几年，赵武经受冠礼，已经正式长大成人了。

程婴就拜别了各位大夫，然后对赵武说："在当年的惨剧中，赵氏的人差不多都死光了。本来我也不应独活，可我不能当即就死，我还要忍辱偷生扶立赵氏的后代。如今你已经恢复了赵氏原来的地位，我的任务也算完成了，我要到地下去把这个好消息报告给赵宣孟（即赵盾）和公孙杵臼。"

赵武见这个二十年来无论经历多少苦难都不离不弃、亦仆亦友亦师亦父的皓首老人说出如此决绝的话，不禁大惊失色。

他跪下叩头，声泪俱下地再三请求道："在您的有生之日，我宁愿粉身碎骨也要报答您，难道您忍心离开我去死吗？"

程婴平静地说："公孙杵臼信任我，认为我能完成大事，所以先我而死；如果我不去复命，他会以为我的任务没有完成，九泉之下必定难以安宁。"说完，程婴就毅然自杀了。

赵武感念程婴的恩德，为程婴守孝三年，并给他安排了祭祀用的土地，春秋祭祀，世代不绝。

嘘！故事讲完了。

我知道大家看完这个故事后，会提出很多批评的意见。我甚至知道，你们批评的内容大致都集中在一点：很多熟悉的情节与人物遭到变动或是干脆不见了。

你们的质疑，我很能理解。但我想强调的是，我在开篇的时候就说了，这是个故事。

既然是个故事，那就各有各的说法。事实上，赵氏孤儿的故事，历史上有很多的版本。而我刚才讲述的版本，是司马迁在《史记·赵世家》中讲述的版本。

赵氏孤儿的故事，取材于晋景公时期晋国的一宗政治大案，《左传》中曾有严谨而简洁的记载。

将这段历史文艺化的开山鼻祖，说出来怕你们不相信，就是一向以治史专业而著称的太史公司马迁老大人。

西汉时，著名学者刘向在他编纂的《新序》和《说苑》中述及赵氏孤儿，沿袭了司马迁的版本。

刘向编纂《新序》和《说苑》的目的，与司马光编纂《资治通鉴》类似，都是要总结前人前事的经验教训，供当前的统治者借鉴。可见，赵氏孤儿的故事在西汉时，仅仅是一种官方的参政资料，没有走向民间。

然而到了宋代，赵氏孤儿的故事忽然焕发出蓬勃的生命力，成为寻常百姓热议的话题。

公元前960年，后周殿前都点检、归德军节度使赵匡胤借口抵御北汉与辽的联合南侵，率军出大梁（今河南省开封市）。行至陈桥驿时，将士"强行"拥戴赵匡胤为帝，上演了一幕"逼良为娼"的好戏。

虽然五代十国是一个狼心狗肺、弱肉强食的年代，但如果说身受后周世代恩宠的赵匡胤对于自己趁后周恭皇帝柴宗训年幼孱弱遂行篡位这样大逆不道的行为没有丝毫不安的话，那显然还是有失公允的。

既然心虚，那赵匡胤就不得不找一些好的借口来愚弄百姓和美化自己。他找的借口很多，其中有一条就是找个根正苗红的出身——宣称春秋时晋国的贤相赵衰是自己的直系祖先。

出于维护北宋统治根基的需要，晋国赵氏的光辉事迹被从故纸堆里翻出来广为宣传。而赵氏孤儿这种证明赵氏一系是正义化身的故事，因为其惊险悬疑和感人至深的故事情节，更是受到了北宋皇室和老百姓的喜爱。政府甚至多次下令追封存赵孤有功的公孙杵臼和程婴等人。

赵氏孤儿的故事由此逐渐走向民间。

终北宋一朝，边患严重。在辽、西夏和金等少数民族政权的轮番侵蚀下，北宋的生存危机与日俱增，存赵孤的理念开始有了现实的政治意义。

公元 1127 年，金军攻破北宋都城开封，掠走徽、钦二帝，史称"靖康之耻"，北宋宣告灭亡。

宋徽宗第九子、宋钦宗之弟康王赵构率领一帮北宋的遗属仓皇南渡，辗转在临安①建立了偏居一隅的南宋小朝廷，延续了赵氏王朝微弱的血脉。

南宋建立之初，百废待兴，而金政权正值国势鼎盛。因此南宋在很长的时间内饱受凌辱，一直依靠割土输币来维持生命②，苟延残喘的宋人把存赵孤当作了一种全民族的政治理想和精神追求。

11 世纪末期，北方游牧民族蒙古兴起，随即向南方展开了潮水般汹涌的攻势。得益于金政权的居中缓冲，南宋有幸过了半个世纪的闲适日子。

然而好景不长。1134 年，金终于倒在蒙古骑兵的铁蹄之下，南宋顿时成为蒙古人下一个猎取的目标。在蒙古日复一日的强力冲击下，汉人的生存空间日渐紧缩，南宋政权风雨飘摇。

1276 年的二月，元军③攻占南宋都城临安，俘虏了五岁的宋法宗。

---

① 即今浙江省杭州市。临安有"临时安顿"之意。

② 1164 年的十二月，南宋再次兵败，被迫与金签订了耻辱的《隆兴和议》，把原本向金称臣改为向金称侄，并割让秦州与商州。

③ 1271 年，蒙古大汗忽必烈改国号为元。

不愿屈从于异族奴役的陆秀夫、文天祥和张世杰等宋臣拥着宋法宗的兄弟赵昰和赵昺向南逃亡，南宋政权濒临灭绝的边缘。

在元军不断的追击下，南宋流亡政权虽然做出了英勇卓绝的殊死抵抗，但最终还是被赶到广东沿海，再也无路可逃。

1279 年的三月，陷入绝境的陆秀夫背负着刚满八岁的宋怀宗赵昺在崖山蹈海而死，为南宋一百多年的惨淡经营画上了一个悲情的句号。

在这样的历史大背景下，被蒙古人夺走家园的汉人纷纷以程婴、公孙杵臼等人为典范，热情地颂扬那些舍生取义、反元复宋的忠勇之士和遗民故老。

如文天祥曾写诗称赞义不降元的忠臣家铉翁云："程婴存赵真公志，奈有忠良壮此行。"

元朝建立后，实行残酷的民族歧视和民族压迫政策，南宋遗民被划分为社会最底层的等级，民族尊严被践踏得支离破碎①。

元世祖至元年间，江南总摄杨琏真迦盗掘钱塘、绍兴两地的宋皇陵，窃取陵中珍宝，毁弃帝王尸骨于草莽之间。

绍兴人唐珏等义愤填膺，不顾生命危险暗中收拾诸帝遗骨，葬于兰亭，一时传为美谈。

罗有开在《唐义士传》中评论道："吾谓赵氏昔者家已破，程婴、公孙杵臼强育其真孤；今者国已亡，唐君玉潜匿藏其真骨。两雄力当，无能优劣。"

还是在元世祖至元年间，一位名叫纪君祥（一作纪天祥）的文学家，创作了一部名为"冤报冤赵氏孤儿"②的杂剧。

纪君祥版本较之司马迁版本做了较大修改，矛盾更加激烈，情节更加丰富，主题更加鲜明，一举奠定了日后赵氏孤儿故事的基本框架，并使得赵氏孤儿成为元初千家万户耳熟能详的故事。

兹简述纪氏版本如下。

晋灵公时，大将屠岸贾谋害忠良赵盾，先是派刺客钮麂行刺赵盾未遂，接着

---

① 传说中，南人女子新婚的初夜，必须奉献给当地的蒙古官员。
② 又名"赵氏孤儿大报仇"，简称"赵氏孤儿"。

使神獒攻击赵盾，又被殿前太尉提弥明和义士灵辄联手救下。

赵盾死后，屠岸贾逼死晋灵公驸马赵朔，矫诏把赵氏家族三百余口满门抄斩，并将怀孕的晋灵公公主囚禁。

公主分娩后，委托以前当过草泽医生的门客程婴将赵氏孤儿偷运出去，然后自缢身亡。

程婴将孤儿藏在药箱里，正准备带出门，却被奉命监守的下将军韩厥查获。

韩厥深明大义，擅自放走程婴，然后拔剑自刎。

屠岸贾得知孤儿走脱，一怒之下命令将全国的男婴搜罗起来一并处死。

程婴见势不妙，只好抱着孤儿投奔正直的退休宰辅公孙杵臼。

公孙杵臼与程婴一番商议，决定先将程婴新生的独子程勃抱到公孙府上冒充孤儿，然后由程婴出面首告公孙杵臼私藏孤儿，等屠岸贾处死假孤儿后，再由程婴用程勃的名义把真孤儿抚育成人。

屠岸贾得报后，立即率兵扑至公孙府，对公孙杵臼用刑逼问孤儿下落。公孙杵臼誓死不从。

随后，兵士从土洞中找到"孤儿"，屠岸贾亲自动手将其杀死。公孙杵臼悲愤难当，触阶身亡。

屠岸贾志得意满之际，收程婴为门客，并因自己无子嗣之故认"程勃"为义子，取名屠成。

二十年后，屠成长成，文武双全，甚得屠岸贾的喜爱。此时，屠岸贾已心生反意，准备弑杀晋灵公。

二十年间，程婴为了有朝一日能把赵氏灭门的冤屈清清楚楚地告诉孤儿，苦心孤诣地绘制了一幅连环画，内容从鉏麑行刺赵盾开始，到公孙杵臼触阶而死为止，全景式地描述了当年的惨案。

一天，程婴终于抓住机会，以画卷为依据，将真相告诉了孤儿。

孤儿立志复仇，并在晋悼公（至于晋悼公如何继位的，纪君祥没有交代）的支持（包含有惩处逆贼的因素）和上卿魏绛的协助下，将屠岸贾拘捕并处以凌迟之刑。

屠岸贾伏法后，晋悼公御赐孤儿复名为赵武且承袭祖上名爵，赏程婴田庄，并追封了为赵氏死难的提弥明、韩厥和公孙杵臼等人。

纪版《赵氏孤儿》是元杂剧中最优秀的历史剧，且与《窦娥冤》《长生殿》《桃花扇》并称为中国古典四大悲剧。

纪君祥高度赞扬这种前赴后继、不屈不挠地同邪恶势力斗争到底的抗争精神，与元朝残暴统治激发的复宋情绪息息相关。

他借主人公高唱"你若存的赵氏孤儿，当名标青史、万古流芳"以及"把铁钳拔出他斓斑舌，把锥子生跳他贼眼珠，把尖刀细剐他浑身肉，把钢锤敲残他骨髓，把钢铡切掉他头颅"等饱含激情的曲词，表达了对抗元英雄的无比敬仰和对元朝统治阶级的无比痛恨。

当然，从更宏大的角度去看，也可以理解为作者意图讴歌在风雨如晦的黑暗年代里为正义而献身的牺牲精神，并表达了坚信正义必将战胜邪恶的理想信念。

纪版《赵氏孤儿》的艺术价值极高。王国维评价它说"即列于世界大悲剧之中，亦无愧也"，洵为切中肯綮之论。

1731年，法国传教士马约瑟在广州把该剧翻译成法文剧本，取名为"中国悲剧赵氏孤儿"，并以传入欧洲的第一部中国戏剧的名义在欧洲公开刊发，引起了欧洲文艺界的极大震动。

法国启蒙思想家、文学家、哲学家伏尔泰于1754年前后对马约瑟的剧本进行了改编，以"中国孤儿"为名在巴黎上演，盛况空前。

之后，英国作家墨菲又依据伏尔泰及马约瑟的剧本，重新改编了《中国孤儿》，在伦敦演出，亦获得了极大的成功。

纪版赵氏孤儿问世后，中国又陆续出现了很多同一题材的作品，例如，南戏《赵氏孤儿记》及其后的明代传奇《八义记》、清代地方戏的《八义图》和蔡元放撰辑的《东周列国志》(部分章节)等。

其中，《东周列国志》修订了纪版《赵氏孤儿》明显违背历史常识的几处细节。

中华人民共和国成立后，很多地方代表剧种、小说和话剧都曾改编或演出过不同版本的《赵氏孤儿》。

2010年，陈凯歌先生执导的电影《赵氏孤儿》举行公映，该片较纪版《赵氏孤儿》做了不少艺术加工。

在我看来，陈版《赵氏孤儿》主要存在一大败笔和一大亮点。

败笔是为程勃之死增加了许多偶然的成因，冲淡了程婴主动用独子之死换取孤儿之生的悲怆感。

亮点是创造了"赵武拔剑刺向屠岸贾，并宣告自己就是赵氏孤儿，且最终手刃屠岸贾"这一情节，把"正义生生不息，邪恶终将灭亡"的主题推向了华丽的极致。

赵氏孤儿这个概念，已然远远超出了一段历史或者说一个故事所能涵盖的范畴，它象征着人性的坚忍和拼搏，它给予我们冲破黑暗去寻找光明的力量。

真实的谎言

赵氏孤儿是以一段真实历史为原型创作的文艺作品，而这段真实的历史，就是晋国的"下宫之难"。

下宫之难的情节远没有赵氏孤儿那般引人入胜，我们如果想要了解它，必须着眼于晋楚争霸的宏观背景。

公元前589年冬，作为对晋国伐齐的反击，楚共王携令尹王子婴齐以空前巨大的兵力征讨卫国，继而攻打鲁国的蜀地和阳桥。

晋国迫于楚国的军事压力，在鞍之战取胜后迅速班师。

当年十一月，楚共王召集鲁、蔡、许、秦、宋、陈、卫、郑、齐、曹、邾、薛、鄫等十三国于蜀地会盟，确立了楚国的霸主地位。

虽然这次盟会称不上完美（一者周王室没有出面肯定楚国的霸主地位，二者一些诸侯诚意不足，背着晋国偷偷摸摸与会的不少），但楚国以绝对优势兵力逼迫诸侯归附的做法还是给晋国造成了非常强烈的刺激。

《左传·成公二年》中明确记载："是行也，晋辟楚，畏其众也。"可见，当时晋国不是不想搅局，只是看到楚国兵力厚重，担心打不过而已。

我相信，就是这个缘由，直接促使晋国在不断加强国防建设、努力扭转争霸不利局势方面做出了一个重大的改革——次年十二月将三军六卿扩编为六军十二卿，使常备军事力量整整翻了一番。

时任十二卿人员如下：

中军将	郤 克	中军佐	智 首
上军将	中行庚（中行林父之子）	上军佐	范 燮
下军将	栾 书	下军佐	赵 同
新中军将	韩 厥	新中军佐	赵 括
新上军将	巩 朔	新下军佐	韩 穿
新下军将	程 骓	新下军佐	邯郸旃

这份名单有四处值得注意的地方。

一是原来的三军大夫①除赵婴齐，均获得了提拔。

提拔的原因是他们在鞌之战中立有勋劳。

至于为什么赵婴齐是个例外，无从得知，但联系他后来的命运看，颇耐人寻味。

二是以前曾经担任过上军将的赵朔不见了。

赵朔去了哪里，至今没有人确凿知道。综合相关史籍资料推测，他大概于公元前 589 年以前去世了。

三是荀氏家族的兴盛。

"荀氏"是一个笼统的称呼。荀氏之祖乃荀息。荀息生子荀逝敖。荀逝敖长子林父别为中行氏，次子骓别为程氏，幼子首别为智氏。此次军改，"荀氏"有三人入居卿位。

四是邯郸旃的异军突起。

邯郸旃的父亲赵穿有过弑君的不良记录，而且邯郸旃本人在邲之战中充当了一个失败的因素。这样一个人，咋就忽然进入了晋国的权力核心圈呢？

关于这个疑问，其实我有一句按语一直没来得及交代，邯郸旃在邲之战后屡建战功。这或许就是他以及他代表的邯郸氏后来飞黄腾达的重要基础。

晋国扩军固然是对楚国霸权的强力反弹，但即便晋国不扩军，楚国也从鞌之

---

① 晋国原六卿以下共配备了六名大夫，参见邲之战。

战中看到了晋国强大的实力，并借由蜀地会盟的细节感受到了自己的霸权并非无懈可击。

基于此，楚国没有盲目产生一种对晋国的优越感，并于公元前588年夏与晋国就邲之战中被俘人员的相互交换继续展开谈判。

这一次，双方终于达成了共识。

晋俘智罃回国的时候，楚共王特意召见他，并问了三个问题。

楚共王问：你怨恨我吗？

智罃答：打仗被俘是因为技不如人，况且您又没杀我，我恨个屁呀！

楚共王又问：你感激我吗？

智罃答：换俘是为了国家之间达成双赢，我谢个毛哇！

楚共王再问：那你回去了怎么回报我？

智罃觉得楚共王很烦：都说了既不恨也不谢，还报报报，报你个头哇！

楚共王不依不饶地再四追问，智罃只好硬邦邦地扔了句：<u>"若不获命，而使嗣宗职，次及于事，而帅偏师以修封疆，虽遇执事，其弗敢违。"</u>

意思就是说：倘若晋君不追究我战败的责任，让我继承宗族的地位（智罃是智氏的法定接班人），继而有一天能够驻守边关，那我一定会和你死磕到底。

楚共王很满意，客客气气地把智罃送了回去。

同年十一月，晋、鲁重新结盟。

十二月，齐顷公到绛城朝见晋景公。两位国君将要举行"授玉"之礼时，作为晋景公上摈①的郤克从中庭趋行至堂上，对齐顷公说："这一趟，国君是因为女人的嬉笑而受到了羞辱，我们的国君可担当不起！"

一片绯红从齐顷公脸上倏地蹿到了肚脐眼下。

等到晋景公正式宴请齐顷公时，齐顷公看到与会的韩厥，又回想起了去年在华不注山瞒天过海的场景，因此不知不觉盯着韩厥看了很久。

韩厥被盯得很不自在，就主动挑起话头："国君认识我韩厥吗？"

齐顷公一怔，一时间拿捏不准到底把自己的语气定位成一个成功者好（因为

---

① 代表君主接待贵宾的高级司仪，由主国政之卿充任。

鞌之战其本人骗过了韩厥）还是一个失败者好（因为鞌之战齐国整体战败），于是支支吾吾回了句："服装改了[①]。"

一贯冷峻的韩厥，心里不觉也漾起一丝笑意。他举起酒爵登到齐顷公阶前，诚恳地说："下臣先前之所以冒犯君颜，就是为了今天两位国君能够把盏言欢哪！"

如此刚柔并济、有礼有节的精彩回答，我想纵然是赔着小心来的齐顷公，暗地里也应当拍案叫绝。

这次晋、齐两国的高端会晤，是晋国外交的重大胜利。

可以说，楚国之所以能够超越晋国入主中原，最为关键的原因就是采取了联齐制晋的策略。

在南北争霸的大格局上，晋、楚、齐三国互为掎角之势。对于晋国和楚国而言，谁争取到了齐国的支持，谁就能够占据领先优势。

更何况，齐国参加楚国主持的蜀地会盟才过去了仅仅一年，晋国就把楚国的墙角挖出一个巨洞，其速度之快、效率之高、幅度之大，让人不得不刮目相看。

而后来的历史发展也证明，自从把齐国拉回北方阵营，争霸中原的天平便开始慢慢地向晋国倾斜了。

公元前 587 年，晋国发生了两件大事。

一是中军将郤克逝世。

郤克的执政之路很匆忙，但他却抓紧时间，在任内搞定了两大难题。首先，他拉拢齐国，扭转了中原争霸格局；其次，他慧眼识珠，临死前为晋国执政大夫的职位确定了一位上佳的后任人选，这个人就是时任下军将栾书。

二是爆发了赵婴齐与赵庄姬私通的丑闻。

赵婴齐是赵朔的叔叔，赵庄姬兼具晋景公姐姐和赵朔遗孀的双重身份。这两个人擦出爱的火花，当真把晋国公室和赵氏大家族的脸都丢尽了。

赵婴齐与两个哥哥赵同、赵括历来就不是很和睦。记性好的人应该还有印象，

[①] 战时着军服，此时着朝服。

在邲之战中，赵同和赵括是激进的主战派，而赵婴齐则非常保守，显然亲兄弟三人并非铁板一块。

对于赵婴齐的丑行，赵同和赵括非常恼火，隔年就要把赵婴齐家法从事放逐到齐国去。

赵婴齐抗议无效，临行时警告赵同和赵括说："有我在，所以栾氏不敢作乱；倘若我走了，两位兄长恐遭不虞。人各有长，人各有短，即便我犯了过错，赦免我说不定也有好处哇！"

赵同和赵括不听，赵婴齐便就此消失在了史籍之中。

公室的桃色新闻和赵氏的内部决裂，是一个轰动性的噱头，但对于晋国的实力而言暂时看不到损害。

晋国开始频频出手，加大对中原四国——郑、宋、卫、鲁的军事攻击或外交渗透，一时间风生水起，搞得楚国手忙脚乱，疲于应付。

关于晋国逐渐夺回中原控制权，一个最典型的案例如下。

公元前 587 年的十一月，郑国因怨恨许国事己不恭，继去年攻打许国后，再次兴兵伐许，并侵占了许国的领土。

中原腹心的任何一点儿小动静都牵动着晋、楚双方敏感的神经，于是两强都派军事力量进行干涉。

晋国认为郑国无理，所以中军将栾书等人率军攻打郑国，并占取了郑国的土地。

随后，楚国司马王子侧率军援郑。

郑国和许国都在王子侧面前指责对方的不是。结果王子侧装模作样地说，你们干脆到楚共王那里分说好了，我扯不清你们的麻纱账。

王子侧的话名为推托，实际上是要诱导郑国和许国把外交优先方向定在楚国身上。

晋、楚两国的本轮较量，楚国取得领先，因为第二年夏天，许灵公和郑悼公真的把官司打到了楚共王案前。

许灵公先去，郑悼公接踵而至。诉讼的结果是楚共王判定郑国败诉，并把随同郑悼公访楚的皇戌和公子发（字子国）扣押了起来。

郑悼公愤愤不平，骂骂咧咧地回新郑后就马上派公子偃拜会绛城，商谈郑、晋两国合作事宜。

公元前586年的八月，郑悼公和赵同在晋国的垂棘签订盟约。因为郑国服晋，入冬后晋国又召集齐、鲁、宋、卫、郑、曹、邾、杞等国在虫牢大规模集会，建立了宽泛的诸侯同盟。

公元前585年春，郑悼公亲自朝见晋国，拜谢晋景公的媾和。同年四月，晋国计划迁都，晋景公依照韩厥的意见，迁都至新田①。

入秋后，楚国令尹王子婴齐起兵，意图惩罚郑国投靠晋国的行为。晋国中军将栾书随即率六军驰援郑国。

楚军不想和晋国交兵，就主动原路撤回。但晋国得势不饶人，直接一脚油门冲进了蔡国。

楚国见晋国都把手伸到自己的私处了，只好又从申、息二邑征调军队进驻蔡国的桑隧，意图阻止晋军继续南下。

就战场形势而言，晋国以六军十二卿的豪华主力阵容对抗楚国区区二邑之众，就算是晋军一人拉坨屎，也能把楚军悉数撑死了。

所以栾书以下的十一位卿中，倒有八位力主一战，其中又尤以赵同和赵括兄弟俩叫嚣得最凶。

但是智首、范燮和韩厥却认为不可交战，他们的理由有三点：

第一，晋国这次出战目的只是想毫无悬念地将楚军逐出郑国，并向楚国宣示自己捍卫郑国的坚定意志；至于进一步入侵楚国的传统势力范围，并没有包括在晋军战前制订的计划之内。

第二，晋国劳师远征，车舟劳顿，不比楚国可以就近补充人员和物资，必定难以持久。

第三，以晋国六军出征，就算战胜了申、息区区二邑之众，也没有什么光彩；而万一被申、息之众击败，那十二卿除了集体跳楼就无路可走了。

栾书是很有眼光的，马上就把军队撤了回去。

---

① 新田亦称新绛，因此，后人反过来又把绛城称为故绛。

公元前 584 年春，郑成公出使晋国①，拜谢晋国出兵相救的恩德。

同年秋，楚国王子婴齐再次出兵伐郑；而晋国的反应更加强劲，动员了数路诸侯一起援郑。

见晋国这样给面子，郑国忽然如有神助，竟然仅凭一己之力就把楚军击退，并将俘虏的楚国随军宫廷乐师钟仪作为战利品进献给了晋国。

晋国一看，弟兄们兴师动众地跑到郑国来也不容易，总不能啥事也不做就空手而回吧，来来来，咱重温一下虫牢之盟，OK？

于是，晋、齐、宋、卫、曹、莒、邾、杞等国又在卫国的马陵再度盟誓，巩固了晋国在北方诸侯心目中的领袖地位。

絮絮叨叨讲了这么一大段，无非就是想说明，以郑国为主线，晋、楚双方展开了经年累月的拉锯战，但晋国基本上都是稳稳当当居于有利的势态，显然已经夺回了中原事务的主导权。

可是，楚国的盛极而衰，咋就来得那么快来得那么直接？

夸张一点儿说，这都是一个女人惹的祸。

当年，楚国以夏徵舒弑君作乱为由征讨陈国，掠回了春秋奇女子夏姬。

夏姬很妖娆，司马王子侧想要收纳她。大夫屈巫说别，这女人克夫。王子侧只好作罢。

没想到，屈巫为人不厚道，阻止王子侧收纳夏姬后，竟然伺机带着夏姬私奔到了晋国。

王子侧很愤怒，联合与屈巫有私怨的王子婴齐，将屈巫家族全部屠灭。

屈巫立志复仇，就主动向晋景公要求出使吴国，以便在楚国背后开辟一块反楚根据地。

后来，屈巫带着三十辆战车去往吴国，建立晋吴友好关系，并教吴国学会了车战之法。

吴国地处长江下游，是典型的水乡泽国，向来只擅舟楫，不习车马；如今掌握了车战之法，军事实力和拓边思想都有了突飞猛进。

---

① 郑悼公去年六月死了，郑成公系其弟。

自那以后，吴国就在楚国东部不间断地展开了军事行动，时而攻打巢国，时而攻打徐国（巢、徐皆依附楚国），时而侵入楚境，搞得楚国焦头烂额。

就在公元前 584 年王子婴齐出兵伐郑被击退时，吴国又攻进了州来①。

王子婴齐连家都没回，就千里迢迢从郑国径直赶到州来去救火。而这，已经是他今年第七次为吴国的侵袭而疲于奔命了。

尽管楚国不抛弃不放弃，但吴国的军事行动还是取得了丰硕的成果。短短几年内，就把原来附属于楚国的东方蛮夷之地统统卷入囊中，成为楚国的心腹大患。

公元前 583 年，晋国中军将栾书率军攻打蔡国，顺势袭扰楚国和沈国，俘虏了楚将申骊和沈君，再次向天下表明了晋国超越楚国的成果和决心。

然而，就在晋国春风得意之际，一场突如其来的变故暴露出了晋国内部累积已久的矛盾。关于这场变故的经过，《左传·成公八年》是这么记载的。

赵庄姬因为情人赵婴齐遭到流放而怀恨在心，向晋景公诬告说赵同和赵括要造反，以栾书为代表的栾氏家族和以郤锜②为代表的郤氏家族为她出面做证。

晋景公认同了他们的观点，于六月将赵同和赵括的家族全部屠灭（史称"下宫之难"），把原属于赵氏的田地转赐给了祁奚。赵庄姬则带着儿子赵武住进了公宫。

变故发生后，韩厥对晋景公说："赵衰和赵盾都是国家的大功臣，但他们却没有后代来继承，这样会使晋国的好人寒心的。更何况，一个国家只要有连续三代贤明的君主，国祚就能延续几百年。难道这几百年中间就没有昏庸的君主出现吗？当然有，只不过他们都是倚仗着先贤创下的基业而免于亡国呀！"言下之意，不能因为赵同和赵括的"过错"就灭除整个赵氏家族。

晋景公觉得韩厥言之有理，当年就立赵武为赵氏的继承人，并归还了赵氏的田地。

窃以为，《左传》的记载是基本贴合历史原貌的，但中间仍然有语焉不详以及值得商榷的部分。

---

① 州来本为诸侯封国，后被楚国吞并，成为县邑，位于楚国和吴国的中间地带。

② 郤克之子，郤克死后，郤锜出任下军将。

在展开具体论述之前，首先必须重申一个历史细节。因为只有了解了它，后面的疑问才能够迎刃而解。

前面讲述赵盾于公元前606年在晋国设公族大夫时，本书曾经提到，赵盾为了报答庶母赵姬，主动把赵氏宗主的身份让给了赵括，自己则退为"旄东之族"，成为赵氏旁支。

就是这个细节，大家看好了。

赵姬作为晋文公的女儿，原本是赵衰嫡妻的不二人选，但她把位子让给赵盾的母亲。赵盾因此成了嫡子，赵衰死后就轮到他执掌赵氏。

可是赵盾后来又把宗主的身份转让给赵括，因此赵括成为新的赵氏之主，而赵盾自己成为旄东氏的始祖。

所以，虽然后来赵盾风光无限，但从法理上说，他并不是晋国最为煊赫的赵世家的掌门人[①]，因此包括赵朔和早期的赵武，也不属于赵氏。

回到《左传》的记载。

赵庄姬为情夫报仇，这个我能理解。为情所困的女人俯拾皆是，比赵庄姬还疯狂的我都见过，譬如大明湖畔的夏雨荷。

但我觉得，赵庄姬的目的不止于此，她应该还想借由扳倒赵括家族，为儿子夺回赵氏宗主的地位。因为，仅凭"赵氏"这两个字，就能给赵武带来不可估量的政治财富。

结果我们也看到了，晋景公立赵武为赵氏的继承人。原本是赵氏之主的赵括，则因为生前曾经食邑于屏地，所以被后世的史书以屏括相称。

赵庄姬为情夫报仇、为儿子谋利，那栾氏和郤氏又图个啥呢？答案很简单，但要说清楚却很难。

春秋时期是中国历史上社会大变革、大动乱的时代。在当时的政治舞台上主要活跃着三种势力，即以周王室为代表的中央政府、以各国诸侯为代表的地方政府、以各国卿大夫为代表的权贵世家。

---

① 本书之前一直没有严格区分赵盾与赵氏的关系，是因为赵盾事实上领导了赵氏的事务，而且赵氏宗主的名头不久后又回归了赵盾一系。

这三种势力之间的矛盾冲突和分化组合，构成了当时新旧贵族之间展开斗争的基本格局。这些斗争，在春秋时期各个阶段的表现不尽相同。

春秋初期主要表现为周王室同诸侯国之间的斗争，春秋中期主要表现为各诸侯国之间的斗争，春秋后期主要表现为卿大夫之间的斗争。

而在晋国，因为长期驱逐公族，以及设立了军卿制度，导致卿大夫与晋国公室、卿大夫与卿大夫的斗争尤为明显。

晋文公时期称霸中原，这既是晋国对其他诸侯国斗争的胜利，也是晋国对周王室权威的进一步削弱。

晋文公之后，随着卿族势力的发展，晋国内部各种势力之间的矛盾日益纷繁复杂，错综交织。晋景公时期的赵氏灭门案就是在这种历史背景下发生的。

赵氏灭门一案中，固然存在着晋国公室抑制卿大夫势力的意图，但栾氏集团与郤氏集团对赵氏集团的仇视，才是这场屠杀的更深层次背景。

至于栾氏、郤氏与赵氏的矛盾因何而起、又起于何时？我懒得查考，那是历史学家要做的事。

但赵婴齐被流放至齐国时所谓："我在，故栾氏不作，我亡，吾二昆其忧哉！"说明了至少在公元前 587 年时，栾氏、郤氏与赵氏的矛盾已经发展到了水火不容的地步。

而且直到公元前 550 年，根据《左传·襄公二十三年》记载，赵氏还"以原①、屏②之难怨栾氏"，可见双方积怨之深。

总之，"下宫之难"的定性，应该是晋国卿族之间互相倾轧的一次大规模冲突。赵庄姬的行为只是一个表象，更准确地说只是一个被人加以利用的导火线，真正对事态发展起到决定性作用的推手，还是栾氏和郤氏。

不管如何，下宫之难公然暴露了晋国内部的分裂，而且事实上也损伤了晋国的元气，滞缓了晋国继续南下的步伐。

除了下宫之难，晋国的外交决策也在公元前 583 年出现了重大失误，因为它

---

① 指赵同。赵同封邑于原地，古人惯以封邑或籍贯指代人称。

② 即赵括。赵括封邑于屏地。

要求鲁国把汶阳之地割让给齐国。

汶阳是鲁国东部边境地带的国土，历史上多次被齐国侵占，可以说，它既是鲁国的伤心之地，也是鲁国的敏感之地。

鞌之战前，汶阳被齐国再次侵占；鞌之战后，晋国逼迫齐国把汶阳还给了鲁国。

那么，晋国在短短五年之内，先把汶阳从齐国转给鲁国，接着又把汶阳从鲁国转给齐国，这是不是就是传说中的吃饱了饭没事做呢？

当然不是，晋国前前后后的所作所为其实都是为了拉拢齐国，只不过前者属于威逼，后者属于利诱。

晋国的战略思维虽然纵横捭阖，但它忽视了很重要的一点：晋国再强大，也得遵循必要的游戏规则；鲁国再弱小，也有自己的国家尊严。

当时，韩厥到曲阜通知鲁国交割汶阳，鲁国同意了。

韩厥回国时，鲁国正卿季孙行父私底下对他说："上国凭借公道合宜成为中原盟主，所以诸侯感恩戴德，不敢怀有二心。汶阳本是鲁国的疆土，也是上国亲自从齐国手中夺回的，可是现在上国又命令敝国将汶阳割让给齐国，那么还有什么比这更前后不一的呢？盟主应该以德服人，要是前后不一，就不能获得诸侯长久的拥戴。"

晋国的意志，鲁国自然不敢拂逆，即便有冲天的怨气也只能打落牙齿和血吞。

但我觉得，季孙行父这番谦卑的话，不只是一个弱者无力的呼吁，更像是一个精准的预言，或者说，一个恶毒的诅咒。因为很快，晋国就为自己的大国沙文主义付出了沉重的代价。

公元前 582 年，楚国终于展开了有力的反击。

楚国先是向郑国发射了一颗超级糖衣炮弹——给郑国送上了一笔非常厚重的财礼，以求改善双边关系。

楚国花重金贿赂郑国？可能吗？楚国历来都喜欢实行军事化管理，有事没事先打一顿再说哦！

大家没有看错。形势比人强，现在晋国处于上升阶段，精力旺盛，断断不会坐视楚国公然对郑国施暴。

楚国正是看到了这一点，而且以前也在这方面吃过亏，所以这次转换思路，采取了怀柔政策，企图腐蚀收买郑国。

郑国是春秋时代重商主义最为浓郁的国度，在楚国的巨额好处费面前，本能的逐利思想作怪，就扭扭捏捏地和楚国恢复了大使级外交。

秋季，郑成公出访晋国，想要继续深化两国的战略合作。不料晋国二话不说在铜鞮（晋地）逮捕了他。至于理由嘛，不准和楚国勾三搭四，连建立正常的外交关系也不行。

扣押了郑成公后，晋国仍意犹未尽，又派栾书领军攻打郑国。

郑国很紧张，赶紧遣使求和。谁知晋国很狂躁，把郑国的使者也杀了。

俗话说，两国交兵，不斩来使。这是个素质和涵养的问题。晋国在逼迫鲁国割让汶阳之余，又扣押郑国国君，斩杀郑国使者，天下为之哗然。

楚国趁舆论一致谴责晋国之际，便出兵攻打眼下正投靠晋国的陈国，以声援郑国的反晋斗争。

晋景公也隐约意识到了目前的处境不妙，就亲自视察各大军区和各大兵种，展示对将士们的殷切关怀，并鼓励全军做好打大战、打硬战的准备，全面加强现代化建设。

说来也巧，就在晋景公巡视到某座军用仓库时，他惊奇地发现了一个穿着南方人服饰的囚徒。仔细一打听，才想起这个人就是去年郑国进献的楚俘钟仪。

晋景公来了兴趣，于是和钟仪展开了一番互动。

晋景公问：你以前在楚国是什么的干活？

钟仪答：世代司职乐官。

晋景公又问：能奏乐否？

钟仪说能，接过琴来噼里啪啦弹了一曲楚乐。

晋景公再问：楚共王这人怎么样。

钟仪答：小人不知。

晋景公继续追问。

钟仪答：我只知道当他做太子时，不但跟随师保学习，还早晚向王子婴齐和王子侧请教，别的我就不清楚了。

晋景公回去后，同上军佐范燮谈起此事。

范燮由衷地赞叹钟仪是个君子，他为晋景公剖析道："说话时不忘列举先人的官职，这是不背弃根本；演奏家乡的乐曲，这是不忘记故旧；举出国君做太子的往事，这是没有私心；称二卿的名而不称字（王子婴齐和王子侧的字分别是子重和子反），这是尊崇君主。不背弃根本是仁，不忘记故旧是信，没有私心是忠，尊崇君主是敏。大到一个国家，小到一个人，处事时如果能够用仁来办理它，用信来保守它，用忠来成就它，用敏来推行它，那还有什么事办不成呢？放着这么一个仁信忠敏的人在，您何不把他礼送回国，通过他表达与楚国和好的意愿呢？"

范燮的话使晋景公陷入了沉思。

这几年晋国四面出击，虽然成绩有目共睹，但个中的劳损也着实不是区区之数。加上国中卿族火并内斗，国外因汶阳、郑国事件导致诸侯离心，晋国也渐渐产生了力不从心的感觉。此时此刻，假如能与楚国弭兵，休养生息一段时间，确实是个明智之举。

于是，晋景公依照范燮的建言，厚待钟仪，并请他把晋国的橄榄枝带回楚国。

在钟仪归国途中，楚国已经拿下陈国，并继续向莒国进兵，仅用十二天就攻占了莒国的都城。

楚国的进展如此顺利，除了兵力雄厚的原因，还得益于莒国全国性的豆腐渣城墙。而说起莒国的城墙，那真是应了一句话，叫自作孽不可活。

一年前，屈巫自晋国出使吴国，途经莒国时，和莒君在城外的河边聊天。

屈巫看着弱不禁风的破败城墙，情不自禁地感叹这墙也太烂了吧。

莒君不以为然地说，敝国所在偏僻，大概没有谁会觊觎我们的。

屈巫说，即便勇敢的人，晚上睡觉时也要关闭内外门户，更何况国家呢？之所以有些强国能够占据广大的土地，就是因为有些小国不注重自我防御哇！

莒君依旧置若罔闻，却没想到报应来得这么快。

同期，秦国和白狄也攻伐晋国，《左传·成公九年》为此下的注脚是"诸侯贰故也"。

诸侯对晋国不顾江湖道义的行为心生抵触，驯善百姓不再唯晋国马首是瞻，寻思另投良主；豪门富户和响马剪径则蠢蠢欲动，伺机挑战晋国的权威。

郑成公虽然被晋国羁押，但郑国似乎并不着急，竟然饶有兴致地去找许国清算陈年旧账，似乎完全把郑成公这码事给忘记了。

晋国很郁闷，原本认为是奇货可居的郑成公，竟突然变得跟臭狗屎一样无人问津了。它真想朝着郑国大吼一声：喂，你们家老大在晋国白吃白喝小半年了，你们到底还要不要管他的死活？

郑国抿嘴冷笑：要，当然要！不过我们就算从心窝里伸出手来想要，也不会告诉你。因为只要我们说要，你肯定就会坐地起价。我们才不会上这个当呢，你爱扣押多久就多久！

郑国是商人世家，斤斤计较的功夫天下不作第二人想。谁要和郑国比奸诈，说好听点儿，叫想入非非；说难听点儿，那叫自取其辱。

为了把晋国恶心到底，郑公子班做主立郑成公的庶兄公子繻为君，欲使晋国彻底断了敲诈郑国的念想。

公子班这一招釜底抽薪的思路原本很华丽，但操作的细节不尽完美。因为，郑成公有个现成的世子髡顽摆在那儿，立公子繻是没有道理的。于是郑人杀了公子繻，改立髡顽为君。

晋国这边，正卿栾书一看郑成公眨眼变成了一文不值的太上老君，心里也有点儿着慌，寻思怎么着也得发挥点儿郑成公的余热吧，就召集诸侯攻打郑国，想送郑成公复位，并以此坚固郑国的附晋之心。

郑国玩虚的有几把刷子，硬碰硬恰是弱项。面对晋国的金戈铁马，郑国赶紧表示有话好说，别动手就行；接着与诸侯盟誓，送公子騑入晋为质，并接纳郑成公回国继续为君。

实力起起落落，形势扑朔迷离。晋国和楚国如此这般反反复复交缠在一起，谁也掐不死谁，谁也甭想过上一天安生的日子。渐渐地，双方都觉得彼此消停消停，或许也是个不错的选择。

面对晋国经由钟仪传达的美意，楚国予以了积极回应，同年冬就派公子辰出使晋国，"请修好结成"。

次年春，晋国又派"籴伐（人名）如楚，报大宰子商（子商即公子辰）之使也"。

前一天还你死我活，翻过日头就卿卿我我，虽然转变的速度未免太快，但考

141

虑到晋国和楚国都是久在道上混的人，大家就不要大惊小怪了。

公元前 581 年，五月，正在筹措与楚国议和的晋景公遇到了大麻烦。他病了，病因不明，据信是中了魇。

有一天晚上，他做了个噩梦。

在梦中，一只披头散发的厉鬼（古人谓无后之鬼为厉）作势欲扑，而且口中念念有词："你杀了我的子孙，这是不义，天帝已允许我前来索取你的性命。"

晋景公吓得仓皇逃窜。厉鬼穷追不舍，一路捣毁重重门户，从宫外直接追进了内室。

晋景公醒来后，召桑田之巫人问询。巫人说您怕是吃不到今年的新麦了。

晋景公如遭雷击，当即卧床不起。听说秦国有个叫缓的名医，就叫人赶紧去请。

缓还没请到，晋景公又梦见自己的病化成两个童子。其中一个说："我们不是缓的对手，该往哪逃呢？"另一个答："怕毛，我们躲到膏的上边和肓的下边，贱人又能奈我何？"

缓为晋景公仔细诊断后，表示病入膏肓，针石皆不可到达，他也无能为力了。

晋景公一声哀叹，脱口而出的却是："真乃神医也！"

可是，晋景公的病情似乎并没有严重到桑田巫和医缓所说的那种不可逆转的程度。转眼已是六月六日，新麦已经成熟，而他还没死。

这一天，晋景公莫名产生了吃新麦的强烈欲望，仿佛为了验证什么，他几乎是叫着喊着令下人速速搞点儿新麦给他吃。

刚烹煮好的新麦端了进来，晋景公却没有马上动箸，而是叫人把桑田巫召来。他想让这个只知道坑蒙撞骗的乌鸦嘴亲眼见证一下，他和今年新麦第一次亲密接触的温馨浪漫场景。

桑田巫被拖上来匆匆瞟了一眼，立马又被拖下去砍了。

晋景公精神百倍，豪气干云，正要张口进食，忽然觉得腹中鼓胀欲裂，于是赶紧叫太监背他如厕。

古代物质条件差，即便是晋景公这样的一国之君，使用的茅厕也与今日农村里一口大缸外加两块踏板的格局别无二致。

晋景公久病体虚，踩着两块踏板跟踩着两根钢丝一般，头晕目眩，云里雾里，不多时就一个跟头往粪缸里栽了下去。

侍候的太监赶紧组织搜救打捞。不过捞起来的，已经不是晋獳，而是晋景公了。

晋景公死后，其葬礼非常冷清萧条，天下诸侯只有鲁成公在场；而且就是这唯一的嘉宾，还是因别的事出访晋国而被晋国强行留下送晋景公最后一程的。

原来，当时晋国使者籴伐正在楚国商谈晋楚弭兵的事宜，还没谈出个结果。也就是说，晋楚争霸的局势尚未明朗。晋国担心鲁国倒向楚国，所以故意扣住鲁成公不放。

从当年秋一直拖到次年三月，鲁成公都快烦死了，只得提出与晋国结盟，以打消晋国的疑虑。晋国这才把他放了回去。

因为处理汶阳田地时出尔反尔，给自己造成这么长久而深重的负面影响，估计晋国把自己的十二指肠都悔断了。

面对这种毫无生气的局面，继任的晋厉公（名州蒲）显然一时也拿不出好的对策。

重新树立威望以收聚天下诸侯，最好的办法莫过于战胜宿敌楚国；而要战胜宿敌楚国以树立威望，最好的办法又莫过于收聚天下诸侯。

就算是一头猪也可以看得出，如果陷入上面这个逻辑陷阱里的话，晋国是没有明天可言的。

因此，不管是出于主观意愿还是出于客观需求，晋厉公都发现，自己上台后的当务之急就是要赶紧与楚国缔结和约。对于内外交困的晋国来说，觅个空当喘口气成了压倒一切的头等大事。

然而问题又来了，找到了方向，不等于找到了方法。

晋国和楚国你一榔头过来我一榔头过去，互殴了几十百把年，彼此之间积怨太深，严重缺乏政治互信。

虽然通过使者交流了几个回合，但都是蜻蜓点水，浅尝辄止。历史的惯性使得他们一时半会儿也找不到进一步提高和谈级别以及深化和谈内容的孔道。

双方就像一对第一次迎来春天的懵懂野猫，在焦躁而徒劳地相互摸索着、试探着。

就在晋楚两国血脉偾张、情不能自已之际，一位姓华的好心大叔适时出现了。他告诉他们，这个动作，应该是这样这样这样的。

好心大叔不是别人，正是宋国的右师华元。

华元于公元前594年入楚为质。公元前589年，宋文公病逝，宋共公继立。华元请求回去奔丧，才得以重返宋国。

羁縻在楚国期间，华元并没有闲着，他结识了令尹王子婴齐，双方引为至交。

楚国令尹是当时东周政坛上寥寥可数的几个炙手可热的大人物之一，多少人哭着喊着跪着求着不惜被潜规则也想和他攀上八竿子外的关系。

一个代表着屈辱的外国人质，却能够在短短六年的时间里，成为令尹家穿堂入室的座上宾。我想，那些还在跑步进京不懈追求的人们，应当先回去好好研究一下华元的成功之道。

有的人或许会不服气：楚国令尹确实很威武，很霸气，你华元有本事把晋国执政也拿下看看。

不好意思，我忘了说，晋国的现任执政大夫，就是叫栾书的那个伙计，也是华元的好朋友。

华元就是这样一个无所不能的人。那么接下来，他又将创造怎样的奇迹呢？

说是奇迹，还真不过分。

当听说晋楚两国欲拒还纳地互致秋波后，华元挺身而出，于公元前580年冬，先出访楚国，再出访晋国，一来二去，帮晋国和楚国初步达成了全面停战的共识。

次年五月，晋国上军佐范燮同楚国公子罢、许偃，在宋国的西门外结盟，并约法三章：晋楚休战，任意一方遭受攻击，则视为同盟双方皆遭受攻击，另一方须及时救援；完全开放南北集团间的道路交通；共同讨伐背叛晋国或楚国的诸侯。

随后，晋国的郤至（郤锜堂弟）到楚国签约，楚国的公子罢到晋国签约。同年十二月，晋厉公和楚共王的特别代表公子罢在晋国的赤棘重申盟约。

至此，延绵半个多世纪的晋楚争霸战，终于画上了一个中止符。

晋楚弭兵，是双方基于国内外政治生态环境深刻变化所做出的务实选择，它有利于双方在一定时间内消除彼此之间的军事猜忌，从而集中精力处理一些以前看起来是次要矛盾，但实际上却让人抓心挠肝的问题。

譬如晋国急着回家驱赶老是翻他家后院的秦国和白狄，譬如楚国迫不及待地想要一回马枪搠倒老是捅他后门的吴国，等等。

可是，既然双方都为协议弭兵烙上了如此鲜明的功利性，那我们是不是可以换句话说，其实弭兵对于双方来说，根本就只是一种权宜之计呢？

为了保持悬念，我这里暂且不公布答案，只简单说说不久前郤至去楚国签约的经历，然后请大家据此做出自己的判断。

郤至在王子侧的陪同下觐见楚共王，刚步入会场，里面全套的乐器就钟鼓齐鸣。

春秋是中国古典礼仪发源且最为昌盛的年代，奏乐也是一种礼仪的载体。

有朋自远方来，不亦说乎，更何况是具有历史意义的晋国客人来了，楚国把公务接待搞得奢侈隆重一点儿，倒也可以理解。

谁知郤至一看这架势，大吃一惊，当即扭头就走了出去。

王子侧很不痛快，却也不能当众数落贵宾，就催促郤至说，时间不早了，楚王还在里面迎候，快进去吧。

其实，郤至也不是故意给楚国难堪，要怪就怪楚国的司仪出了问题。为啥呢？

春秋时代的奏乐就和今日的鸣礼炮一样，讲究的是根据来宾身份确定相应的规格。以鸣礼炮为例，最高规格是二十一响，专为迎接国家元首和政府首脑而设；次之十九响，专为迎接省部级军政要员而设……

奏乐也有类似的规矩，像全套乐器一起鸣奏的做法，依据周礼的诠释，是专为迎接诸侯而设的。郤至只是个大夫，又如何消受得起？

说来说去，楚国作为一个长期脱离中原文明体系的国度，对于主流的外交礼仪知之甚少，因此才闹了笑话。

面对王子侧的催促，郤至耐着性了说，楚王搞这么客气，我心里很感激，可是，如果上天降福，使两国国君有朝一日能够相见，届时又用什么更加隆重的礼仪来代替眼下这个呢？

王子侧这才发现己方礼节的疏漏，或许是慌乱之余真情流露，他竟然张口来了句：如果上天降福，使两国国君相见，肯定会彼此送一支箭给对方，哪里还用得着奏乐？说完再次催促郤至快点儿进去。

郤至面色凝重地说，用一支箭来款待对方君主，这是天大的祸患，又有什么福音可言，您的话是动乱之道，当不得真，不过您是主人，我也不敢不从。

说完，郤至这才再次步入会场。

决战鄢陵

晋国在和楚国达成"宋西门之盟"后，所做的第一件大事，就是裁军。

十年前，晋国把三军六卿扩充为六军十二卿的关键考虑，是为了应对与楚国争霸中原的严峻形势。

十年后的公元前 578 年，这样的形势已经有了很大程度的改善，继续维持庞大的常备军力，只会给晋国的经济带来无谓的沉重负担，所以改革势在必行。

晋国本轮裁军的重点，就是把新中军、新上军和新下军裁撤合并为新军，时任四军八卿人员如下：

中军将	栾 书	中军佐	中行庚（中行林父之子）
上军将	范 燮	上军佐	郤 锜
下军将	韩 厥	下军佐	智 䓨
新军将	邯郸旃	新军佐	郤 至

这份新鲜出炉的名单，没有多大的看头。

前中军佐智首无疾而终，赵同和赵括去了异度空间，荀氏大家族的后人依旧坚挺，唯独只有郤至的上榜，为日后晋国政坛的结构性变化埋下了伏笔。

历朝历代的人事机构改革，都是几家欢喜几家愁，争先进位和后发赶超的利益集团，是政治舞台上的下一站天后；而机制冗浮和权责不协的利益集团，则注定难逃明日黄花的结局。

经过一番精兵简政后，晋国浑身清爽，随即把仇恨的目光投向了秦国。

秦晋交恶由来已久，近期最让晋国恼火的一件事发生在公元前 580 年。

当时，因为看到晋国和楚国的关系在华元的调停下有了明显缓和的迹象，秦国也恢复了和晋国的官方接触。两国决定在晋国的令狐举行国君会盟。

约定的会期将至，晋厉公先期抵达令狐，等候秦桓公大驾光临。

晋厉公作为东道主，先期抵达迎候客人是一种礼仪，也不见得就是低秦桓公一等。可谁知秦桓公这人，给点儿阳光就灿烂，给点儿洪水就泛滥，跑到黄河西岸他竟然就止步不前了。

晋厉公左等他不来，右等他还是不来。他到底来不来，也不主动给个情况说明。

晋厉公窝着一肚子火，心想，要不是看在与楚国的和谈没有最终敲定，晋国暂时不能陷入两线作战不利境地的分儿上，老子早就打道回府了，还会等你呀！

为了顾全大局，晋厉公派使者渡河过去打探消息，一问才知道，原来秦桓公临时改变主意，不想亲自参加盟会了。

使者简直不敢相信自己的耳朵，这国君之间的会盟，又不是礼拜五下午的集体学习，岂是你说不想来就不来的？

秦桓公说无妨，我派几个人过去和晋侯谈，你们晋侯同时也派几个人过来和我谈，不就搞定了？

使者吐血而归。

范燮当即就对晋厉公说，秦国根本没有和谈的诚意，这样的盟会纯属浪费表情。

果不其然，秦桓公草草签署盟约后，一回国就继续和狄人以及楚国眉来眼去，怂恿他们继续袭扰晋国。

公元前 578 年，晋国开始筹备伐秦事宜。

首先，晋厉公于三月入洛邑朝见周定王，请求周王室和中原诸侯出兵，跟随晋国一道征讨秦国。

由于秦国在令狐会盟时的拙劣表现以及会盟后的背信弃义，国际舆论普遍支持晋国，因此晋厉公的提议获得了通过。

四月，晋国派吕相（魏锜之子，封邑于吕地）出使秦国，宣布令狐之盟正式作废。

吕相这个人，在历史上没有留下别的太多印记，但出使秦国这一次，却如同夜幕中划过天际的流星一般，散发出了璀璨的光彩。

吕相给秦国递交了一篇后世称为"绝秦文"的外交文告，以洋洋洒洒近千字的篇幅，利用了语言的模糊性、开放性和遮蔽功能，再运用逻辑上的偷梁换柱手法，历数两国之间数十年的积怨，把秦国描绘成了一个禽兽不如、十恶不赦、罪该万死、死有余辜的流氓团伙，堪称千古奇文。

关于《绝秦文》的文学价值和史学价值，大家还可以在另一处地方得到印证，那就是春秋历史研究者皆奉为至尊宝典的《左传》。

《左传》行文最讲究言简意赅，能用三点一四一五个字写清楚的绝不会花三点一四二个字的笔墨。但就是这么一本惜字如金的权威资料，对吕相的文告却进行了全文收录，可见左丘明对于吕相的才华是推崇备至的。

说到这里，不得不佩服我们的先祖。

春秋时代，地球上的好多地方还蛮荒得跟个非洲野生动物园似的，而我们的先祖却已经在精研语言学和心理学了。一些优秀的辩论家，凭借过人的天赋，极致发挥言辞的技巧，可以不知不觉把黑的说成白的，把方的说成圆的，把错的说成对的，把死的说成活的，简直就是无所不能。

可是，要成为一个优秀的辩论家并不容易。

他们起码要伶牙俐齿，巧舌如簧，熟练掌握多国多地方言；要脑筋灵活，工于心计，善于归纳重点并偷换逻辑；要阅历广泛，经验丰富，博古通今上知天文下知地理；要面厚心黑，恬不知耻，主动出击时死缠烂打，被动防守时百般抵赖。

大家千万别小看这些花脚乌龟。很多聪明的古代政治家都深知，人生处处皆战场，贤臣猛将固然多多益善，三教九流也要常备无患，说不定哪天陷入困厄，还得指望鸡鸣狗盗之辈来搭救一把呢。

吕相的雄文，虽然不乏无中生有、栽赃陷害的成分，但还是明显起到了在国际社会上置秦国于不仁不义境地的良好作用，颇有些中原诸侯踊跃报名组团征讨秦国。

当年五月，晋国联军（晋、齐、宋、卫、郑、曹、邾、滕）在麻隧大败秦军，随后深入秦境，跨过泾水直达侯丽而还。

经由麻隧之战，晋国不仅使秦国在很长一段时间内无力也不敢觊觎河东，而且重新在中原诸侯心中树立起了威望，以此为发端，又渐渐迎来了一个国势发展的高潮。

关于这一时期晋国的变化，还有个很好的事例可以作为证明。

当时，曹宣公也参加了麻隧之战，不过中途死在了军中。曹军班师后，守国的公子负刍发动政变，杀了曹宣公的世子而自立为君（史称曹成公）。

刚和曹宣公在一个战壕里待过的诸侯激于义愤，联名请求晋国出面讨伐曹国。晋厉公说念在曹国参与伐秦有功，还是等到曹宣公入土为安后再说吧。

公元前576年，在晋厉公的号召下，中原诸侯纷纷奔赴卫国的戚地结盟，然后齐心协力把曹成公逮了起来。

从这个事例不难看出，中原诸侯在重大的外交事务上，集体遵循了晋国的意愿，即便用令行禁止来形容都不过分。

总之，在晋楚弭兵后的四年时间里，晋国的内政外交都是卓有成效的。

在国内事务上，对各大卿族的利益分配进行了优化组合，提升了行政效能；在国际事务上，一方面驱逐了后方的秦国和狄人，另一方面在巩固晋齐同盟的基础上，发展了与吴国的友好关系①。就整个南北实力格局而言，晋国已经不动声色地占据了优势。

与晋国的捷音频传截然相反，这段时间里的楚国一直在梦游，非但没有与吴国签署停火协议，反而让竞争对手晋国与吴国进一步拉近了距离。

装着一肚子憋屈的楚国四下里一打量，晋国的势力范围已经对自己构成弧形包围圈了，要是自己继续无所作为，估计最后难逃温水煮青蛙的悲惨结局。

楚国决心寻找突破口，同样采取一种渐进的方式，把楚晋之间的中原缓冲地带一点一点扒拉到南边来。

楚国的第一个目标是郑国。公元前575年春，楚国公子成带着汝阴的地契到郑国求和。不就是割地嘛，咱楚国没什么特别，就是地多，拿去拿去，要是嫌少

---

① 公元前576年冬，晋国上军将范燮，在齐、鲁、卫、宋、郑五国代表的陪同下，与吴国举行了正式会晤。

还可以再商量！

面对楚国的款款深情，郑国毫无悬念地接受了；随即与楚国签订盟约，并于四月，在楚国的授意下，出兵击败宋国。

楚国借郑国之手搅乱中原局势的用意，晋国心知肚明，自然不肯让楚国轻易得逞，于是派大夫郤犨（郤克堂弟）联络齐、卫两国，派栾黡（栾书之子）联络鲁国，共同出兵攻打郑国。

郑国立即向楚国求救，楚国也爽快地答应了郑国的请求。

就这样，在形势的一步步引导下，在各自利益的驱动下，晋国和楚国这对和好了没几天的老冤家，终于又一次抄起家伙，面对面地站在了宿命的对决场。

六月，晋军在没有和齐、鲁、卫三国军队会合的情况下，与楚郑联军在郑国的鄢陵遭遇。

双方的人员配置状况是这样的。

晋国方面：以晋厉公为统帅，四军将佐（较之三年前又有所变动）出征的为：中军将栾书，中军佐范燮，上军将郤锜，上军佐中行偃①，下军将韩厥（下军佐智罃留守国内），新军佐郤至（新军将郤犨当时还在出使齐国）。

楚国方面：以楚共王为统帅，悉起三军，司马王子侧将中军②，令尹王子婴齐将左军，右尹子革将右军，其余将佐还包括楚共王的车御彭名和车戎潘党，以及神射手养繇基（见到这个人的名字，我就感觉晋军那边要出事）；楚军的配属还有郑成公率领的郑军以及南方的蛮兵。

就在双方互相观望打探的当口，晋军高层就下一步的行动方案展开了一段耐人寻味的讨论。

一开始，范燮说不要同楚军交战。大家都很不理解。

郤至反驳道："秦、晋韩原之战，惠公未能整军而归；晋、狄箕之战，先轸殒命战场；晋、楚邲之战，荀伯（指中行林父）兵败溃逃。这些晋国的耻辱你都知道，为何现在又主张躲避楚军呢？难道还想继续增加耻辱吗？"

---

① 中行庚之子，中行庚于公元前 577 年去世。
② 司马主管军政，故得以超越令尹而将中军。

这样的诘问，血泪斑斑，气势如虹，换作是你，你怎么回答？

范燮是这样答的，他说："打仗的确要尽力而为，否则将会祸及子孙。可是，晋国最厉害的四个竞争对手中，秦、狄、齐都已顺服，只有楚国依然凶顽，我们为什么一定要把它也击倒呢？"

认同尽力而为于先，表示不必战胜楚国于后，与会的晋国精英们都被范燮诡异的逻辑搞晕了。

范燮进一步阐述道："只有圣人才能做到使内部和外部都不存在祸患。如果不是圣人，在外部安宁的环境下，内部就必定会产生祸患。所以，为什么我们不暂时放过楚国，使晋国长期保持对外警惕，从而避免内部发生争斗呢？"

高论，实在是高论！观点独到，鞭辟入里。

对于任何一个国家来说，倘若没有来自外部的压力，内部的张力就会占据上风，从而导致分崩离析的后果。"出则无敌国外患者，国恒亡"这句名言，讲的就是这个道理。

对于任何一个团体来说，倘若没有需要相互扶持才能共同度过的艰险，个人之间的性格矛盾与利益冲突就会浮出水面。"只可共患难，不可同安乐"这句名言，讲的也是这个道理。

范燮此人，才足以济世！

两军在鄢陵超视距对峙，寻觅最佳战机。晋国并不急于开战，因为它的盟军依然没有赶到。

转眼到了六月二十九日，已是月末。

这天拂晓，晨雾弥漫，晋国值班的前哨忽然感受到脚下大地有异样的震动。他警觉地极目远眺，透过茫茫白雾，只见一个巨大的军团正在慢慢迫近晋军大营并结成阵势。

是楚军！楚军要发起攻击了！

中军接报，火速召集众卿商讨对策。

栾书认为应该加固营垒，坚守不出，等楚军力竭而退时再随后掩杀，以收取全功。

郤至力主出战，他列举了楚军的六大破绽：一、王子婴齐与王子侧互相排斥；

二、楚王的亲兵老旧而不精良；三、郑军军容不整；四、蛮兵阵形松散；五、楚国用兵不避晦日①；六、楚军布阵后，阵中士卒喧哗不静，秩序混乱。

郤至认为，楚军有此六间，必败无疑。

晋厉公和众卿认为郤至言之有理，便传令出战。

两军摆好阵形准备交战。这时，我们发现了一个有趣的现象。

紧挨着楚共王而站的，不是令尹，也不是司马，而是一个晋国人，他叫伯州犁，就是那个直口大夫伯宗的儿子。

晋大夫的儿子，怎么会在楚国？难不成是伯宗年少轻狂时干下了风流事而留在异国的野种？

非也非也。

公元前575年，以郤犨入主新军将为标志，晋国政坛上形成了三郤（即郤锜、郤犨、郤至）并立的局面。

自公元前633年晋文公设立军卿制度以来，郤氏大家族先后出现过三位中军将（即郤縠、郤缺、郤克）和一位中军佐（郤臻），若论人才鼎盛、历久不衰，只怕比起另两个显赫的世家——赵氏和先氏来说还要有过之而无不及。

等到三郤成型时，郤氏大家族的财富与权势经过长期积累，已是枝繁叶茂，树大根深。四军之中，八卿有其三，而且郤至的弟弟郤毅还担任了晋厉公的车御（春秋时代国君的车御和车戎都是高级官职），真正达到了"其富半公室，其家半三军"的程度，成为晋国自赵氏以后，最大的军政势力集团。

对于这种趋势（当时三郤尚未正式成型），伯宗深深地感到忧虑，便屡次向晋厉公进言，说郤氏族大势盛，应该稍抑其权。

为了国家和公室的长治久安，敢于和权势滔天的三郤对着干，伯宗不愧是条光明磊落的硬汉子。

可问题是，伯宗不怕三郤打击报复，难道三郤就真的不去打击报复他了吗？那是不可能的。

很快，三郤反咬一口，在晋厉公面前诬陷伯宗，并杀害了他。伯州犁满腔怨

---

① 晦日是指旧历中的月末之日，古人认为此日不宜用兵。

愤，仓皇投奔楚国，被楚共王任命为太宰。

伯宗的冤死，为楚国造就了一位坚定的反晋战士伯州犁。伯州犁久居晋国，对于晋国的人情世故和用兵之道肯定知之甚详，因此楚共王这次出征，特意让伯州犁担任随军参谋，随时为自己解读晋军的一举一动。

反观晋军这边，紧挨着晋厉公站的人，也不是四军八卿，而是一个楚国人。

是谁？就是在鬭椒之乱后逃到晋国的苗贲皇。至于他为什么会在此时此地现身，当然是扮演与伯州犁类似的角色。

不过，苗贲皇显然比伯州犁发挥的作用更大。

因为伯州犁仅仅是帮楚共王解读了一下晋军战前例行动作的含义，譬如车辆左右奔驰表示晋军在召集军校，军校毕集中军表示晋军在召开战前紧急会议等。

而苗贲皇不但做到了这一点，还为晋厉公指明了一条击败楚军的有效途径，即先分兵两路击溃楚军实力较弱的左军和右军，然后再集中兵力合击楚军最为强悍的中军（需要指出一点，当时晋军阵前是一片泥淖地，甚难直接通过，客观上也必须经由两边侧翼出击）。

晋厉公以苗贲皇之言问卜于天，卦象大吉，遂驱动全军，依计展开了攻击。

双方从晨曦乍现一直激战到星辰满天，晋军占据了上风。《左传·成公十六年》中记录的几个战斗细节反映了战况的惨烈。

当时，楚共王被晋将魏锜射中了眼睛，伤势非常严重，又气又急，于是召来养繇基，给了他两支箭，让他为自己报这一箭之仇。

养繇基暗自冷笑，他江湖人称"养一箭"，素来都是一箭一命，例无虚发，射一个区区魏锜，要那么多箭干吗？

徒说无益，养繇基领命而去，一箭贯穿魏锜的脖子。魏锜血溅五步，养繇基则以余矢向楚共王复命。

后来，郑成公的车戎战死了，楚国的公子茷被俘虏了，楚军主力亦被晋军逼迫至一处险阻之地，形势十分危急。楚军将士俱各拼死作战，以求脱困。

楚将叔山冉"搏人以投，中车，折轼"（抓起一名晋军士兵掷向晋军，结果把一辆晋国战车的轼都砸断了）。养繇基则远程狙击敌人，箭矢所指，晋军尽殪。

晋军俱被二人的神威所慑，不敢继续向前，双方这才逐渐收止。

当夜，王子侧在楚军大营里视察伤员，安排左右修理武器和盔甲，摆列战车和马匹，调配车兵与步兵，准备来日再决高下。

俗话说，胜败乃兵家常事。楚军虽然在第一天的战斗中遇到了挫折，但主力部队并没有溃散。也就是说，只要楚军指挥得当，将士用命，第二天扭转战局也并非没有可能。

晋军大营也在一边休整队伍，一边研判未来局势的走向。看着灯火通明的楚军大营，晋军高层很紧张，毕竟楚军人多势众，仍然是一支不可小觑的力量。

这时，苗贲皇又献上一计：故意放松监管，让一些楚军的战俘逃回去。

放纵战俘，当然不是为了节省粮食，这是一种心理战术，其成效我们待会儿就会看到。

战俘不明就里，还以为是吉星高照，护佑他们死里逃生，于是连滚带爬地连夜奔回了大部队。

不知道大家有没有研究过战俘。

战俘作为战场上的失败者，丧失了军人的荣耀，内心是非常自卑的，最怕别人指指点点，说什么"与其被俘，怎么不舍生取义、战死疆场"之类的风言风语。

因此，战俘常用的一种自我保护办法就是：极力渲染敌方的强大，如果能够使战友相信，俘虏自己的敌人就是一群法力无边的天兵天将，那大概也就没有人会认为他们不该被俘虏了。

楚共王强忍着伤痛，听这些"侥幸"生还的战俘添油加醋地介绍完晋军如狼似虎的种种盛况后，也不禁胆战心惊，对于天明后的战事越发充满了未知的恐惧。当下不顾夜已深沉，再次召王子侧过来商议军机，看这该死的仗到底该怎么打。

不一会儿，传令兵回报，司马业已安寝，任谁叫都叫不醒。

这是什么情况？虽说早睡早起身体好，可军旅之中又逢国君见召，你怎么说也得起床不是？

原来，王子侧好酒，忙完军务后酒瘾发作，就在营帐里摆开了阵势。估计是心绪烦闷，几口猫尿下去，竟然酩酊大醉，一睡不起。

得知王子侧醉酒，楚共王的心里什么感受，我们都不是他肚子里的蛔虫，不可能完全领悟。但是以常理度之，我还是有把握猜个八九不离十的：楚共王认为楚军必败无疑了！

为什么这么说呢？

首先，白天战事本就不顺，再加上晚上逃回来的战俘一激，楚军的斗志变得很低迷。就楚共王本人而言，眼睛受创，浑身不爽，既不便于视事，胆气也已消沉。

其次，根据探马回报，齐军预计会在七月一日与晋军会合（这就是为什么楚军不避晦日，强行发起攻击的原因），而鲁军和卫军也将陆续抵达战场。届时，楚军面临的战场形势将进一步恶化。

最后，在如此不利的战场形势下，司马偏又醉酒延误战机。楚共王难免会产生一种苍天无眼、造化弄人的宿命感，以致相信失败的结局已经无从逃避。

带着这种凄怆的感觉，楚共王下令，连夜拔营而起，抛弃辎重，全速退兵。至于王子侧，谅必他一时半会儿也不会睡醒，搞张毛毡裹起来，先拖回去再说！

天明后，晋军发觉楚国联军逃遁，于是进驻楚军大营，连续吃了三天南方的优质大米。

看着将士胡吃海喝、一片欢腾的景象，范燮站在晋厉公的马车前，语重心长地说："天命不常，惟有德者居之。您切不可因为今天的胜利就目空一切，妄自尊大呀！"

楚军急急退至瑕地，确认没有追兵后，才终于放缓奔逃的脚步。这一切，多么像五十八年前发生在城濮的那一幕哇！

可是楚共王似乎认为不像。他给王子侧捎了个口信，说："成得臣兵败城濮，引咎自裁，那是因为当时国君没有亲征；如今，寡人与你一道出征，纵然兵败，责任也应该由寡人来承担，你就不必自责了。"

有趣！此话实在是有趣！

就在王子侧揣着楚共王这个看起来有点儿不知所云的口信发愣的当口，王子婴齐十分体贴地传话过来，仿佛是在阐明楚共王的言下之意，又仿佛是在开导王子侧。他说："成得臣丧师辱国，他的结果你也看到了，那你还等什么呢？"

王子侧喟然长叹："即便没有成得臣的故事，我也应当以死谢罪，又岂敢苟且偷生陷国君于不义呢？"言罢自刎。

王子侧的血正在扑哧扑哧往外冒，楚共王的使者又来了。

使者说自己是奉命前来阻止王子侧做傻事的，可鬼才知道，他的真实目的，是不是受命前来验尸的呢？

嘿嘿，真是越来越有趣了。

鄢陵之战是继城濮之战和邲之战后，晋楚两国的又一次也是最后一次巅峰对决。

我们可以把它视作晋楚争霸战的绝响。因为，虽然此后双方围绕中原而展开的争斗并没有结束，但是对比于城濮、邲和鄢陵三大战役的规模而言，那些都只能算是小打小闹了。

这么说来，以鄢陵之战取得辉煌胜利为标志，晋国应该再度夺回了争霸中原的主动权。

没错，当时确实是这样。

可是，作为历史的旁观者我们发现，鄢陵之战后晋国固然迎来了一次短暂的中兴，但楚国并没有就此中落。而且从长远着眼，晋国已缓慢而坚定地逐步进入了它生命的更年期，争霸中原的主题也明显向东南转移。

所以，在鄢陵之战过后的黄昏，我们不妨久久地徜徉于历史长河之畔并默默怀想。因为，那个曾经孕育了晋文公、楚庄王、赵盾、成得臣等熠熠群星的经典时代，一去不复返了。

三郤之戏

楔子

时间：公元前575年，七月一日，鄢陵之战的次日。

地点：鲁国曲阜的坏隤。

人物：鲁成公、穆姜（鲁成公生母）、季孙行父（鲁国正卿，季友之后）、孟孙蔑（鲁国卿士，庆父之后）、叔孙侨如（鲁国卿士，叔牙之后，穆姜的情夫）、公子偃（鲁成公庶弟）、公子鉏（鲁成公庶弟）。

事件：如下。

因为受到晋厉公的征召，鲁成公准备亲征郑国。

军队从坏隤出发时，穆姜挡在他的车前，以毫无商量余地的口吻，要求他驱逐季孙行父和孟孙蔑。

鲁成公心里不愿意，但是又不好直接顶撞母亲，只得环顾左右而言他，说现在晋老大催得急，没有闲工夫来处置季孙行父和孟孙蔑之事，还是等班师回朝后再议吧。

穆姜勃然大怒。恰好公子偃和公子鉏在旁边经过，穆姜就指着他们咆哮道："你要是不同意，他们两个人也能当国君的！"

不远处送行的人群里，叔孙侨如向穆姜投来了嘉许而暧昧的目光。

鲁成公闻言悚然，赔着笑脸应付了几句。

气咻咻的穆姜刚走，鲁成公就立刻宣布，军队还需整顿，延后几天再启程。随后，他将孟孙蔑召到身边，密密做了一番布置，核心内容就是提高都城及宫禁的安全戒备等级，务必保证在他亲征期间，国内不发生任何变故。

七月初，为了惩罚冥顽不灵继续投靠南方的郑国，晋、齐、鲁、卫诸位国君和宋国华元以及邾国代表在宋国的沙随会晤，商讨如何把伐郑工作进一步推向深入。

会议期间，一个自称是叔孙侨如亲信的鲁国人走进了晋国新军将郤犨的私人办公室。

他先是恭恭敬敬地奉上一份厚礼，然后十分体贴地给郤犨透露了一个秘密：鲁成公在坏隤拖延出兵的时间，是想坐山观虎斗，待晋楚决出胜负后再便宜行事。

郤犨现在担任公族大夫，在晋国专门负责管理东方诸侯的事务。望着眼前这一大堆晃眼的财物，他立马洞悉了使者的话外之音——叔孙侨如想求他帮忙扳倒鲁成公。

受人钱财替人消灾，这是颠扑不破的江湖规矩，更何况委托人还提供了一个如此冠冕堂皇的理由呢？

郤犨二话不说，当即向晋厉公报告了鲁成公的"险恶用心"。

于是，在接下来的议事日程里，晋厉公再也没有同鲁成公会面。鲁成公黯然回国。

不久，鲁成公为了落实沙随会议精神，准备再次出兵征讨郑国。

临行前，穆姜又挡住了鲁成公的去路，声色俱厉地要求他驱逐季孙行父和孟孙蔑。

鲁成公无奈，只好再次临时推迟兵期，留孟孙蔑守国，提高都城的安全戒备等级后，才与季孙行父领军出发。

战争期间，叔孙侨如的亲信又私下里找到了郤犨，对他说："鲁国有季氏和孟氏，正如同晋国有栾氏和范氏，朝政都被他们把控了。"

郤犨眼中闪过一丝寒光。在方今晋国朝堂，栾氏正是郤氏的政敌，范氏也与郤氏政见不合。叔孙侨如以栾氏和范氏来比于季氏和孟氏，意欲假郤犨之手除掉季孙行父和孟孙蔑的用意简直昭然若揭呀！

叔孙侨如的亲信接着爆料："季氏和孟氏说：'晋国政出多头，让他国无所适从，不如干脆投靠齐国或楚国得了。'晋国如果想要鲁国忠心不贰，最好是现在就扣留季孙行父并杀了他，我回去后再把孟孙蔑干掉，事情就圆满了。不然，季孙行父归国后必定背叛晋国。"

郤犨阴沉着脸点头应允。

九月，战事还未结束，晋国突然逮捕了季孙行父。鲁成公大惊，赶紧派堂兄弟子叔婴齐前去谈判。

郤犨对子叔婴齐说："如果扣留季孙行父且杀了孟孙蔑，我就设法让你担任鲁国的执政大夫，并对待你比对待鲁国公室还亲①。"

子叔婴齐据理力争："叔孙侨如的事（指叔孙侨如与穆姜通奸），你应该是知道的。季孙行父和孟孙蔑都是鲁国的社稷栋梁，如果他俩早上死了，晚上鲁国就会灭亡。叔孙侨如的话是在陷害忠良，倘若晋国与叔孙侨如合谋杀了季孙行父和孟孙蔑，那么鲁国有可能与晋国反目成仇。"

郤犨又以替子叔婴齐请求封邑为诱。

---

① 子叔婴齐的异父妹妹本已嫁人，后又被子叔婴齐做主嫁给了郤犨，故郤犨此时打亲情牌。

子叔婴齐不为所动，答道："我只不过是鲁国的一介小臣（自谦之词，其实是排名靠前的重卿），岂敢倚仗大国以求取丰厚的官禄？我奉命前来请求贵国释放季孙行父，如果能够得到贵国的允许，就心满意足了。"

范燮对栾书说："季孙行父在鲁国素有清廉忠直的官声，子叔婴齐奉君命而无私、谋国家而不贰，晋国不可相信奸邪而背弃忠良。"

栾书觉得子叔婴齐和范燮的话有道理，就赦免了季孙行父。

十月，鲁成公布达叔孙侨如之罪于万民，盟于诸大夫，且放逐叔孙侨如。叔孙侨如逃往齐国。

十二月，季孙行父和郤犨在扈地结盟后回国，随即以公子偃与穆姜之间有密谋的缘故，将公子偃暗杀；接着又把叔孙侨如的弟弟叔孙豹从齐国召回来（叔孙豹之前在齐国发展），以继承叔孙氏。

叔孙侨如离开鲁国后，并没有消停。

在齐国，他的女儿被齐灵公①收纳，受到宠爱，且生下了公子杵臼（即后来的齐景公）。叔孙侨如也随之从一个失意的政客一跃成为齐国的国丈。

按说，流亡之余能够获取这样的名分，叔孙侨如应该知足了。可是，叔孙侨如的要求很高，他表示要和齐灵公亲上加亲才行。

至于具体的方法嘛，他之前已经练习过很多回了，那就是和太后通奸。只不过，先前他是和鲁太后穆姜通奸，这一次，他是和齐太后声孟子通奸。

叔孙侨如真应该获取个"太后杀手"的千古美誉。

声孟子情不能自已，准备让叔孙侨如与齐国世卿高氏、国氏同列。

叔孙侨如心想，自己已经够疯狂的了，没料到声孟子这女人更加疯狂，一旦奸情暴露，暴跳如雷的齐灵公还不得拿他开刀哇！

行，咱就权当只是网友见面，天黑办事的时候如胶似漆，天明散伙的时候无牵无挂。打定主意，叔孙侨如卷起铺盖，又逃到了卫国。

（旁白：一场鲁国三桓之间的权力斗争，不经意牵扯出晋国卿族之间的政治危机。栾、范二氏与郤氏之间到底存在着什么不可调和的矛盾？这些矛盾因何

---

① 齐顷公之子，公元前581年即位。

而来？它们又将对晋国的政局产生什么样的影响呢？一切的一切，都必须从三郤说起。）

正文

公元前 575 年，晋国四军八卿最新一轮的人事调整，郤氏大家族赫然有三人当选，分别为上军将郤锜，新军将郤犨和新军佐郤至。其中郤锜和郤至是堂兄弟，郤犨是郤锜的堂叔叔、是郤至的亲叔叔。

郤氏此刻的繁盛，是家族长期经营的成果。

就本书所述而言，郤锜的直系先祖可以追溯到献公朝和惠公朝的重臣郤芮。

郤芮属于反晋文公派，最终被晋文公清除，其子郤缺亦受到牵连，流落于民间，以耕田为生。

后来，郤缺被胥臣举荐，步入晋国政坛。因其"刑赏二柄"的施政理念和成熟稳健的施政风格，受到赵盾的赏识，并得以逐步晋升为中军将。

作为一名典型的官二代，郤缺之子郤克，充分享受父亲权势带来的优渥条件，直接担任了晋国的上军佐。

在接下来的几年间，排在他前面的中行林父引咎辞职了，先縠作乱被杀了，范会顺势退休了，郤克妥妥地成为中军将。

郤克死后，其子郤锜当选下军佐，随后扶摇直上，至公元前 575 年时，成为三郤这一晋国史上最大军政势力集团的领军人物。

前文述及下宫之难时曾经提到过，春秋时期的政治舞台上主要活跃着三种势力，其代表分别为周王室、诸侯和卿大夫。这三种势力之间的争权夺利，构成了当时最为突出的社会矛盾。

晋国因其无公族的独特国情，所以卿大夫之间的争斗尤为明显。下宫之难就是在这种历史背景下发生的，栾、范二氏与郤氏之间的争斗亦属于这个范畴。

栾、范二氏与郤氏的结怨，经历了一个曲折变化的过程。鉴于史籍中的记载过于粗略，要想把它的来龙去脉完全讲清楚是不可能的，我就姑且从公元前 587 年说起吧。

那一年，郤克去世，下军将栾书连跳四级，一跃成为包揽军政大权的中军将。

栾书弯道超车的惊艳表现，固然与其本人的才干突出有关，但谁要是认为这个过程中没有郤克刻意安排的因素，那只能说明他对老祖宗留下来的选贤任能制度还缺乏深度了解。

栾书高升后，自下军佐赵同而下的七位卿没有一位得以替补下军将的职务，出任下军将的竟然是当时还名不见经传的郤克之子郤锜。

时任六军十二卿名单如下：

中军将	栾　书	中军佐	智　首
上军将	中行庚（中行林父之子）	上军佐	范　燮
下军将	郤　锜	下军佐	赵　同
新中军将	韩　厥	新中军佐	赵　括
新上军将	巩　朔	新下军佐	韩　穿
新下军将	程　雅	新下军佐	邯郸旃

也就是说，郤克关照了栾书，栾书反过头来又关照郤锜，栾氏与郤氏相互提携的意味甚是明显，双方的关系此时应该处在历史最好水平。

公元前 583 年，赵庄姬因情夫赵婴齐遭流放之故，在晋景公面前诬陷赵同和赵括谋反。栾氏与郤氏出面为她做证，联手整垮了赵氏家族，史称下宫之难。

可惜史籍中没有记载范氏对于下宫之难的态度，《左传》中仅仅提到韩厥劝谏晋景公立赵武为赵氏之后。联系韩厥平时的一贯作风来看，我们可以推断他当时是仗义执言，并无明显的偏袒。

赵同和赵括死后，下军佐和新中军佐的职位出现空缺，晋国面临新一轮的人事选拔工作。然而史籍中找不到选拔工作立即开展的痕迹，紧接着我们看到的是关于三郤的五则记载。

记载一。

公元前 580 年春，也就是晋景公逝世的次年、晋楚弭兵的前一年。

去年，鲁成公使晋时被晋国强行扣押，为了脱身，被迫同意与晋国再度结盟。作为落实鲁成公承诺的措施，今年，晋厉公就派郤犫赴鲁签订盟约。

诸侯国会盟本是件重要的事情，但《左传》却一笔带过，反而耗费笔墨记录了一个八卦事件，即本章楔子中曾提到的郤犫与子叔婴齐异父妹结亲之事。

起初，子叔婴齐的母亲与鲁宣公胞弟叔肸未婚同居，鲁宣夫人穆姜为此很看不起她，口口声声说自己不能把姘妇当成姒娌。

子叔婴齐出生后，其母就被遗弃，并改嫁给齐国的管于奚，且生了一对兄妹。后来，管于奚死了，这个女人再度失去了依靠，只好把一双儿女送到鲁国，请子叔婴齐看觑。

子叔婴齐当时已经居于高位，便让异父弟做了大夫，把异父妹嫁给了施孝叔。

再后来，郤犨赴鲁签订盟约，顺便向子叔婴齐求娶其妹。子叔婴齐大概是不敢违拗郤犨，便强行把异父妹从施家夺回来，又转手嫁给了郤犨。

就是这么件事。

春秋时代，外交官借出使他国之机求亲的事例很多，我们似乎不能责怪郤犨不务正业。但这种行为还是反映出郤犨的一个不怎么好的特点，那就是性格张扬，行事高调。

他摆明了就是仗着目前晋国对鲁国压迫性的外交形势，才敢于求娶已经嫁作人妇的子叔婴齐之妹。滥用职权、强人所难的嫌疑是甩脱不了的。

记载二。

公元前 580 年秋，郤至与周简王^①为了鄇地的田土展开争执。

鄇地属晋国的温邑（此时为郤至的封邑）管辖，所以官司就打到了晋国的朝堂。

郤至说温邑好多年以前就是我的封邑了，我怎么可以失去鄇地？

周简王的代表刘康公说，温邑多年前就是你的封邑有什么了不起？在你之前，它是阳处父的封邑；在阳处父之前，它是狐溱的封邑；再往前推到尽头，它是周王室的土地。

刘康公的这个逻辑天下无敌了，普天之下莫非王土，连诸侯各国都是周王室分封出去的，你郤至凭什么跟周天子争夺土地？

作为仲裁者的晋厉公息事宁人，"使郤至勿敢争"。

在这起纷争中，郤至占理的可能性比较大。不过从原则上说，既然周天子已经开了金口，作为臣子，郤至寸步不让的态度总归难逃悖逆犯上的嫌疑对不对？

_____

再说了，晋国争霸中原时对外宣传的口号依旧是尊王攘夷，虽然大家都知道这里面包含了许多做作的成分，但郤至也没必要撕开掰烂让人家看笑话吧？

所以，我认为郤至骨子里是一个逞强的人。

记载三。

公元前580年冬，秦晋准备在晋国的令狐媾和。

然而秦桓公心意不诚，走到黄河西岸的王城就不肯继续向前了，并出了个馊主意，派特使东渡去和晋厉公会盟，又让晋国派特使西渡来和自己会盟。

秦晋媾和是晋国调整地缘政治环境的重大举措，晋厉公当然相当重视，而担负起晋国特使这一使命的人，就是郤犨。

可见，晋厉公对郤犨的外交能力是十分肯定的。

记载四。

公元前579年，晋楚弭兵，郤至代表晋国赴楚国签订和约，而且有礼有节地应对了楚国在礼仪方面的重大失误，表现相当出彩，展示了其卓越的危机处置能力。

记载五。

公元前578年春，为了筹备攻打背信弃义的秦国，晋国派郤锜出使鲁国，请求鲁国出兵相助。

结果郤锜以大国卿士自居，处理事情时对东道主不恭敬。鲁国人明里装作没事，暗里还是有很多非议。

孟孙蔑就认为，礼仪是身体的躯干，恭敬是身体的基础，郤锜身为嗣卿，怀揣国君的使命出使鲁国，行事却如此不恭，这不是置国家的安危于不顾吗？郤氏恐怕离灭亡不远了吧！

如果说上述五则记载中能够归纳出一个共同之处，那就是三郤确实很有才干，但同时也很张扬。这个特点我们稍后还会有更加充分的体会。

大家不妨想想，一个人倘若又厉害又打眼，就难免会招致他人的嫉恨。

如果这个人像赵盾那样，拥有了对局势的绝对掌控权，那他庶几可以继续招摇过市；如果这个人处在一种势均力敌的竞争态势之中，那他必然会招致别人的明枪暗箭，被放倒只是迟早的事。

关键是，一个人的命运尚且如此，像三郤这样的军政集团，其本身蕴含的政治能量如此大，上面却压着个正卿栾书，所以一旦遭受政治打击，那肯定就是一招见血，不死不休了。

公元前578年，晋国改革军卿制度，设四军八卿。栾书仍居旧职。因原中军佐智首也死了，故中行庚、范燮、郤锜和韩厥的排位自动前移。智茔承父荫直升下军佐。

至此，八卿已定其六。原十二卿中还有巩朔、韩穿、程滑、邯郸旃四人尚未任职，而卿位却只剩下两个，到底哪两个人会脱颖而出呢？

答案是邯郸旃晋升新军将，而新军佐的职务被大夫郤至摘取。

就当时而言，郤至的跨越式发展应该是其能力的真实反映，当然其间也少不了栾书和郤锜的刻意擢拔。所以，栾氏与郤氏此时还是和睦的。

只不过，这种和睦注定难以持久，我相信栾书很快就会对郤氏产生猜忌。因为，郤氏越来越表现出擅权的作风，严重威胁到了栾氏在晋国政坛的权威。

公元前577年春，卫定公①出访晋国，晋厉公强行要求他和孙林父会晤。

孙林父是前卫国执政大夫孙良夫的儿子，为卫定公所恶，所以于七年前逃亡到了晋国。

对于一个自己憎恶的叛臣，卫定公当然连多看一眼的兴趣都没有，于是顶着晋国的压力拒绝接见孙林父。

可晋国不依不饶。同年夏，卫定公前脚刚归国，郤犨后脚就奉命把孙林父送来见他。

卫定公还想咬着牙齿继续顶一顶。夫人定姜劝他说，别犯傻了，你要是这次还不见孙林父，小心晋国一怒之下灭了卫国；即便再讨厌孙林父，你就不能忍一忍吗？

卫定公悚然，只好接见孙林父并恢复了他的官职和采邑。

随后，卫定公设享礼招待郤犨，可郤犨却表现出傲慢的样子。作为相礼的卫大夫宁殖事后就感叹道：傲慢是取祸之道，苦成叔（郤犨封邑于苦成）恐怕要被

---

① 卫国第二十四任国君，公元前588年即位。

灭亡了吧！

公元前 576 年秋，郤犨还未入选八卿，三郤亦未正式成型，但他们已经开始在晋国政坛专横起来。

大夫伯宗因屡屡口出直言，触动了三郤的政治利益，先是被三郤诬陷，随后又被三郤杀死。伯宗的党人栾弗忌受到牵连，亦未能幸免于难。

伯宗和栾弗忌在晋国俱有忠直的令名，他俩同时遇害，行走于灰色地带的人固然会弹冠相庆；但有识之士都义愤填膺，韩厥对此事下的考语就是："三郤骤绝善人，不亡何待？"

史籍中没有记载栾书对于此事的看法。但是有一点不难想象，那就是无论栾书打心底里待不待见伯宗和栾弗忌，他也绝不会待见三郤杀害伯、栾二人的做法。

因为，如果堂堂朝廷命官就这样被三郤想杀就杀了，那还要他这个执政大夫干吗呢？

换句话说，三郤有没有把他栾书放在眼里呢？

再换句话说，他栾书花费十年的时间，小心翼翼、辛辛苦苦从下军佐爬到中军将的高位，他图个啥呢？

当伯宗和栾弗忌的一缕冤魂升腾而起的时候，栾书开始意识到，三郤将是一个危险的对手。

公元前 675 年，鄢陵之战前，因原中军佐中行庚已死，晋国八卿再次做出调整。郤锜前移一位，任上军将，中行庚之子中行偃接任上军佐。

按说，这样一来，八卿也就齐全了，可偏偏新军的将佐也出现了异动。新军佐郤至仍居旧职，新军将却由邯郸旃变成了郤犨。

郤犨上榜的理由是什么，史籍纵然不说，我们也可以很轻易地猜想到。那就是三郤想要进一步加强自己的权势，对邯郸旃实施了排挤。

而邯郸旃作为赵氏的旁支，能够在下宫之难中存活下来，已属万幸；况且此时的赵氏宗主赵武尚未长成，赵氏在晋国仍处于微末之势。邯郸旃无依无靠，遭人算计也就成了情理之中的事了。

为方便阅读，罗列四军八卿名单如下：

中军将　　栾　书　　　　中军佐　　士　燮

上军将	欲锜	上军佐	中行偃
下军将	韩厥	下军佐	智罃
新军将	郤犨	新军佐	郤至

在这场无声的较量中，三郤再次成为赢家，想必是开怀不已的。

可是有句话说得好，福兮祸所依。不知道三郤自己意识到没有，当踏着别人的脊背一步一步往上攀爬的时候，他们的人望却在一步一步往下沉降，周遭的环境也变得越来越严酷，越来越多的人正向他们投来或疑虑或鄙夷或敌视的目光。

鄢陵之战中，《左传·成公十六年》记载了两则郤至与他人冲突的事。

第一则前文已经述及。

一开始，范燮不想和楚军交战。郤至反驳说，晋国之前已经遭受了这么多的耻辱，你现在竟然说要退兵，是不是嫌耻辱还没受够? 范燮以国无外患，必有内忧作答。

单纯从双方的言语来看，孰是孰非不好分辨。但时间给了我们答案，它证明范燮的判断是对的。

当然，此处举出这个事例的用意不在于比较二人的能力高低，而在于说明，二人的观点尖锐对立。

第二则前文亦已述及。

说的是六月二十九日那天清晨，当楚军逼近晋军时，栾书并不愿立即交战。他以一个成熟政治家兼军事家的姿态指出: 晋军应该坚守不出，等到和齐、鲁、卫三国的援军会合后，再行攻击楚军。

可是郤至坚决反对，他举出楚军方面的五大破绽，主张果断出击。晋厉公采纳郤至的观点，果然击败了楚军。

对此，《左传·成公十七年》中补述了一句:"栾书怨郤至，以其不从己而败楚师也，欲废之。"

这句补语揭示了栾、郤二氏关系的转折。

相比于栾书的方案，郤至以更小的资源、更快的速度达成了既定目标，明显胜出栾书一筹。栾书当然会颜面扫地，继而恼羞成恨，意欲废了郤至的功名，让他永世不得翻身。

除了这两则记载，还有一件事也在三郤走向命运终点的过程中发挥了关键作用。至于具体是什么作用，我暂且卖个关子，现在只还原一下这件事发生时的情景。

还是在鄢陵之战中。晋楚战至酣处，双方的阵形均已散乱，以致郤至三次撞见了亲兵簇拥下的楚共王。

每次相遇，郤至必下车，脱去头盔，快步前行，以表示不敢对楚共王动武。

楚共王对于这个细节也很感动，就派工尹襄送一张弓给郤至，以示慰问。郤至恭恭敬敬地接受了楚共王的馈赠，并对工尹襄再三肃拜而去。

这件事以现代的眼光看来，是极端无厘头的。你说你们都已经抄家伙上了，怎么还会有闲暇有心情搞这种温情脉脉文质彬彬的礼仪表演嘛！

其实，以春秋时代的礼仪标准来看，郤至此举非但毫不癫狂，而且极其值得称道。因为，它契合了君臣有别、君吾君以及人之君的精神内涵。《晋语》就对此评论道："（郤至）勇以知礼。"

这件事反映了郤至人性的闪光点，而且在郤至的人生中，类似的桥段还有不少。譬如就在和楚共王分别后，郤至又撞上了敌方的郑成公。

郤至的车右茀翰胡很兴奋，说我们围追堵截把郑伯逮住吧！郤至却说伤害国君是要受到惩罚的，于是就没让手下追击郑成公。

例子还可以举出一个，不过因为涉及后续的情节，为了保持悬念，我就不提前公布了。

通过这些事例，我们可以看出，郤至在三郤中相对而言最为温文尔雅，如果把他作为单独的个体去考量，似乎也没有传说中的那么盛气凌人、锋芒毕露和充满攻击性。

然而，事态发展到如今这步田地，郤至已没有回头路了。因为他在晋国政坛的定位，首先不是一个独立的政治人物，而是三郤这个政治团伙中的一分子。

郤至既不可能背叛三郤的利益转而与栾书紧密合作，栾书也不可能在打压郤氏之余唯独对郤至法外开恩。

再透彻一点儿说，只要三郤继续存在，那么郤至就算是躺着也要中枪；更何况，他时不时地也会侧漏一点儿霸气，挑动着栾书那紧绷的神经。

鄢陵之战后，发生了本章楔子中所述的郤犨对鲁国内政上下其手那一幕。而我们也看到，正是在栾书和范燮的强力反对下，郤犨的阴谋没有得逞。

这件事是栾、郤二氏交恶公开化的标志。接下来，这对冤家又将如何推动彼此争斗的进一步发展呢？

就目前而言，首先可以肯定的是，栾、郤二氏相互间的仇恨值急遽飙升了。

其次，三郤的势力至少没有超越栾氏。

栾氏是晋国的传统世家，根基牢固。身为执政大夫，栾书也在朝堂上安插了许多亲信，譬如他自己的两个儿子，栾黡从事了外交工作，栾鍼担任了晋厉公的车戎。

而且，中军佐范燮的态度也很有力度，他是倾向于巩固栾书的权威以维护晋国政局稳定的。

如此看来，三郤有两条路可走。

一是就此偃旗息鼓，向栾书表达和平共处的意愿，并逐步淡出核心权力圈，与世无争地过些锦衣玉食的日子。

二是韬光养晦，收拾起自己的爪牙，暗中积蓄力量，然后予以栾书致命一击，最终登上权力巅峰。

然而可惜的是，三郤走上了第三条路。非但不收敛，反而更加张扬；非但继续和栾书争斗，而且还招惹了更多的对手。

公元前 575 年末，晋厉公派郤至赴洛邑进献鄢陵之战的俘获。郤至与周王庭卿士交谈时，再三夸耀自己在此战中的卓越功勋。

按照《周语》的记载，郤至说："晋国这次能战胜楚国，是出于我的谋划。楚国有五个失败的因素，栾书和范燮却不知道利用，反而躲躲闪闪，是我强使他们下达作战命令的。结果打胜了，这都是我的功劳哇！如果让我主持晋国政务的话，楚、越等国一定会称臣来朝。"

卿士邵桓公答道："你确实有才干，但晋国提拔官员不会不论位次，所以我认为晋国的政务恐怕还轮不到你来主持。"

郤至反驳道："讲究什么位次？荀伯（中行林父）是从下军佐升任执政的①，赵宣子（赵盾）没有军功也当了执政，如今栾伯（栾书）又从下军佐升为中军将。就这三个人而言，我的才能只有过之而无不及。我以新军佐升为正卿而主持政事，有什么不行的呢？我一定会想办法达到目的。"

卿士单襄公听到这番对话后，评论道："君子不自我吹嘘，并非是为了谦让，而是为了避免凌驾于别人之上。因为，人人都厌恶别人超越自己。所以，那些表现出自己凌驾于别人之上的人，反而会被排斥得更厉害。如今，郤至位列七人之下而想超过他们②，这是要凌驾于七人之上，必定会招致七人的怨恨。被小百姓所怨恨，尚且难以忍受，更何况被众卿所怨恨呢？郤至将来凭什么应付这种局面？据我看来，刀已经架在了他的脖子上，他不会长久了。"

高调，郤至这一次实在是太高调了。

自古树大招风，名高引谤，要想功成名就当干娘，先得夹紧屁股当媳妇。你说你郤至显个什么拽、摆个什么谱嘛！

就算你在鄢陵之战中厥功至伟，也用不着跑到洛邑去大肆宣传哪！就算你自我感觉良好，也用不着把栾书和范燮贬损得一文不值呀！就算你孜孜不倦地追求进步，也用不着表露得如此急不可耐呀！

比中行林父、赵盾和栾书都有过之而无不及，你好狂妄的口气！

另外，假如有人问我，眼前这个嚣张的郤至和鄢陵之战中那个知性的郤至是否人格分裂，我只能回答：男人，不止一面；品格，始终如一。

郤至的言论，迟早会传回晋国。栾书听了以后会有什么反应，我们大概可以猜中九分九。倒是范燮的反应，有点儿出乎人的意料，因为他选择了祈求上天让自己去死，并且成功地于公元前 574 年的六月把自己死掉了。

范燮求死，当然不是出于对三郤的害怕，而是出于对时局的忧愤。

早在鄢陵之战中，范燮就表达过国无外患必有内忧的观点，而这个观点的主要依据有三点。

---

① 疑《周语》记载有误，其他史籍均未提到中行林父曾担任下军佐。
② 在八卿之中，有七人职务高于郤至。

一是官民不睦。晋国的刑罚对百姓残酷泛滥，对官僚却姑息放纵，导致阶级矛盾严重。一旦战胜楚国，统治阶层居功自傲，必然会忽视对社会问题的研究和解决。

二是群臣不睦。栾氏与郤氏之间酝酿着深邃的政治仇恨，随时都有可能爆发。而楚国带来的巨大威胁，会在某种程度上逼迫栾、郤二氏进行合作，从而部分消弭他们的争斗。

三是君臣不睦。晋厉公既贪恋富贵，又想削弱现有卿族的权势，建立一个完全听命于己的亲信班子。如果战胜楚国，那晋厉公一定会夸耀自己的智慧和武功，疏忽教化而加重赋税；同时夺取诸卿的田地以赏赐给亲信，从而引发局势的剧烈动荡。

范燮庶几是个圣人，他的担忧很快就——变成了现实。

晋厉公从鄢陵得胜还朝后，准备着手施行他的削卿计划。

这个想法本身并无不是之处。晋国卿族的畸形发展，严重分割了国家的最高统治权力[①]，无论换作谁来当国君都受不了。

可是，晋厉公的具体方案却很值得商榷，因为他竟然想把现今的八卿一锅端掉，然后统统换成自己的亲信。我觉得，这种天马行空、大开大合的做法注定是要失败的。

晋国现今的这些军卿[②]都是世代卿族。时间长的，如栾氏和郤氏，那可是自晋文公设三军六卿时就成为军卿了；时间短的，如范氏和荀氏，那也有几十年至半个世纪的军卿资历。

对这些根深蒂固、盘根错节的权贵世家，怎么可能轻易地就连根拔除？

再说了，从政治斗争技巧的角度而言，最有效的方法应该是拉一派打一派，借力发力，各个击破。你晋厉公想一张嘴就通吃八卿，莫非你以为自己是个超人？

因此我可以断定，如果今天傍晚晋厉公一纸诏书说要革除八卿，那么不用等

---

① 《左传》载："晋政多门。"意即晋国政令出自各大卿族，不能统一。

② 自晋文公创设三军六卿后，晋国的卿士可分为两种。一种是不领军的卿士，可称为散卿；还有一种是担任各军将佐的卿士，不妨称为军卿。但是随着军政大权向六卿不断集中，散卿渐渐地消亡了，军卿成为晋国卿士的唯一类型。

到子夜，新绛城中的各大卿族就会摒弃成见，不约而同地举行武装起义，然后联手把晋厉公生生办挺。

可是，计划中晋厉公向诸卿全面开战的好戏并没有如期上演，而究其原因，是三郤充当了出头鸟。

应该说，三郤在晋国错综复杂的政治斗争中扮演了出头鸟这样一个角色，是由其一贯的强横作风决定的。

在晋国政坛，栾氏是三郤的死敌，范氏和韩氏也反感三郤。除此之外，其实还有很多人怨恨三郤，大家且听我细细道来。

第一个怨恨三郤的人叫胥童。他本人并没有受到过三郤的直接侵害，而他怨恨三郤的理由，是一笔陈年旧账。

胥童的祖父叫胥甲。记性好的人应该还有印象，公元前615年晋国与秦国在河曲交战时，胥甲和赵穿目无军纪，擅自行动，打乱了主帅赵盾的军事部署，致使处于不利局面的秦军全身而退。

七年后，赵盾将胥甲流放到卫国，以示惩处，并让胥甲之子也就是胥童之父胥克接任了下军佐的职务。

公元前601年，赵盾去世。新任执政大夫郤缺以胥克患"蛊疾"（即精神错乱）为由，将其罢黜，另立赵盾之子赵朔为下军佐。

郤缺此举是否公允，我不得而知；但我知道的是，郤缺正是在胥克的祖父——胥臣的举荐下，才得以解决农转非，并步入晋国政坛、从此扶摇直上的。

中国有句老话叫"落其实者思其树，饮其流者怀其源"。这句话不仅常被第三方用来劝喻受惠者知恩图报，有时候也可以用来描述施惠者对受惠者的一种心里期许，那就是：得了我的好处，你要记得有所回报。

郤缺报还是报了，只不过，他受的是德，报的却是怨。

作为一个自晋文公时代开始风生水起的名门望族，竟然以这样意想不到的方式骤然中落，那么，胥童对郤氏的怨恨也就在情理之中了。

第二个怨恨三郤的人叫夷阳五。他怨恨三郤的理由，是因为自己的土地被郤锜夺走。

而在春秋时代，官员是没有工资可领的，他们的全部收入几乎都来自依附于土地的各种产出。也就是说，土地被夺是一种核心利益的受损，和老婆被抢没有什么本质的区别。

第三个怨恨三郤的人叫长鱼矫。他怨恨三郤的理由，是因为受到了郤犨的侮辱。

长鱼矫和郤犨争夺土地，触怒了郤犨。

郤犨瞅准了长鱼矫官职低微，背景浅薄，就私自将长鱼矫及长鱼矫的父母妻子拘禁起来，并共同拴在一根车辕上。

古者父母为尊，妻子为内，尊不可犯，内不可欺。对他人的父母妻子实施无差别的刑罚，等于就是没把人家当人看。

第四个怨恨三郤的人叫晋州蒲，后人也叫他晋厉公。他怨恨三郤，似乎不需要指出什么特别的理由，因为他本来就想炒了八卿的鱿鱼，三郤想置身事外都不可能。

但是，晋厉公对三郤的恨尤为深重。因为，三郤利益勾连的现实以及其言行表现出的侵略性，使晋厉公不得不把他们列为头号威胁。

作为反制三郤的措施之一，晋厉公一直刻意结交与三郤有仇怨的人，譬如胥童、夷阳五和长鱼矫，都在与三郤结怨后，受到了晋厉公的宠信。

当然，即便汇聚了这么多的仇恨，仍然不能构成晋厉公首先拿三郤开刀的充分条件。

可是，这种晋厉公恨八卿且尤恨三郤的局面，让有心之人觅到了一个将三郤置于死地的绝好机会。

说来好笑，所谓有心之人，指的就是栾书。

栾书知道晋厉公恨自己，但也知道晋厉公更恨三郤。他就是想利用这种仇恨值的差别，把晋厉公的刀先推到三郤的后脑勺上去。

为了达成这个目标，栾书可谓动足了心思。他首先找到在鄢陵之战中被晋国俘虏的楚公子茷，许以释放其回国的厚利，让公子茷给晋厉公编一个故事。

故事是这样说的。鄢陵之战，楚军之所以会参战，其实是郤至召来的[1]。郤至

---

① 真相是，晋伐郑，而郑向楚求救，故楚与晋相逢于鄢陵。

见齐、鲁、卫三国援军没有和晋军会合①，且晋军八卿并未完全出动②，便派遣密使对楚共王说："如果楚国出兵与晋国交战，晋军实力不济，必败无疑，到时候我就趁机拥立孙周③来侍奉您。"

晋厉公听了这个故事，当然大吃一惊，于是找执政大夫栾书商议，想评估一下公子茷说的到底是人话还是鬼话。

栾书装出一副先知先觉的样子，像煞有介事地说："恐怕是真的吧！我早就听说了，郤至准备作乱，因此叫苦成叔（即郤犨）故意延缓东方诸侯出兵，自己却劝君王作战。一旦晋军战败，郤至就将迎立孙周为君。后来晋军幸而战胜，他又故意放楚王逃走④。"

晋厉公默然。栾书的这番剖析倒也合情合理，挺像那么回事；可是，栾氏与郤氏的争斗路人皆知，谁又能保证你栾书不是在借机中伤郤氏呢？

晋厉公认为，虽然栾氏陷害郤氏也是好事，但他作为一个雄心勃勃的君主，不能在没搞清楚事情真相的情况下被人家哄骗。

看着晋厉公将信将疑的神情，栾书又很体贴地出了一个主意："国君何不派郤至出使洛邑，然后暗中观察他是否和孙周接头呢？"

晋厉公觉得这个办法很有实践价值，事实总不会说假话，便依言派郤至出使洛邑。

辞过晋厉公，栾书派人快马加鞭地奔赴洛邑，对孙周说：郤至要来了，你一定得见他。

于是乎，在栾书的暗中运作下，孙周和郤至进行了会晤。

细作再将这一幕回报晋厉公。晋厉公咬牙切齿地想：也不枉老子暗地里要算计你，敢情你亦算计老子久矣！

至此，晋厉公已将他那把准备一招下去扫翻一整片的大刀死死对准了三郤。

---

① 真相是，我也不知道真相，只知道鄢陵之战的第二天，齐军抵达鄢陵，卫军甫出国境，而鲁军才刚刚出发，并且鲁军因为穆姜和叔孙侨如之事，又额外耽搁了几天。

② 下军佐智䓕留守国内，新军将郤犨辗转在卫、齐乞师。

③ 晋襄公曾孙，晋厉公之侄，居于洛邑。

④ 指鄢陵之战中，郤至三度遭遇楚共王，又三度纵之的往事。

他现在所欠缺的，只是一个适宜出招的时机。

对于做好了准备的人来说，时机总会频频光临。晋厉公并没有等待太长的时间，就在郤至结束对洛邑的访问后不久，机会来了。

公元前574年十二月，晋厉公组织了一次冬狩活动，参与的人包括嫔妃、太监和众大夫。

按照礼仪，这种场合应先由君主发箭射杀禽兽后，紧接着再由大夫射猎，妇人不得参与。可是，晋厉公有点儿乱来，他竟然带着嫔妃一起率先射猎，然后再让大夫一试身手。

当然，这个不是重点，不过重点接踵而来。当时郤至射死了一头野猪，正准备进献给正在和嫔妃喝酒的晋厉公，不料横里蹿出一个叫孟张的死太监，抢过死野猪就跑。

郤至勃然大怒。好你个缺德兽！光天化日，朗朗乾坤，竟敢在国君眼皮子底下公然抢劫卿大夫，你作死是吧？也罢也罢，老子今天既然已经开了荤，就不妨再多射一头。

于是张弓搭箭，疾射而出。矢没处，孟张应声而倒。野猪还是那头野猪，孟张却成了名副其实的死太监。

这起命案的是非曲直不太好评断。孟张以下犯上，侵犯他人的正当权益，实属咎由自取，但罪不至死。

罪不至死的原因不在于孟张争夺猎物这个举动本身的性质，而在于孟张生活在晋厉公的私人圈子里，算是个有背景的人。

打狗还需看主人，杀一个有背景的人，怎么也得先看看他的背景不是？又更何况，这个背景本来就在念念不忘地要置你于死地呢？

面对郤至的过激反应，晋厉公也想当场就予以热切的回应，但他终于忍住了，只是恨恨地说了句："郤至欺我！"

回宫后，晋厉公立刻召集胥童、夷阳五等人商议清理郤氏的事宜。

胥童以三郤"族大多怨。去大族不逼（意铲除大族，就能减少君主遭受的逼迫），敌多怨有庸（意讨多怨者易有功）"相告。晋厉公之意愈坚，决定用暴力手段解决三郤。

随后，无孔不入的三郤竟然得知了晋厉公的意图。

郤锜岂肯坐以待毙，当即就要召集兵马反攻晋厉公，不拼个鱼死网破誓不罢休。

然而，郤至却阻止了他。郤至认为"人所以立，信、知、勇也。信不叛君，知不害民，勇不作乱"，静观其变固然是等死，但发动祸乱戕害国君非但也是死路一条，而且会犯下永世洗脱不尽的罪愆，还是听凭晋厉公的处置吧（这件事也正是前文中保持悬念的那个例子）。

生死存亡的关键时刻，郤至再次书生意气用事，展现出与紧张时局所不相称的舒缓，看似极其迂腐，但这正是他性情中固守传统礼法那一面的自然流露。

此外，我认为，郤至在说出"听凭处置"这句话前，至少还考虑到了两点。

第一点，栾书和晋厉公在这一刻达成了灭掉三郤的共识。

栾书老早就想灭掉三郤了，但如果晋厉公不明显表露出灭掉三郤的决心，那么栾书并不敢仅凭一己之力就公然发难。毕竟三郤是一个庞大的势力集团，栾书也担心打虎不成反被虎伤。

而如果晋厉公决心灭掉三郤，那栾书的力量和晋厉公的力量就会自然而然会聚到一起，形成对三郤的压倒性优势。三郤根本不可能招架得住。

所以，三郤发动祸乱以抗衡晋厉公制裁的做法是没有用的。

第二点，如果说三郤理论上还残留一线生机，那把这一线生机抓在手中的唯一办法莫过于静观其变，用驯服的态度来表明自己对国君的忠诚。

毕竟，三郤并没有犯下不可饶恕的罪过；毕竟，栾书也是晋厉公的眼中钉、肉中刺。如果三郤能够稍微挽回一点儿自己在晋厉公心目中的形象分，那瞬间就可以把栾书抛到君臣争斗的风口浪尖，从而为自己赢取宝贵的喘息之机。

听了郤至的话后，一直背负着巨大心理压力的郤锜和郤犨集体尿了，果真采取了静观其变的应对措施（也怪不得他们，从古至今，弑君叛乱都是风险极高的活计）。

在三郤的想象中，后续情节的发展应该是在某天深夜或某天清晨，家中突然冲进来一大群精壮的男人，将郤氏上下绑得像个牲口似的拖走，至于最终是先审后杀，还是先杀后审，那就只能听天由命了。

三郤所不知道的是，这个凶残的故事，他们只猜中了开头。

十二月二十六日，胥童和夷阳五已经召集了八百名甲士，准备攻打三郤。长鱼矫却认为兴师动众甚为不妥。

为什么不妥，史籍没有说明，但结合晋国的政治环境来分析，这种考虑可谓非常独到。

当前晋国的政治环境，用一个字来形容是"乱"，用两个字来形容是"纠结"。君臣相斗，臣臣相斗，君臣联手与臣相斗，谁能过关斩将笑到最后，只怕当事人心中都没有十足的把握。

那么在如此混乱的局势下，作为率先出手的晋厉公一方，就不得不防备螳螂捕蝉，黄雀在后的危险。

假如新绛城中兵马一起，谁又能打包票那些处心积虑的卿族不会搅和进来呢？要是卿族们也出动兵力，街上那些乱糟糟的兵马，你说得清谁是谁家的？要是局势失控，祸乱蔓延扩散，谁知道会在什么范围什么程度收止，谁又肯站出来承认对后果负责？

因此，晋厉公最稳妥的办法应该是保持表面的波澜不惊，不给那些或明或暗的对手留下浑水摸鱼、趁乱取势的空间，用暗劲巧劲把三郤收拾掉，然后再神色泰然地回过头来面对众卿的惊愕和疑惧。

晋厉公表示认同长鱼矫的观点，随后计议一番，调整了行动方案。

于是，一直处于紧张观望状态的三郤忽然迎来了两个奇怪的人，一个就是长鱼矫，另一个叫清沸魋，也是晋厉公的嬖人。

当时，长鱼矫和清沸魋各自抄着长戈，衣襟却交缠在一起，扯都扯不开，好像是刚刚浑头没脑打了一架的样子。一问才知道，原来是前来争讼的。

三郤暗自松了口气，国君的亲信跑到自己这里来争讼，看来晋厉公的心中也不是坚冰一块呀！有戏！绝对有戏！

怀着对局势出现转机的满腔欣喜，三郤在一座榭台上召开了会审。

好戏就此上演，只不过不是三郤以为的那种。因为，审到中途时，长鱼矫暴起杀人，郤锜和郤犨猝不及防，当场被刺死于座位之上。

郤至寄托在晋厉公身上的最后一丝希望终于轰然崩塌，他惶急地对自己说：

"与其枉死，还不如逃走！"一边说，一边踉踉跄跄地奔下台，想要驾车夺路而逃。

可是，挣扎已是徒劳。长鱼矫健步如飞，追上前去，又一戈将他刺死。

春秋时代，有杀人陈尸的习俗。依据被杀之人罪孽的深浅，或陈尸于朝，或陈尸于市。三郤是晋厉公钦点的要犯，对于他们的定性，似乎已没有讨论的必要。

就这样，三郤血肉模糊的尸身在朝堂上一字排开。他们生前"其富半公室，其家半三军"，死后却只占了三尺之地，而且还要保持着一副死翘翘的惨状任全体朝臣观瞻，人世的炎凉与无常，于此刻体现得淋漓尽致。

就在群臣战栗不止的当口，胥童率领甲士闯了进来，并将栾书和中行偃双双逮捕。紧接着，长鱼矫挺身而出对晋厉公说："如果您不杀了这两个人，必然会祸及自身！"

胥童和长鱼矫这一连串流畅的组合动作看起来就像是和晋厉公预先演练好了的一样。但其实不然，晋厉公并未与他俩合谋。

所以，对于这一突发的场景，晋厉公并没有予以积极的配合，而是字斟句酌地说："一天之中有三位卿士陈尸于朝，我已不忍心再增加杀戮了。"

长鱼矫长叹道："即便君王眼下对别人不忍心，难道别人移时也会对君王不忍心吗？臣子逼迫君王，君王却不能加以惩处，祸至无日矣！"

胥童和长鱼矫的自选动作不难理解。一者他们要邀功，帮晋厉公扫除政敌以作为进身之阶。二者他们要自保。

三郤作为一个军政势力集团有其独立性，但作为晋厉公的政敌却与其他卿族有关联性。

胥童和长鱼矫在此案中涉足太深，以他俩在晋国政坛的根基，若想避免日后因此案遭到清算，最好的办法莫过于把栾氏等卿族一网打尽。如此一来，才不会存在栾氏等卿族异日反攻晋厉公得手，进而追究胥童和长鱼矫今日之责的可能性。

而晋厉公暂缓对栾书和中行偃的处置到底出于何种考虑，我们不得而知。或许他在大庭广众之下不想表现得太毒辣，又或许，他心中对于处置八卿有另一套完整的计划。

总之，晋厉公当庭释放了栾书和中行偃，并安慰他俩说："别紧张，寡人只是想讨伐郤氏而已。既然郤氏已经伏罪，那事情也就过去了，二位不必以被捕为辱，继续官居原职吧！"

栾书和中行偃叩首，拜谢晋厉公的不杀之恩，称："二臣虽死，敢忘君德？"

晋厉公示意他俩赶紧扛着脑袋回家，然后宣布任命胥童为卿。

朝堂上的腾腾杀气，在众人的满腹猜疑中渐渐消散，但是大家的心绪再也无法归于平静。

三郤死者已矣，活着的长鱼矫和栾氏等卿族却还要为今后的生活打算。

对于长鱼矫来说，赌本已经投下，但庄家晋厉公却不肯给他发一手好牌，继续赌下去的话，血本无归已属万幸，搞不好的话还会把身家性命都搭进去，那么尽早抽身就成了当务之急。

于是，长鱼矫果断逃离晋国，流亡到了狄人之地。

对于栾书和中行偃来说，晋厉公诛杀三郤的举动是个极其危险的信号，削卿的大幕既然已经开启，祸水迟早都会漫流到他们身上，何去何从，已经受不起任何一丁点儿的差池。

现在摆在栾书和中行偃面前的有三条路。

一是像三郤一样坐以待毙。可蝼蚁尚且贪生，二人当官当到现在这个级别，实在不甘心轻易就死。

二是像长鱼矫一样明哲保身。可二人身后都拖带着庞大的氏族，举家逃亡似乎不具备可操作性。

既不想死又不想逃，那就只剩下第三条路可走。

第三条路是什么？是你死我活！

晋厉公的面皮还是太嫩了点儿，对于政治斗争的艰险没有充分的认识，随机应变的经验与技巧还显得很生疏。

换作是一个老辣的国君，如果既要削卿，又要把自己装扮得很慈祥，那么面对长鱼矫逮捕栾书和中行偃这样的突发场景，他尽可以赦免栾、中行二人的死罪，但同时剥夺二人的职务，贬为田舍翁了事。

其时，栾、中行二人已引颈待戮，毫无反抗之力。只要晋厉公饶他们不死，他们就感恩戴德了，根本不会讨价还价，还去计较身外之物事。

如此，则晋国的政治危机进入和平解决通道，国君得了实惠又卖了乖，爽何如之？

然而这一切都只是假设。事实证明，让栾书和中行偃继续掌控朝政，成为晋厉公在这场削卿大战中最大的败笔。

朝堂风波过后不久，心情爽朗的晋厉公到翼城的外嬖匠丽氏家中游玩。

自古国君出行就是臣子举事的高发期，心怀不轨的栾书和中行偃自然不会坐失良机，于是调集兵马围攻匠丽氏，并逮捕了晋厉公。

先前晋厉公放栾、中行二人一条生路时，长鱼矫曾预言栾、中行二人会忍心报复晋厉公；如今，君臣攻守之势已异，栾、中行二人果真会痛下杀手吗？

假如谁当面问栾、中行二人这个问题，栾、中行二人一定会结结巴巴欲言又止。因为，如何处置晋厉公这个烫手山芋，实在是一个令人头痛的难题。

你说直接杀了吧，晋厉公有什么罪？他是像齐襄公一样暴虐残杀了，还是像晋灵公一样飞弓走狗了，又或是像陈灵公一样荒淫好色啦？

一条都不是。栾、中行二人活着的时候再手眼通天，总害怕死了之后被别人以擅杀国君之罪挫骨扬灰吧！

你说赶紧放了吧？啊呸，那之前捉他干吗，逮捕国君是儿戏吗？

又假设栾、中行二人之前真的是头脑发热，一时冲动冒犯了天威，现在恭恭敬敬放了晋厉公，想假装什么事也没发生过。但灰头土脸的晋厉公会同意吗？

更何况，即便没有发生过逮捕晋厉公这回事，废了包括栾、中行二人在内的所有卿族也是晋厉公的夙愿。那么一旦获释，晋厉公还有什么理由不变本加厉地惩治栾、中行二人呢？

事实上，栾、中行二人都是见惯了风浪的老麻雀，不可能被这个难题噎得一下子闭过气去。他们很快就开辟了一条不杀也不放的蹊径——把晋厉公关了起来。

是的，先关起来，然后召集众卿大夫，共同商议处置晋厉公的办法。

当然，商议只是一种客气的说法。在晋厉公暂时停止行使国君职能期间，栾书以执政大夫之尊，加上中行偃的鼎力支持，那就成了晋国的影子国君。

栾书召集众卿大夫的真意，其实就是发个号召，让大家一致指证晋厉公不君，把晋厉公打造成死有余辜的衰样；然后在集体的意志下处死晋厉公，以避免日后被天下悠悠之口揪出来单独进行批判。

不得不说，栾书扎扎实实吃透了民主政治的精髓。

可是，事情的发展远没有栾书想象的那么顺利。

他召唤范匄①前来翼城议事。范匄秉承稳健超然的家风，不想卷入腥风血雨，便辞谢了。

再召唤韩厥前来议事。韩厥硬邦邦地说："我是在赵氏家中长大的，当年孟姬（即赵庄姬）诬陷赵氏，我都顶住没有出兵助她。古人云'即便杀一头老牛，都没人敢作主张'，你们怎么敢杀国君？伺奉不了国君的是你们几位，跟我韩厥没有关系。"

栾书素知韩厥认理不认人，风格极其硬朗，因此倒也不敢拿韩厥怎么样。

于是，事态陷入僵局。栾、中行二人不敢释放晋厉公，但急切间又难以统一众卿大夫的意志处死晋厉公，只好走一步看一步，继续把晋厉公关押在翼城。

当然，栾、中行二人也没有枯坐在那里傻傻地观望，他俩不停砍削着晋厉公的羽翼，掏挖着晋厉公的执政根基，既打压了保皇派对国君被扣押这一事件的反弹，又使得晋厉公日后万一获释也无力与他俩算账。

闰十二月二十九日②，晋厉公的臂膀——卿士胥童死于栾、中行之手。

浓郁的血腥味弥漫在新绛的空气中。如果说之前还有人非议栾书和中行偃，或者说有人偷偷地想策划点儿什么非常之举；那么现在，他们都已识趣地表现出不问世事、安于现状的乖巧模样。

局势，又朝着有利于栾、中行二人的方向前进了一大步。

转眼到了公元前573年的一月，晋厉公被扣押已历三个月头。在这三个月里，经过反反复复的威逼利诱后，众卿大夫已不同程度地附议于栾、中行。栾、中行二人的胆气愈见粗豪起来。

五日，栾、中行二人自认为大局在握，于是派一个叫程滑的人杀死晋厉公，接着把晋厉公冷冷清清地葬在翼城的东门外，陪葬的车辆也仅用了一台。不明就

---

① 范燮之子。范燮和三郤相继死后，范匄很可能已晋升为八卿之一。

② 本书采用的纪年方法与《左传》一致，皆为周正。按周正来算，公元前574年闰十二月，三郤被杀和栾、中行被捕是在第一个十二月，此时为第二个十二月。

里的人见葬礼如此潦草，还以为封土之下埋的只是位大夫。

了结了晋厉公，栾书即刻派智罃和范鲂（范燮的胞弟）赴洛邑迎立孙周，同时派众大夫在晋国的清原迎驾。

这一年，孙周刚满十四岁①，但显示出了远超过其年龄的老成，明明已经离开洛邑到达清原，他却在众大夫的面前玩起了棉花。

孙周对众大夫说了四句话。

第一句："孤始愿不及此。"

晋国目前的局势并不是我所期望看到的。也就是说，我本意不想争这个国君之位，之前受栾书之命会晤郤至也并非想合谋陷害郤至。

第二句："虽及此，岂非天乎！"

局势发展到这个地步，难道不是天意吗？说的虽然是笼统的局势，但强调的却是他孙周返晋。意思就是说，你们是因为晋厉公死了而迎立我，并不是为了迎立我而杀死晋厉公。再透彻点儿说，你们迎立我是被逼无奈，并不是真心拥戴我。既然不是人意，当然就"岂非天乎"。

第三句："抑人之求君，使出命也，立而不从，将安用君？"

意思就是说，人们迎立国君，是为了让他发号施令。如果迎立了以后又不服从国君，那就最好不要迎立。

第四句："二三子用我今日，否亦今日，共而从君，神之所福也。"

意思就是说，恭敬而遵从国君，才能被神灵护佑。你们以后到底服不服从我，现在就说清楚。如果服从，我就跟你们回新绛；如果不服从，我就转身走人。

四句话或拐弯抹角，或单刀直入，既撇清了他和晋国政变的关系，又促迫众大夫效忠于他。只言片语间就给包括栾书在内的满朝文武套上了一个紧箍儿，也为他在晋国迅速站稳脚跟打下了良好的基础。

众大夫被孙周挤对到角落里，只好老老实实地说："群臣之愿也，敢不唯命是听。"

孙周还不放心，又让众大夫为今日之言盟誓后，方才进入新绛即位为君，史

_____

① 他其实有个哥哥，只可惜是个白痴，连豆子和麦子都分辨不清，不可能被当作嗣君的人选。

181

称晋悼公。

至此，这场围绕着三郤而展开的君臣大混战终于宣告终结。

回过头来审视这场动乱。就其本质而言是晋君和卿族之间以及卿族和卿族之间长久以来积累的政治矛盾的总爆发；就其表象而言堪称惨烈，一君四卿死于暴力，还有多位朝臣受此波及而或死或逃。

不过，有一个值得特别关注的现象是：这种巨大的内耗并没有把晋国拖入一蹶不振的泥潭。为什么会这样呢？

究其原因，主要有四点。

第一点，这场动乱恰好发生在鄢陵之战楚国惨败的时空背景下，因而楚国没有能力趁晋国内乱之际大举反攻中原。

在鄢陵之战结束到晋悼公即位的这段时期内，《左传》的笔墨基本上用来讲述了晋国的种种威武霸气。

例如，晋国多次组织诸侯攻打投靠楚国的郑、陈、蔡三国，安定曹成公，干涉鲁国内政，并于公元前574年的六月，召集尹武公、单襄公两位周王朝卿士以及鲁、齐、宋、卫、曹、邾六国诸侯在柯陵会盟。

而对于楚国，则仅仅提到了它三次援救郑国以及反击舒庸（因舒庸引导吴国攻打楚国）的事迹，被动防守的姿态天下有目共睹。

第二点，这场动乱持续的时间不长。

鄢陵之战前，栾氏与郤氏、晋厉公与卿族之间一直处于矛盾积累阶段，彼此没有公开冲突。鄢陵之战后，三郤和晋厉公的接连死亡也集中在短短的三个月之内。

动乱既没有演变成灭族式的大屠杀，也没有过分牵连到其他朝臣，更没有波及无辜。

第三点，这场动乱没有引起晋国朝野的强烈不满。

《左传·成公十七年》中明确指出"民不与郤氏"，就是说郤氏不得民心，死得并不冤枉。

至于晋厉公，因其一心想要推翻八卿，栾氏、中行氏固然憎恨他，韩氏、范氏也不会怜悯他。所以，虽然晋厉公死于非命，但不存在哪位卿族要出面为他讨个说法的可能。

第四点，这场动乱拥有一个神奇般的转折。

自晋悼公即位后，晋国的国势以难以想象的速度迅猛爬升，以至于人们几乎感受不到这场动乱带给晋国的不利影响。

那么，晋悼公这个十四岁的少年国君，到底给经历了狂风暴雨的晋国带来了怎样的变化呢？我只能说，他开启了晋国最后的辉煌。

悼公复霸

鄢陵之战勉强延续了晋国在中原的领先优势。但我们也看到，自文公以降，晋国的内政几经动荡，加之受到楚国的强力冲击，霸业日趋动摇。

在这个背景下，三郤之乱以及晋厉公被弑的接连发生，进一步加剧了晋国衰落的危机。站在晋悼公即位的公元前 573 年初向前展望，我们实在不知道晋国那沉重的脚步将会迈向何方。

当然，作为旁观者，我们亦不妨对时局的演变进行一番概括和预判。

分析晋楚争霸，除了照例要引入秦国和齐国的因素，我们还需要考量中原核心地带的郑国、宋国以及东南的吴国发挥的作用。

楚国为何会有鄢陵之败？抛开那些战场战术的影响不说，主要是受制于三个方面。

一是联秦联齐以制晋的策略没有收到预期的功效。

楚国原本寄望于联络秦、齐以夹击晋国。但秦国在麻隧之战中差点儿被晋国打残，无力继续牵制晋国；齐国也在鞌之战中被晋国一巴掌扇得没了脾气，只好收拾起与晋国分庭抗礼的野心，反过头来协助晋国对付楚国。

二是宋国的顽强抵抗遏制了楚国北进。

宋国在华元的主持下采取了坚定的亲晋政策，继而又在晋国的支持下死死地拖拽住了楚国控制中原核心地带的步伐。因此鲁、卫、曹等国得以在宋国的蔽翼下亲附晋国。

三是吴国极大地牵扯消耗了楚国的精力。

吴国兴起于中原的东南部，依靠侵蚀楚国东部的势力范围而发展壮大，使得楚国在晋、吴两个方向疲于奔命，无法集中精力与晋国周旋。

然而，楚国也并非没有和晋国正面抗衡的资本。中原西部和中南部的郑、陈、蔡等国皆依附于楚国，使得楚国控制了从郑、陈、蔡三国到淮河流域，再到长江下游萧国故地的广袤区域。

特别值得一提的是，累世依违于晋楚之间的郑国，因郑成公曾被晋国执于铜鞮，求和的使者又被晋国蛮横杀害，所以对晋国抱有刻骨的仇恨；与此同时，楚共王因救援郑国而与晋国决战于鄢陵，不但本人被射伤了眼睛，而且军队亦遭受了惨重的损失，郑国对此铭感于心。

在这两组事件的共同作用下，郑国近十余年来一直忠心耿耿地侍奉楚国。

也就是说，宋国和郑国这两处中原核心地带，各自归属于晋国阵营和楚国阵营。晋楚双方平分秋色，谁都有机会在下一步的行动中左右时局的发展。

在以楚国为范本分析晋国和楚国的地缘格局后，我们就能够较为清晰地勾画双方的竞争态势。

两大阵营的接触线大致就是一条西北—东南走向分割中原的地理线，以西以南是楚国的地盘，以东以北是晋国的地盘。

而在这根地理线上，分布着三个至关重要的接触点。

一是最西北端夹河而立的制邑和温邑。

制邑又名虎牢关，是郑国阻击晋国南下的北方门户；温邑周边是晋国在太行山南麓的战略突出部，向东可进入华北平原进而勾通卫、曹、宋、鲁、齐诸国，向南可直趋郑国腹地进而威胁楚国的方城。

二是中部的郑国和宋国。

晋国固守宋国则可以蔽翼卫、曹、鲁、齐诸国，并形成对陈、蔡两国及楚国息地的直接威胁。楚国固守郑国则可以与晋国分享黄河天堑，并随时攻掠晋国的东南疆域以及黄淮之间的卫、曹、宋诸国。

三是最东端的宋国彭城和逼阳国。

彭城是一个交通枢纽，楚国若得之则可北上邾、滕、郯、莒进而威胁齐、鲁，并阻断晋、吴的联络；晋国若得之则可与吴国连成一气，形成对楚国的弧形包围。

逼阳位于宋国东侧，眼下亲附楚国，不但可以与楚国形成夹击宋国之势，而且可以阻断彭城与邾、滕的联络。

既然晋楚双方经过长期角力形成了这么一条漫长而复杂的接触线，那么我们可以预见的是，双方在接下来的争斗过程中，必然会围绕上述三处关键接触点，频繁地相互交手，以期运用战略上的各种牵扯和压制，积累本方的优势，达到最终拖垮对方的目的。

基于这个认识，后鄢陵之战时代晋楚争霸的精彩程度依旧值得期待。

只不过，在展开详细的叙述前，我们有必要介绍一下晋悼公即位之初推行的一系列新政，看他在面对晋厉公遗留问题造成的不利局面时，如何迅速扭转国势，让晋国以一个崭新的姿态来迎接楚国的挑战。

史籍中关于这一时期悼公新政的记载主要集中在三个方面。

一是修明内政，惠及下人。

加大对鳏寡困患的救济，免除百姓对政府的积欠，降低赋税，节约器用，禁止邪恶，减轻刑罚，只在农闲时节驱用农人，不使个人的私欲与农时相冲突[①]。

二是重用勋臣之后，施仿前贤古法。

以魏锜、范会、魏颗、赵盾曾有功于国家，而立魏相（魏锜之子）、范鲂（范会之子）、魏颉（魏颗之子）、赵武（赵盾之孙）为卿；以荀家朴实宽厚、荀会好学聪明（荀家和荀会应为荀息的后人）、栾黡（栾书之子）果敢决断、韩无忌（韩厥之子）沉着镇定，立之为公族大夫，"使训卿之子弟共俭孝弟"；以士渥浊专心致志，博学多闻，立为太傅，使修范会礼教行政之法[②]；以右行辛擅长计算，明白物理，立为司空，使修士蒍水土粮赋之法[③]。

三是加强军队建设，优化军队配属。

以栾纠善于驾车来配合军政，让他任国君的车御，管辖校正（校正或为将领的车御），并负责培训全军所有的普通车御；以荀宾力气大而不暴虐，让他任国君

---

① 春耕冬狩各有章法，贪图玩乐的君主如果在春天组织狩猎就会耽误农时。

② 公元前593年，范会以中军将兼任太傅。

③ 公元前668年，士蒍任大司空。

的车戎，管辖司士（司士或为军卿的车戎），并负责培训全军所有的普通车戎；以程郑端庄不邪且敢于进谏，让他任乘马御，管辖六驺（六驺为主管驾车和卸车之官），并负责教导六驺通晓礼仪。

取消各军将佐的专属车御，以军尉兼代之[1]；严肃军纪，各军设立司马；强化情报，各军设立候奄。

以祁奚果断而不过度，让他任中军尉；以羊舌职聪明敏捷，让他辅佐祁奚；以魏绛勇敢而不乱纪，让他任中军司马；以张老智慧而不欺诈，让他任中军的候奄。以铎遏寇恭敬而诚实坚强，让他任上军尉；以籍偃忠于职守而恭顺有礼，让他任上军司马[2]。

晋悼公新政看起来似乎很抽象，但我们还是能很分明地感受到一股上下和谐的氛围。上任用贤良以优化顶层设计，下优待百姓以涵养经济基础，这种上下兼顾、全面推进的改革思路往往能收到平稳快速的效果。

《左传·成公十八年》亦对此给予了很高的评价，称："（晋国）凡六官之长，皆民誉也。举不失职，官不易方，爵不逾德，师不陵正，旅不逼师[3]，民无谤言，所以复霸也。"

当然，所谓"晋悼公新政"，其实是一个含义宽泛的概念，它囊括了晋悼公任期内的所有改革措施，而上面叙述的这些，仅限于晋悼公于公元前573年初的所作所为。

事实上，随着国内外形势的不断变化，晋悼公陆陆续续还施行了礼遇中原诸侯以及与狄戎媾和的政策，也在相当程度上改善了晋国的地缘环境，为晋国复霸提供了巨大的推动力。

下面，我们就以晋国为主视角，以晋楚争霸为核心，以秦、齐、吴、郑、宋诸国为延伸，遵循时间线索来展示晋国的复霸之路。

为了便于大家的理解，我们不妨把这一过程细分为逆势出击，巩固霸权和反

---

[1] 以前各军设有军尉以及将佐的专属车御共两个职务，今合并之，或为削弱军卿实权的一种措施。

[2] 晋国军吏的品秩从高到低依次为军尉、司马、司空、与尉和候奄。

[3] 旅师正之句，意为下不陵上。

制楚国三个阶段。

先看第一阶段，逆势出击，关键词为保宋服郑。

公元前 573 年的六月，楚国趁晋国迭遭动乱之际，以郑国为先导发动了对宋国的攻袭。

郑成公率军攻抵宋国曹门后，与楚共王率领的楚军会合；继而联军兵分两路，一路攻取了朝郏，另一路攻取了城郜和幽丘；最后又合兵攻打彭城，意图在沟通晋吴的必经之路上强力插下一个楔子。

拔下彭城后，楚共王不但把流亡楚国的鱼石、向为人、鳞朱、向带、鱼府等人安置于此[1]，并且还留下三百乘兵车助其防御，以便作长久之经营。

宋国深以为患，于七月派司马老佐和司徒华喜反攻彭城，然战事不利，老佐亦殒命战场。

十一月，楚国令尹王子婴齐率军攻打宋国以缓解彭城的压力。宋国力不能支，华元只得亲赴晋国求援。

此时栾书已卸任，韩厥继为正卿，主持晋国政务。韩厥认为宋国是支撑晋国霸业的基石，切不可丧失。于是晋悼公率军火速驰援宋国，并在彭城附近的靡角之谷将楚军逼退。

同年十二月，晋悼公召集宋平公[2]、卫献公[3]、邾定公、鲁大夫孟孙蔑[4]和齐大夫崔杼在宋国的虚杞会见，策划救援宋国。

宋国请求先收复彭城，故诸侯联军于次年一月围攻彭城。彭城乞降，鱼石等五大夫被晋国拘捕。

这一战果不仅意味着宋国的危难得到缓解，也大大改善了晋国阵营在中部和东部的战略形势。

此役中，齐国骑墙观望的旧病又复发了，想先试探一下晋国新君的能力，并没有如约出兵。所以晋国随后又出兵征讨齐国。齐灵公屁股一紧，连忙派儿子世

---

[1]　上述五人都是宋国大夫，因受华元排挤，于公元前 576 年逃亡楚国。详情后辟章节专述。

[2]　宋共公之子，公元前 575 年即位。

[3]　卫定公之子，公元前 576 年即位。

[4]　时鲁成公刚刚去世，故由卿士代往。

子光入晋为质。晋国这才告罢。

稳固了中原中东部的局势后，晋悼公把目光转向中原的中西部。

公元前 572 年的五月，晋国韩厥和中行偃率军伐郑，齐、鲁、曹、邾、杞五国亦陈兵于郑国的鄫地。

晋军攻入新郑的外城，且在新郑西门外的洧水之畔击败了郑国的步兵，然后与鄫地的诸侯联军合兵进击楚国的焦、夷两地和陈国，意欲寻觅楚军主力并一举重创之。

晋悼公为壮大声势，另率军一部与卫献公会师于卫国的戚地，以为联军后援。

楚国不敢与联军正面冲突，于是采取敌进我退的策略，把原本屯集于陈国附近的兵力撤回后方以避敌锋芒。

待联军收兵后，楚国再使出敌退我进的后招，从同年秋开始，协同郑国对宋国实施了轮番侵袭。

公元前 571 年夏，郑成公病危。曾有入晋为质经历的公子騑以楚国对郑需索过甚、郑国不堪重负为由，请求把当前的外交政策从服楚改为服晋。

郑成公念念不忘晋国对他的羞辱和楚共王对他的付出，非但自己不肯背楚投晋，还叮咛嘱托公子騑以后也不要背楚投晋，免得别人指责郑国没有信义。

吃里爬外、辗转承欢原本就是郑国在列强夹缝中生存的不二法门，郑成公死到临头竟然端出如此拳拳的节操，实在是叫人哭笑不得。

可是这一番政治遗言并没有被当作笑谈。

同年七月，郑成公去世，晋悼公很不地道地伐郑国之丧。

当时郑国的大夫畏惧不已，纷纷提议归顺晋国。但身为二号权臣的公子騑一力阻止，掷地有声地说："官命未改！" [①]

然而，这是一个靠实力说话的年代，强逞豪气就想保有自己的理想与信念是不可能的。

见郑国摆出一副誓死不从的架势，晋国也毫不含糊，当即召集鲁、宋、卫、曹、

① 官命即郑成公不得背楚投晋之命。春秋之制，旧君死，新君于次年改元。此时郑成公尚未下葬，新君郑僖公不得发布命令，故仍言"官命未改"。

郑在戚地会盟，共商伐郑大计。

会上，鲁国代表孟孙蔑出了个狠辣无比的主意，即在虎牢关筑城以逼迫郑国 [1]。

筑城于虎牢关，言下之意就是要在虎牢关派兵常驻。这无异于在郑国的头上插了一刀，而且这把刀还可以随时往下切剖，直到把郑国肢解为止。

晋国代表智罃说很好，接着口风一转继续对孟孙蔑说："去年鄬地会盟时，齐国代表崔杼发表了对晋国不满的言论；本次盟会，非但齐国没来，就连滕、薛、郑三国也因齐国之故没来。寡君对此深感忧虑。如果大夫您能转告齐国，就说晋国请求齐国共同在虎牢关筑城，那您就立下了功劳；如果齐国不愿听从晋国的请求，那晋国就必定会攻打齐国。筑城逼迫郑国归服是诸侯的福分，并非只维护了晋国的利益。"

智罃的话，反映了晋国联齐制楚的意愿与齐国以独立外交姿态示人的意愿之间的博弈。

齐国隔三岔五表露出桀骜不驯的态度，是其寻求国家强盛的探索与实践，原本无可厚非。

但晋国从自己的全局战略出发，绝不会容忍齐国独树一帜甚至朝晋暮楚。所以智罃也把话说得相当明了，齐国你最好识相点儿，要不然老子就棍棒伺候。

鲁国向来不愿看到齐国过于强大（因为齐国一强大就喜欢侵占鲁国的土地），又乐见诸侯在晋国的领导下齐心协力对抗楚国，因此孟孙蔑尽心尽责地把智罃的话转告给了齐国，其间做了某种艺术加工使得听起来语气更加凌厉也说不定。

齐国本来就是在打擦边球，搞模糊政策。如果晋国听之任之，齐国就得寸进尺；如果晋国严加管束，齐国倒也不敢明目张胆地和晋国唱反调。

于是乎，等到同年冬晋国再次在戚地召集诸侯会盟时，非但崔杼巴巴地赶来了，滕、薛、郑三国的大夫也一个不落地准点报到。晋国很满意，随即组织在虎牢关筑城。

郑国眼看着虎牢关的城墙一天一天往上蹿，那感觉呀，就跟眼看着黄泥巴一

① 根据《左传》的口气判断，虎牢关似乎在会前已被晋国攻克。

点一点往头顶堆一样，要多惶恐就有多惶恐。

你说派个拆迁队冲过去连人带屋一起推平吧，实在没那个战斗力；你说找关系请楚国出手相救吧，实在不凑巧，楚国现在内斗正酣，分身乏术。

楚国出了什么情况？原来，适逢右司马公子申想从令尹王子婴齐和王子壬夫①手中抢班夺权。

王子婴齐二十几年的令尹，连楚共王也要让他几分，区区一个右司马就想跟他叫板，肯定不是活腻了那么简单。

翻阅《左传》，我们找到了"（公子申）多受小国之贿"的注脚。该案牵涉之广、利益纠葛之繁复，由此可见一斑。

事件最后以公子申被杀告终，楚国政坛又恢复了秩序。只不过恰在这段时间内，晋国也筑城完毕。郑国随之斗志崩溃，面北而降。

鉴于北方外交陷于不利，王子婴齐于公元前 570 年春率精锐之师攻打东面的吴国，意图挽回整体的颓势。

一开始，楚军进展顺利，攻下鸠兹直抵衡山②。

随后，楚将邓廖奉王子婴齐之命率车兵三百、脚男三千继续深入，不料遭到吴军的拦腰攻击。邓廖阵亡，所部被击溃，仅有一成的兵力逃脱。王子婴齐亦就此收兵。

归国后，王子婴齐在太庙举行凯旋仪式，犒赏有功之将士。

实事求是地说，王子婴齐庆功的举动稍微高调了一点儿。因为鸠兹和衡山都是吴国边远的据地，楚国即便将国威伸张至此，对于吴国的核心利益也没有太大的损害；倒是邓廖阵亡颇为可惜，因为他是当时楚国公认的贤良之才。

综合评估楚国此轮军事行动的成果，至多功过相抵，甚至负面的影响还要占多数。所以，士民议论纷纷，指责王子婴齐此战得不偿失，竟然还好意思庆功。

仿佛为了佐证这些士民的观点，就在凯旋仪式举行的三天之后，吴军进行报复性的反击，攻占了楚国的驾地。

----

① 壬夫字子辛，楚庄王之弟，此刻官职不明，但曾在鄢陵之战中担任右军将，后又继任王子婴齐为令尹，想来也是位高权重。

② 非南岳衡山，约今安徽省马鞍山市当涂县东北之衡山。

驾地是楚国的重要城邑，其价值当然远非鸠兹和衡山可比。于是，士民对王子婴齐的指责更加激烈了。

王子婴齐纵横楚国政坛半辈子，素以德高望重的形象自况，不料有朝一日被人贴上不识大体、图慕虚荣的标签，其内心的痛苦是旁人难以想象的。没过多久，王子婴齐就郁郁而死。

与此同时，晋国这边因为郑国顺服和吴国日渐强大造成国际关系格局的改变，认为有必要对其领导下的中原秩序做出调整，就准备召集诸侯举行一次大规模的盟会。

对于这次盟会，晋国还有一个非常重要的意图，就是进一步促使齐国坚固其与北方联盟协同步伐的意识，于是特意预先派范匄出使齐国，邀请齐国与会。

范匄对齐灵公说："近年来各国之间的纷争不少，对意外的事情又没有戒备。寡君愿和诸位兄弟相见，以商讨解决彼此的不和睦，故特派匄来恭请国君光临。"

齐灵公原本打心眼里不想时时事事屈居晋国之下，但听到范匄说得如此客气有加，又不好公开表示不愿和诸侯彼此和睦，就扭扭捏捏接受了晋国的邀请。

六月，晋、鲁、单、宋、卫、郑、莒、邾八国诸侯及齐世子光在晋国的鸡泽举行盛大盟会。

值得一提的是，受邀而没有与会的国家有两个。

一是许国。许灵公坚持尊奉楚国，抵制鸡泽之盟，同年冬便遭到了晋国的攻打。

二是吴国。但吴王寿梦 [①] 事后派专人赴晋致达解释和歉意，同时请求归附晋国并与其他同盟国建立友好关系。晋国自然也就释怀了。

此外，还有一个未受邀而与会的不速之客，它就是陈国。

陈成公不堪楚国新任令尹王子壬夫求索无厌、频繁侵害小国，故主动派遣大夫袁侨赴鸡泽求成。

晋悼公向其他与会诸侯通报了这一情况，并于同年秋组织同盟国的大夫与袁

---

① 吴、越习俗，国君有号无谥，寿梦本名为"乘"，"寿梦"二字即是后人对吴王"乘"的称谓。

侨会盟。至此，陈国亦纳入晋国的势力范围。

鸡泽会盟是对晋悼公即位以来晋楚争霸局势的小结。在此之前，晋国固守宋国，迫降郑国，拉拢齐国和吴国，而且无意之中获取了陈国的归顺，西、中、东三段全面开花，呈现出多年所未见的兴盛。

所以史学界有种观点认为，鸡泽会盟是悼公复霸的显著标志。

再看第二阶段，巩固霸权，关键词为和戎援陈。

从公元前570年秋开始，楚国因陈国改投晋国之故，频繁出兵攻打陈国。晋国的南方战线承受了沉重的压力。

这种状况延续到次年冬天时，盘踞在晋国北部和东部的山戎部落的领袖无终国派使者赴晋，希望通过谈判达成晋国与山戎诸部的和解。

山戎是华夏民族的世仇，几百年来更是给晋国带来了切肤之痛，所以晋悼公以"戎狄无亲而贪"为由，并不打算接受和解。然而魏绛却站出来发表了不同的意见。

魏绛最早出现在《左传》的记录里，是公元前573年晋悼公任命他为中军司马，但他第一次给人留下深刻印象却是在公元前570年的鸡泽之会上。

当时，晋悼公的弟弟公子扬干扰乱了仪卫军队的行列。干犯军列例杀车御。魏绛身为执掌军法的主官，二话不说就把扬干的车御逮住杀了。

谁知晋悼公听闻此事后甚为恼怒。他原本想借大会诸侯之机夸耀地位和实力，但扬干受辱无异于当头给他浇了一盆冷水，于是他咆哮着令新任中军尉佐羊舌赤速速将魏绛就地处决。

羊舌赤心知魏绛并无过错，就打圆场说："魏绛一心为国，侍奉国君而不避危难，要是果真犯了法也一定不会逃避的，您又何必急着杀他呢？"

话音刚落，魏绛已赶了过来，将一封自辩状呈交给御仆后，转身就要拔剑自刎。范鲂和张老赶紧一把扯住，让他等晋悼公看完了辩状再作打算。

晋悼公气咻咻地打开辩状一瞧，只见上面写着："君主以前缺乏使唤的人，所以让下臣担任司马的职务（强调从严治军是晋悼公的本意）。下臣听说，军人服从军纪叫武，宁死不犯军纪叫敬。值此诸侯盟会之际，如果军队不武不敬，那还有什么罪尤之深的呢？下臣正是因为不敢不敬，才杀死扬干的车御的呀！但饶是如此，下臣没有事先教导好军队，以致军人犯法而受斧钺之刑，这也是罪莫大焉，所以愿一死以谢君主。"

晋悼公最后一个标点符号还没看完，就随手把辩状一甩，忽地从座席上腾空而起，光着脚丫冲出去，恭恭敬敬地对魏绛说："寡人之言是徇于私情，大夫的诛戮是秉公执法。寡人没有教导好弟弟，这是寡人的过错，请您千万不要求死以加重寡人的过错了！"

从鸡泽回国后，晋悼公特意在太庙设宴款待魏绛，并擢拔他为新军佐，另使张老为中军司马，使范富为候奄。

那么，面对晋悼公欲将山戎赶尽杀绝的想法，魏绛又会发表什么高论呢？

他说："诸侯刚刚顺服，都在观察晋国的举动。如果晋国有德（与山戎化干戈为玉帛即是有德），他们就会亲近我们；如果晋国无德，他们就会背叛我们。况且，如果出兵攻打戎人，必定无力防御楚国对陈国的攻击；而如果不能保卫陈国，中原诸侯一定会怀怨而去。得戎人而失中原，这个交换难道不是亏大了吗？"

晋悼公犹自心意不决，反问道："难道就没有比媾和更好的办法了吗？"

魏绛侃侃而谈："跟戎人媾和有五利。其一，戎人逐水草而居，轻土地而重财货，晋国可以用财货换取他们的土地；其二，晋国边境不再紧张，人民可以安心务农，国家的粮食储备也会稳步提升；其三，戎人归服，可以宣扬晋国的威德，令周边的其他戎狄之属和中原诸侯对晋国心生敬畏；其四，不战而屈人之兵，为晋国节省了大量的人力物力；其五，施行仁德，使远国来朝，使近邻安定，可以避免后羿的亡国教训。"①

晋悼公闻道而喜，派魏绛与诸戎媾和。自此山戎宾服，在很长的一段时间内，晋国无复后顾之忧。

魏绛和戎是悼公复霸的重大举措之一，《左传》中的相关记载亦大致阐明了该举措的运行机理。但我觉得，《左传》阐释得不够细致，没有体现晋国的具体国情，没有从操作层面讲清楚和戎政策转化成国家利益的过程。

① 后羿是夏朝初年的诸侯，发动政变而执掌夏政。后又因任用奸臣寒浞，致使远近失和，内外交困，最终合家惨死，政权不久亦回归夏氏。详见"太康失国"这一历史典故。

而要把这些问题弄透彻，就非得结合晋国的地缘情况来展开分析不可。

晋国所在的山西盆地基本上是由两条南北走向的山脉——太行和吕梁包夹而成。两山之间，从南到北分布着一连串彼此独立且相互毗邻的盆地。

其中，晋国占据了南部今运城和临汾所在的两个盆地。但北部今太原、忻州和大同所在的三个盆地以及东南部今长治所在的盆地，还是戎狄的乐土。

这些戎狄所占据的盆地，具备了相当的自持能力，使得晋国要想完全征服它们备感艰难。

这种盆地割据的格局，正是日后晋国分裂的关键肇因；但我们眼下要考虑的，还只是戎狄据有它们而给晋国带来的军事上的威胁。

既然使用武力无法轻易逼迫周边盆地的戎狄就范，那么，和解就成了晋国安定戎狄的上佳之选。

历朝历代主体政权与边缘民族达成和解，无非就是凭借农耕生产积累的强大经济实力，通过互市或互赠的方式，将财货①输送给边缘民族，以换取边缘民族对主体政权的尊奉。

历史上，不乏边缘民族用主体政权的财货壮大自身后、反过头来又加重对主体政权侵扰力度的事例，如辽之于北宋，金之于南宋，所以颇有一些主体政权对与边缘民族和解持反对态度。这大概就是晋悼公对无终国的和解倡议不感兴趣的主要原因。

但是，具体问题要具体分析。如果像两宋那样在国防力量上积贫积弱的话，输送财货确实无异于一种资敌的行为；如果像晋国这样即便放在整个周王朝区域内考量仍不失为顶级强国的话，那输送财货就可以视作软化、收买甚至渗透敌方的一种技巧。这也正是晋国与山戎和解而获利的理论基础。

事实上，山戎虽然长期以来给晋国造成了不小的麻烦，但他们整体而言在华夷冲突中承担了更多的苦楚，所以他们是真心实意想与晋国和解的。

这样一来，当魏绛的倡议被晋悼公肯允后，和戎的政策就迅速释放出了巨大的红利。晋国不但获取了后方边区的长久安宁，而且得以连续而稳定地向山西北

---

① 如生产工具、布帛、粮食以及贵金属，都是边缘民族急需但又难以规模制作的产品。

部和东部的盆地殖民。

戎人性喜游牧，没有固守土地的意识，因此非但不抵触晋人的渐进式渗透，反而特别享受晋人殖民带来的先进技术与优质产品。

于是乎晋国的势力范围开始以一种温和而不可逆转的趋势向山西北部和东部蔓延，一方面推动了悼公复霸，另一方面为三家分晋提供了版图上的支持①。

搞定山戎后，晋国处置中原事务就越发显得从容。

公元前 568 年夏，吴王寿梦遣使赴晋，解释缺席鸡泽之盟的原因，并请求与中原诸侯交好。

晋国安排吴国与鲁、卫二国先期在善道会盟；后又于九月二十三日召集鲁、宋、陈、卫、郑、曹、莒、邾、滕、薛、齐（这个要点一下名，唯独它的与会代表不是国君，而是世子光）、吴、鄫在戚地会盟，一者与吴国交好，二者令诸侯联合出兵戍守陈国。

此时，楚共王已因失陈之罪杀了令尹王子壬夫，新任令尹王子贞②遂于同年冬大举伐陈。

晋悼公会鲁襄公、宋平公、卫献公、郑僖公、曹成公和齐世子光于城棣以救陈，将楚军逼退。

接下来的公元前 567 年，晋楚双方维持了短暂的平静。史籍中唯一值得一书的事情就是莒国灭亡了鄫国；另外，齐国吞并了莱国，向着山东丘陵的海岸线又前进了一大步。

公元前 566 年的十月，韩厥告老退休，晋悼公欲以韩厥长子——公族大夫韩无忌继任为卿（仅继承韩厥的卿位，韩厥中军将的职务由智䓨继任）。

韩无忌却以自己身患残疾，无法事事应召亲临为由，推荐素有贤名的亲弟弟韩起。

晋悼公越发敬佩韩无忌，遂改任他为首席公族大夫。

稍后，楚国卷土重来，令尹王子贞率军围攻陈国。

---

① 如果晋国版图始终局限于春秋中期的规模，很难想象它日后可以分裂为三个位列战国七雄的国家。

② 王子贞字子囊，楚共王之弟。

晋悼公立刻召集鲁、宋、陈、卫、曹、莒、邾七国诸侯在郑国的郲地会合，以谋划救援陈国。

这本应该是一次团结的大会，然而东道主郑僖公走到半路的鄵地后，忽然止步不前了。究其原因，不是他不想继续往前走，而是他实在走不了了。

郑僖公是一个很张扬的人。他以前担任世子时，有一次与公子喜同去晋国，对公子喜不加礼遇；另一次与公子平同去楚国，对公子平也不加礼遇。

公子喜和公子平都是郑穆公的儿子，比郑僖公的爷爷郑悼公还要高上一辈。郑僖公对他们不敬，俩老头儿当然很愤怒。

公元前 570 年，初登大位的郑僖公朝见晋国，公子平准备向晋国控告而废黜郑僖公，但被当时担任正卿的公子喜劝阻。郑僖公侥幸逃过一劫。

这次参加鄵地之会，郑僖公又对随行的公子騑不加礼遇。侍者看不下去了，劝郑僖公别老是不把人家当干部。郑僖公不听。

侍者是个死脑筋，以为只要自己在理，就可以与国君放手一搏，所以再三劝谏。

没想到郑僖公也是个死脑筋，一看侍者竟敢如此叽歪，二话不说就把他杀了，然后我行我素，继续不把公子騑放在眼里。

然而更死脑筋的人出现了。公子騑当年受郑成公遗命，素以背楚投晋为奇耻大辱，如今见郑僖公与晋悼公打得火热，心中原本就愤恨不已，再加上郑僖公还要在他面前耍态度，于是新仇旧恨混合发酵成了决然的杀机。

当郑僖公行至鄵地时，公子騑令御厨下毒谋杀了他，随后以郑僖公暴病身亡讣告于郲地众诸侯，并迎立五岁的世子嘉即位，史称郑简公。

郑僖公被弑只是一个插曲，诸侯援救陈国的氛围还是很浓厚的。然而，陈国自己却不合时宜地摆了一记乌龙。

在楚国大军围城的重压之下，陈国留守的主政大臣庆虎和庆寅（这哥儿俩的名字好有爱呀）率先失去了继续战斗的勇气，他俩准备投降楚国。

鉴于手握最终决定权的陈哀公此刻正在郲地开会，于是二庆合计了一个阴谋。他俩一边派陈哀公的弟弟公子黄出使楚国，一边又私下里预先请楚国逮捕公子黄。

待公子黄被捕后，二庆派人向陈哀公通报情况，并威胁道："下臣们不忍坐视国家灭亡，如果您还不回来，我们就只好另立一位亲楚的国君。"

陈哀公闻讯大骇，自忖局势已经没有回旋的余地，只好背着与会的其他诸侯逃了回去。郏地之会遂不欢而散。

公元前 565 年的四月，郑国发生动乱。群公子追究郑僖公的死因，准备谋杀公子𫘪。但公子𫘪抢先动手，捏造罪名反杀群公子，并借此升任执政大夫。

同月，郑国侵袭蔡国，俘获了蔡国司马公子燮。

这次战役很是值得玩味。郑、蔡分别是晋、楚的盟友，在晋楚争霸的背景下，郑蔡之战应视作晋国阵营和楚国阵营的交锋。

那么，素以亲楚仇晋为执政理念的公子𫘪，为什么会同意出兵攻打蔡国？是他的立场发生了改变，还是他别有所图？

这一切暂时还是个谜团，但有一段对话能引起我们无尽的遐想。当时，有个叫国侨（字子产）的小孩子发表了自己对伐蔡之战的看法。

他说："楚国必然会因此事而报复郑国。楚强郑弱，郑国能不顺从它吗？可倘若真的顺从了楚国，晋国也势必前来讨伐。如此，则郑国在未来四五年间都将陷于晋楚的轮番攻伐，不得安宁。"

国侨的父亲，也就是郑国此次伐蔡的主将公子发[1]怒斥道："你知道什么？正卿（公子𫘪）自有安排，小孩子乱嚼舌头，小心掉脑袋！"

当然，不管公子𫘪的真实用意到底是什么，蔡国被扁总是晋国阵营的胜利。

晋悼公感觉自己的霸权已经稳固，就于同年五月召集鲁、齐、宋、卫、邾五国的大夫和郑简公[2]在晋国东南的邢丘会盟，并在会上明确了诸侯各国朝见晋国时应该供奉的财礼数目。

最后看第三阶段，反制楚国，关键词为三分四军和三驾制楚（"驾"由驾兵车出征引申而来）。

关于地缘环境对郑国外交政策的决定性影响，本书之前已经阐述过很多次，那就是不论南北，唯强是从。

---

① 公子发系郑穆公之子，字"子国"，故其子嗣以"国"为氏。

② 郑国因为要向晋国进献蔡国的俘虏，所以提高了与会代表的级别，由国君亲往。会上，晋悼公对郑简公不敬，这成了日后郑国叛晋的说辞。

但是偶尔也有例外。自公元前 582 年起，因为晋国的逼迫和楚国的援助，郑国专心事楚十余年。直至晋国联合诸侯在虎牢关筑城，郑国才不得不向晋国屈服。

可郑国依附晋国的心意并不坚定，这不但体现为亲晋和亲楚两种观念各自拥有众多的拥趸，还体现为正卿公子骈已经不动声色地谋划了一出脱晋入楚的好戏。

这出戏的开局，之前已经提及，那就是公元前 565 年四月的郑国伐蔡之战。

既求入楚，何故伐蔡？这个遗留问题的答案与后世宋江造反以逼迫朝廷招安不一样。公子骈的真正目的，是勾引楚国攻打郑国，然后以郑国不堪楚国攻势为由，假装迫不得已其实满腔欣喜地投入楚国的怀抱。

好，理论已经阐明，接下来且看具体操作。

公元前 565 年冬，楚国果然以郑侵蔡之故，出兵伐郑。

此时郑简公年幼不能视事，国政皆由众大夫决断。对于如何应对楚国的军事行动，郑国众大夫展开了激烈的争论。

亲楚派的领袖公子骈说："众说纷纭，国家将会无所适从。现在形势危急，姑且先顺从楚国，以缓解百姓的苦难。如果晋国前来讨伐的话，我们再顺从它就是。小国的生存之道，无非就是以牺牲玉帛讨好大国，既使大国不为祸，又使百姓不受害。"

公子骈表面上以唯强是从的理论做掩护，实际上是想堵住亲晋派的嘴，造成归附楚国的事实先。

亲晋派的代表——前正卿公子喜之子公孙舍之反驳道："小国用以侍奉大国的不是财货，而是信用。一旦背弃之前五次盟会①树立的信用，即便有楚国撑腰，晋国难道就会放过郑国吗？况且楚国素以吞并郑国为志，投靠楚国无异于自取灭亡。如今晋国君主贤明，四军完备，八卿和睦，必然不会坐视楚国伐郑。如果我们整治守备以疲惫楚军，依靠信用以等待晋军，那还有什么可怕的呢？"

公子骈已经无心争论，当即端起正卿的架子拍板道："请从楚，骈也受其咎！"意思就是说：不要再争了，出了什么事我来担责！于是众大夫缄口。

有趣的是，公子骈的口气虽然很硬扎，但内心里对于背弃晋国而带来的风险

---

① 指公元前 570 年至公元前 565 年间晋国主导的鸡泽、戚、城棣、邾和邢丘之盟，郑国均与会。

还是有着清醒认识的。所以，他一边和楚国媾和，一边派大夫王子伯骈出使晋国，申述郑国不得不降楚的苦衷。

王子伯骈在话语中绘声绘色地描述了楚国入侵给郑国造成的巨大人道主义灾难。这些都是实情，但在遭受背弃的晋国看来，郑国敷衍塞责的意味也昭然若揭。

晋国中军将智䓨显然动了怒气，派个行人 ① 对王子伯骈说："贵国受到楚国的攻击，也不给寡君通个信就立即背弃盟约，好得很哪！贵国的意愿，谁敢反对？寡君准备率领诸侯和你们在城下相见，请贵国考虑一下吧！"

随后，晋国着手联络诸侯，为伐郑做准备。

其间，秦景公 ② 于公元前 564 年夏邀请楚共王伐晋。楚共王认为这是一个以攻代守、庇护郑国的好机会，就答应了。

可是令尹王子贞表示反对，他认为晋国目前政通人和，上下齐心，楚国不宜与其正面冲突。

楚共王于是略微收止，仅派军驻扎在边境的武城，以为秦军之声援。

而秦军则单兵侵袭晋国。晋国时值饥荒，故不能回击。

这次战役的规模不大，对晋楚争霸格局的影响也不大，但它打破了秦晋双方自公元前 578 年麻隧之战以来相对平静的势态，为下一阶段秦晋关系的走向预设了伏笔。

同年十月，晋国悉起四军，并召集鲁、宋、卫、曹、邾、滕、薛、莒、杞、郳十国诸侯及齐世子光联军伐郑。时四军八卿名单如下：

中军将	智 䓨	中军佐	范 匄
上军将	中行偃	上军佐	韩 起
下军将	栾 黡	下军佐	范 鲂
新军将	赵 武	新军佐	魏 绛

联军如此壮盛的兵力，足够把郑国吓到尿频尿急了。

但晋国为进一步加大打击力度，又拿出了一份攻击性十足的兵力部署方案。

---

① 官职，掌管接待宾客之礼仪。
② 公元前 576 年即位，此君在中国考古界具有相当的名气。

即鲁、齐、宋三师随晋国中军攻打新郑东门；卫、曹、邾三师随晋国上军攻打新郑西门；滕、薛二师随晋国下军攻打新郑北门；莒、杞、郳三师随晋国新军砍伐新郑城外道路上的栗树（似乎当时的郑人喜欢种这个），以开辟道路，补充军需。

行家里手对于此等战术应该不陌生，这就是著名的"围三厥一"之法。

四门封闭，则有郑军在走投无路的情况下作困兽犹斗之虞；唯独放开新郑南门，则郑军必有守得住就守，守不住就逃的预判，三心二意，斗志不坚，城防的能力也就会随之瓦解。

不过，这套精心策划的方案最终并没有派上用场。因为，当十月十五日联军开进到新郑北部的汜水时，郑国已经一边尿裤子一边告饶了。

有必要指出的是，郑国未经挣扎就选择向晋国投降，固然与其唯强是从的传统有关，但楚国没有及时给予有力的支援才是最为关键的原因。

那么，楚国为何不出面帮郑国撑起场面呢？

答案是楚国怵惧晋国。晋国最近几年的强势崛起，天下有目共睹，楚国不得不避其锋芒。

当然，避其锋芒不等于无所作为。楚国现在的对晋斗争策略就是周旋。晋进楚退，晋退楚进，既不与晋军打照面，又不让晋国顺顺利利稳稳当当地向南扩展势力范围。

面对郑国的请降，晋军高层起初也有分歧。

上军将中行偃认为，伐郑的根本目的在于削弱楚国，而在楚国没有受创的情况下，郑国这种急功近利式的求和注定只是权宜之计，所以应该继续执行既定的作战方案，逼迫楚国援郑，然后一举击溃楚军，以获取中原的长治久安。

中行偃从晋楚争霸的全局高度做出分析判断，不拘泥于眼前的蝇头小利，勇于和强敌楚国一决高下，其观点是令人信服的。

然而，山外有山人外有人，中军将智罃的观点更加让人耳目一新，他不仅也在晋楚争霸的框架内盘算如何处置郑国，而且还对如何以巧实力制伏楚国有着深远的考虑。

智罃认为，"君子劳心，小人劳力"，和楚国决战固然快意，但必然也会承受重大伤亡，晋国廓清中原的征途漫漫，不宜过早损耗实力，所以最好用疲劳战术来对付楚国。

智䓨接着阐释了这种战术的具体使用方法。即允许郑国求和，引诱楚国伐郑，然后将四军分为三部，每部配属诸侯的精锐部队，轮流出征援郑抗楚。

如此，晋国以三分之一的兵力牵扯了楚国全部的兵力，晋国好整以暇，楚国疲于奔命。不用多久，楚国就会被生生拖垮。

楚国欲周旋以疲晋，晋国亦欲周旋以疲楚，战术思路一致，但技术含量显然不在同一个档次。因此，孰优孰劣就不言自明了。

十一月十日，郑简公率众卿大夫与联军诸侯在郑国的戏地结盟，以示对晋国的顺服。

然而，这场强者和弱者之间的盟会并没有出现想象中那种强者威严施令、弱者唯命是从的情景。

当时，士弱（晋大夫士渥浊之子）首先宣读了联军方起草的盟书，其曰：“<u>自今日既盟之后，郑国而不唯晋命是听，而或有异志者，有如此盟。</u>”

郑简公年纪还小，无论士弱说什么他都不会有太多的反应。但公子騑听了后却显得很激动，他快步走上前抗辩道：“上天降祸于郑国，让郑国在晋楚的夹缝中辗转求生。今日结盟，贵国不说友好的话也就罢了，反倒以发动战乱为由要挟敝国，致使敝国的鬼神和人民都不得安宁，未免太不妥当了吧？”

随即口诵了郑国方面属意的盟书，其曰：“<u>自今日既盟之后，郑国而不唯有礼与强可以庇民者是从，而敢有异志者，亦如之。</u>”

不知道大家看清楚了没。公子騑的主张，没有采取“郑国倘若不服从晋国将有如此盟”的说法，他强调了郑国只服从合于礼仪且强大到能保护郑国的国家。

换句话说，如果晋国“有礼与强可以庇民”，那郑国就服从晋国；再换句话说，谁“有礼与强可以庇民”，郑国就服从谁。

而所谓的“有礼”，其潜台词是：我从是从了你，你可别对我颐指气使，吆三喝四。

“强可以庇民”的潜台词则是：既然我从了你，那你就得把我看紧了；要是别人横着插进来一腿，你可别怪我朝三暮四，处处留情。

大家评评理，这哪里像是个城下之盟求爷爷告奶奶的样子，这明明是《非诚勿扰》上无节操女嘉宾的婚前告白嘛!

对于郑版盟书,晋国当然不能接受。于是中行偃断然喝道:"你们必须修改盟书!"

郑大夫公孙舍之毫不退让地说:"我们来之前已经把盟书报告给神灵了。如果修改盟书,那就是背叛神灵;而如果神灵可以背叛,那大国不同样也可以背叛吗?"公孙舍之先前是亲晋派,看来现在已经调整了立场。

中行偃还要发作,智䓖却一把拉住了他,说晋国确实不合礼仪,不能对人家要求过多,还是赶紧结完盟了回家,努力修善德行,然后再聚集四方诸侯吧,云云。

中军将既然发了话,那也就没什么好争辩的了,晋国遂与郑国结盟而去。

事情发展至此,估计很多人都和中行偃一样,心里揣着个大大的疑问。以晋国兵强马壮和郑国势单力薄的显著差距,为什么只谈出这么个不痛不痒、不温不火的结果呢?

其实答案就是两个字:疲楚。

无论郑国求和是出于真心也好,假意也罢,对于晋国而言都无关紧要。紧要的是郑国形式上已经顺服晋国了,这就构成了引诱楚国出兵伐郑的充分条件。而一旦楚国出兵伐郑,那晋国三分四军轮流出征牵扯楚军的方案就可以顺利启动了。

为了促迫楚国赶紧出兵,晋国十二月又卷土重来,再次召集诸侯伐郑,摆出一副家法从事的架势。

作战五天后,联军主动撤走,把一个鲜嫩肥美楚楚可欺的郑国落在楚国的眼皮子底下。楚国要是再不燥热,那就不是个纯爷儿们了。

果然,联军刚一班师,楚共王就接踵而来。

公子騑如久旷逢甘霖,急不可耐地要与楚国媾和。

亲晋派的领袖公子嘉和公孙虿说:"与晋国结盟时歃的血都还没干就背弃盟约,行吗?"

公子騑和公孙舍之反驳道:"当初和晋国的盟誓本来就是'唯有礼与强可以庇民者是从'。晋国要挟我们举行盟会有什么诚信可言?楚国来攻,晋国却不救援,那楚国不是强国谁是强国?晋国既无礼又不是强者,我们为什么还要尊奉它?"

公子嘉和公孙虿哑口无言，于是郑国与楚国媾和。

至此，楚国已经进入了晋国的节奏，接下来就看晋国如何针锋相对了。

此时的晋国，魏绛又提出了一揽子新的改革措施，即"请施舍，输积聚以贷。自公以下，苟有积者，尽出之。国无滞积，亦无困人。公无禁利，亦无贪民。祈以币更，宾以特性，器用不作，车服从给"。

这些措施的具体细节和运行机理此处就不展开论述了，大家有兴趣有能力的话可以另行研究。我按照自己的理解把它们归纳成了一个十二字方针，即均贫富、促流通，节物用，惠民生。

至于这些措施的效用，《左传·襄公九年》上亦有提纲挈领的总结，即"行之期年，国乃有节。三驾而楚不能与争"。意思就是说，实行一年，国家就有了法度，三次出兵而楚国不能与之抗衡。

下面，我们就细细叙说晋国三驾制楚的过程。

公元前563年春，为了加强与吴国的合作，晋悼公与鲁、宋、卫、曹、莒、邾、滕、薛、杞、郳十国诸侯以及齐世子光、吴王寿梦会盟于柤地。

柤地是一个没什么名气但很有特点的地方。

第一个特点，它是楚国东北部的边邑。晋悼公联络吴国是为了遏制楚国，但联络点却选在楚地，这简直就是赤裸裸地向楚国宣示霸气嘛！

第二个特点，它的西北约五十里地外就是偪阳。偪阳是一个妘姓子国，提起它的名字，大家可能没什么概念，那我不妨加条附注：它紧邻宋国的彭城，既可以威胁宋国的东境，也是沟通晋吴的战略要道，而且，它还是楚国的小弟。

看了这条附注，相信大家就可以理解晋国接下来的举动了。四月一日，晋国与诸侯再次在柤地会见时，范匄和中行偃建议攻打偪阳，把它并入晋国的忠实盟友——宋国的疆域。

智罃有点儿疑虑，他认为偪阳城池虽小，但城防很坚固，晋国即便把它攻下来，也不显得威武；但若是攻不下来，则必然为天下所讥笑。

然而范匄等人固请之，智罃也就同意了。

四月九日，晋国率诸侯联军围攻偪阳，一场如同好莱坞大片式的城池攻防战就此上演。

战役一开始，联军就被守军牢牢顶在城下动弹不得，双方陷入僵局。

偪阳城池虽固，但守军并不拘泥于固守，也在想办法主动调整战场上的势态。想来想去，就出了个诱敌深入的主意。

偪阳总共就一个城，诱敌深入当然就是诱敌入城。

一天，偪阳的某个城门不知何故忽然打开了。联军正愁找不到突破口，一见对方露出破绽，当即蜂拥而上。

其时，负责攻打此门的联军为鲁军，或者说配属了鲁军。所以，接下来的战事都以鲁军为主角。

当时的城门，样式比较简单，不像后世一样还有瓮城等复杂的构造，一般就是在外城门口安一张门，在内城门口安一张门[①]。

但这两张门有所不同。其最大的不同点就在于开启方式，外城门是开合的，内城门是悬放的。

好，废话不多说，且看战事。

鲁军撒开脚丫子向前冲锋。可是当前锋冲入城内，殿后的部队还在城外时，内城门却带着豁剌剌的呼啸声从天而降，眼看就要把鲁军截断。

原来，这就是守军设的局。只要把内城门关闭了，那抢先入城的鲁军前锋部队还不得被一网打尽啊？

然而，就在鲁军前锋将士绝望的和殿后将士心碎的目光中，超人横空出世了。

只见鲁将叔梁纥一个箭步蹿到内城门底下。

一些厚道的人电光石火之际，情不自禁地闭上双目以错开这一幕惨剧，然后就听得砰的一声钝响。等他们再度睁开眼睛时，简直不敢相信眼前的这一切都是真的。

因为，内城门并没有落地，在城门和地面之间，横亘着铁骨铮铮的叔梁纥。叔梁纥竟然用双手托举起了城门，这两条臂膀若没有千钧的气力，只怕他早就化为齑粉了。

城内的鲁军前锋大喜过望，争分夺秒掉头从叔梁纥的腋下退了出去。

---

① 城墙可不比咱家的屋墙，它至少有几米的厚度，必须得在门洞下甬道的两端各安一张门。

再说句题外话，叔梁纥的儿子就是孔丘。看来，每个牛人的背后总有一个不平凡的老爸呀！

异日，双方整军再战。

鲁将狄虒弥把军中大车的车轮卸下来，蒙上皮甲作为盾牌，然后左手持盾，右手执戟，要求独自成队以攻城。

见狄虒弥这架势，现场观战的孟孙蔑脱口赞道："《诗》所谓'有力如虎'者也！"

我这里稍微解释一下，或许有助于大家理解孟孙蔑的感叹。

大车即载重之车，因其需要承受很大的重量，所以车体格外高大。

据《周礼·考工记·车人》载："大车崇三柯。"崇是直径，三柯是九尺。一个车轮竟有九尺的直径，简直不敢想象。

当然，此处所谓的九尺，是依照周代的度量标准计算的。周代的一尺比现代的一尺短，只能换算成二十三点一厘米，但九尺也超过了现代的两米。

也就是说，这块特制的盾牌，应该比狄虒弥本人还高，自重也必定非常惊人。

狄虒弥用左手举持着它作战，说句实在话，折服于他的臂力倒在其次，我真替守军着急。狄虒弥这就相当于推着一面墙前进，守军有什么办法可以攻击到他呢？

此外，"队"这个词是春秋时代步兵作战的基本单位。关于它的编制到底有多少人，史籍众说纷纭，有的认为五十人为一队，也有的认为百人为一队，难以辨明。但狄虒弥要求独自成队，单兵战斗力是不是太恐怖了点儿？

如果大家觉得鲁军拥有了这么两个大力士真幸福，那我要告诉你们，更逆天的还在后头。

话说双方连日鏖战，打得腻了，就想搞点儿新意。

或许是在某次正式交战前，城上城下互相夸口叫骂，打了一阵嘴皮子仗后，又动起了真格。

守军从城头垂下一段布匹，嚷嚷道你们不是自称好汉吗，敢不敢拽着布匹攀上来？

只见鲁军阵中一人昂然出列，叫道：有何不敢？众人一看，原来是孟孙蔑的家臣秦堇父。

秦堇父的本事，即便我不说，大家应该也能猜到几分。不错，他也是个大力士。

就在联军完成对偪阳的包围那天，秦堇父驾着一辆辎重车赶到了营地。哦不对，不能说驾着，有驾则必有牲口。准确地说，应该是拉着。

因为，秦堇父那辆车使用的动力，不是牲口，而是他本人，没有任何其他帮手。一个人能够顶数头牲口，秦堇父简直就不是个人。

可是秦堇父不仅力气大，论皮实那也无人能出其右。

当他缘布而上，至于城堞时，守军淫笑着一刀斩断布匹。秦堇父嗖地坠了下去，砸在地上不省人事，也不知道是摔死了还是摔晕了。

于是守军再次垂下布匹，得意扬扬地继续吆喝。

没想到秦堇父摇头晃脑苏醒了过来，然后二话不说，抓起布头再次攀登。

至于城堞，守军故技重施，又把布匹斩断。淫笑声中，秦堇父又掉了下来，又人事不省。

但秦堇父仍旧没有摔死，当耳边第三次响起守军的叫嚣时，他又清醒过来，第三次抓起布头奋力攀登。

一寸，一尺，一丈！秦堇父双眼突火，缓慢而绝无迟疑地上升着。

当他第三次至于城堞时，万恶的守军第三次斩断了布匹。秦堇父第三次摔了个四仰八叉。

这一次，秦堇父还是没摔死，但守军已主动收拾起了他们的布匹和戏谑，在城头向秦堇父致达由衷的钦佩之情。

一时间，城下欢声雷动。秦堇父把他拽下来的三截断布做成带子，在军中巡游夸示，见者无不肃然起敬。

上述三个场景大致就是偪阳攻防战的一个缩影。由此可见，战况是十分激烈的。

双方斗智斗力，拼杀不息，一转眼就到了五月。

五月已临近雨季，加之联军在城下连续作战近一个月，俱各疲乏，所以范匄和中行偃向智䓨请命撤军。

智䓨勃然大怒，随手抓起一把弩牙就砸了过去。

范匄和中行偃一左一右闪过，战战兢兢，不敢置言。

智䓨呵斥道："当初你们再三要求出战，我本不许，只因顾虑将帅意见不一会扰乱军令，所以不违背你们。如今，你们劳动国君与诸侯，亦把老夫牵引至此，却又想无功而返，是不是想让老夫遭二道罪①？限令你们七日之内攻下偪阳，否则提头来见！"

二人汗出如浆，唯唯而退。

五月四日，经过一番短暂的休整，联军再次发起攻击。

范匄和中行偃身先士卒，躬冒矢石，带领步卒奋勇前进。守军亦寸步不让。双方都拿出置之死地而后生的劲头，以命相搏。

缠斗到五月八日，守军终于耗尽了最后的气力。联军突入城中，偪阳宣告灭亡。

晋国将偪阳之地划归宋国。此举标志着晋吴沟通的渠道更加畅通无阻了。

作为反制，楚国令尹王子贞与郑国公孙辄（公子去疾之子）于六月联军伐宋，至于商丘的北门。

当时，晋国正因去年秦国伐晋一事由中军将智䓨领军攻打秦国，无暇东顾，只好派卫国出兵援宋。

于是，楚国指派郑国伐卫。然而郑军出师不利，主将皇耳在卫国的犬丘兵败被俘。

七月，王子贞又联合公孙辄侵入鲁国。但这次军事行动并没有深入鲁境，楚郑很快就兵分两路，各自回国。只不过楚军返程时顺道攻击了宋国东部的萧地，而郑军返程时顺道攻击了宋国的北部。

楚、郑为什么急于打道回府？当然是摊上大事了。因为，在迅速结束对秦国的战事后，晋国正式发动了"三驾"之第一驾。

晋悼公召集诸侯伐郑，鲁、宋、卫、曹、莒、邾、滕、薛、杞、郳十国诸侯及齐世子光起兵响应（这套诸侯班子，就是晋国三驾的固定阵容）。

七月二十五日，联军进驻郑国东部的牛首，意欲观望楚国的举动。但楚国早

---

① 智䓨有邲之战被俘的经历，若此次又战而不胜，则需要第二次承担罪责。

有晋进楚退、晋退楚进的预案，当然不会第一时间就硬顶上。

于是，晋楚双方都暂时按兵不动，这就给郑国留下了发挥的空间。

大敌当前，郑国有什么好发挥的？其实也没啥，就是陷入了内斗。

内斗与一个人、两件事有关。这个人就是执政大夫公子骈，两件事也都围绕着他展开。

公子骈和大夫尉止素来不和。有一次，诸侯伐郑，郑国在备战时，公子骈削减了配属给尉止的兵车；战争结束后，尉止准备向国君献俘，但公子骈又以尉止的兵车数量超制为由，阻止尉止献俘。尉止对公子骈深恶痛绝。这是第一件事。

第二件事。公子骈曾以开通田里的水沟为名，强夺了司氏、堵氏、侯氏、子师氏的田土，四氏亦对公子骈深恶痛绝。

然后，尉止就与四氏结为盟友，聚集了一批失意的政客，并联络了公元前565年四月郑国动乱中被公子骈杀死的群公子的余党，图谋推翻以公子骈为首的内阁班子。

十月十四日清晨，尉止等人率领叛军攻打朝堂，杀了公子骈以及与公子骈关系亲密的司马公子发和司空公孙辄，并劫持了郑简公。唯独司徒公子嘉因为事先听到了风声，所以躲过一劫。

而后，公子发的儿子国侨平复叛乱，公子嘉成了新任执政大夫。公子嘉的外交思路比公子骈更加灵活，对晋国并不坚定地排斥。

在这个背景下，晋国联军有了新的动向。他们自东向西机动至虎牢关，再度增修城墙，并对郑国表达了这么个意思，即你要是从我，我就把虎牢关还给你；你要是不从我，我就继续扩大在虎牢关的存在。

一拉一打之下，郑国无法自持，旋即与晋国媾和。

终于，楚共王坐不住了，派令尹王子贞率军伐郑。

十一月，晋国联军绕过新郑南下至阳陵，楚军亦无退军之意。

晋国中军将智䓨见疲楚的目的已经达到，就令联军打点行装班师回朝。

但下军将栾黡一力求战，于是智䓨收回成命，令联军重整旗鼓继续南下，并与楚军在颍水夹河对峙。

郑国发挥的时刻又到了。

大夫公孙虿对局势做了以下评估。联军诸侯之前做退兵的准备，肯定是无意与楚军交战。而一旦联军撤走，楚国就会敲打郑国。那么郑国该去何从呢？很显然的是，郑国顺服晋国，联军会退兵；郑国叛晋投楚，联军也会退兵。所以为郑国的现实利益计，郑国应该赶紧与楚国媾和，以避免遭受楚军的攻击。

公孙虿的意见获得了认同，郑国遂背着晋国，派使者深夜渡过颍水，与楚国结盟。

消息传来，栾黡怒不可遏，当即就要点起人马和郑国死磕。

但智䓨拿出了一个主帅应有的沉稳，他认为楚军就在河对岸虎视眈眈，如果联军此时攻打郑国，必定陷入腹背受敌的不利局面，应当果断退兵。

十一月二十四日，联军原路撤退，顺道攻打了郑国的北部边境后各自回国。晋国"三驾"之第一驾顺利结束。

公元前562年，在夹缝中求生的郑国出于对自身安全形势的忧虑，主动出兵攻打宋国，希望借由此举挑起晋楚两国的争斗，以转嫁外交上承受的巨大压力。

四月，晋国再次召集诸侯联军伐郑，齐军和宋军攻打新郑东门，智䓨率晋军攻打许国旧地，卫军攻打郑国北境。

六月，先期抵达的四路诸侯（即齐、宋、晋、卫）在新郑北面的北林会见，随即驻兵于新郑南面的向地，意图诱使楚国出师而疲之。然楚国不为所动。

联军等得焦躁，但也判定楚国现阶段不会出兵，于是拔营而起，又机动至新郑北面的琐地，继而在新郑的南门外举行阅兵式。与此同时，受晋国征召的其他诸侯军队已东渡济隧（黄河的故支流）而来。

郑国惶惶不可终日，被迫向联军诸侯请降。

七月，联军诸侯与郑国在亳地结盟，这就是史书所称晋国"三驾"之第二驾。

晋国二驾伐郑时，楚国令尹王子贞意欲反击郑国，但又恐独力难以战胜联军，遂遣使乞师于秦。

秦国以少量兵力付楚，楚共王随即率领楚秦联军伐郑。

郑简公郊迎以示顺服，并引导楚国攻打宋国。

九月，晋国吹响集结号，诸侯再度聚首，乌压压地杀奔郑国而去。

这样的场景，郑国早已司空见惯，应对措施那也成竹在胸，于是派使者赴楚，非常直白地告诉楚共王：如果你们能够把晋国搞定，那就赶快，再迟一点儿，可别怪老子投晋了。

楚共王听着这番类似于最后通牒般的话语，火都不知道从哪来的。敢情晋国的板子打在郑国身上，倒痛在楚国心头了？你郑国也太丧尽天良了吧？

怒归怒，楚共王却也没忘记掂量掂量分寸，面对晋国联军的精锐部队，他很识趣地选择了置身事外，只是将郑国的使者良宵和石奰关押以泄愤。

晋国松了口气，郑国也松了口气。联军遂包围新郑，并在东门外举行阅兵式。

郑国觉得晋国这种先礼后兵的方式很够意思，于是很默契地派王子伯骈出城请降。

双方一来二往，很快就达成了和约。

十二月一日，郑简公与联军诸侯在萧鱼会盟。两天后，晋悼公"赦郑囚，皆礼而归之。纳斥候，禁侵掠"。

郑国一方面慑于晋国强大的军事动员能力，另一方面又感念于晋国的仁德，在其后的二十余年间，难能可贵地保持了对晋国的忠诚。晋国"三驾"之第三驾就此落下帷幕。

晋国三分四军和三驾制楚，是一种基于国际视野的对战争资源的科学组合与灵活运用，其目的是明确的，其节奏是明快的，效果也是明显的。

晋国三驾虽未与楚国实际交兵，但以本国的局部之力，辅以同盟国的齐心协助，数度诱使楚军主力徒劳往返，致使楚国在频繁的运动战中白白损耗了大量的人力物力，犹胜于战场上的直接杀伤。

自此之后，楚国虽未停止对郑国和宋国的用兵，但无论频度还是力度，都已与往昔不可同日而语。

晋悼公以其卓越的执政能力和宽阔的政治胸怀，重塑了晋国中原霸主的风采。

公元前562年，晋悼公年方二十六岁，正值青春鼎盛，年华似锦，来日不可限量。倘若依照目前这种君臣相协、诸侯联动的趋势发展下去，晋悼公彻底整合中原，将楚国驱逐至江汉以南，也绝非不切实际的想象。

如此，则非但晋悼公将超越齐桓晋文，成为春秋史上彪炳千秋的伟大领袖，而且中国历史的走向与进程亦会随之做出种种奇妙的变化。

然而，老天爷并不总是喜欢锦上添花，它时不时地也会搞搞恶作剧，把原本明朗的局势一股脑儿搅浑。譬如接下来，它就将送给晋悼公一个无法战胜的对手，晋国的命运，中原的命运，不久就会走到岔路口。

假如借他三纪光阴

公元前 560 年夏，晋国中军将智䓨和下军佐范魴相继辞世。晋悼公在绵上检阅军队，重新调整八卿的人选。

晋国的军卿位高权重，素由强宗世系，牵涉的利益广泛、深邃而复杂。这个人事安排搞得好，政通人和百业兴旺；搞得不好，鸡飞狗跳神鬼不宁。所以历代晋君都为此绞尽脑汁，斟酌再三。

晋悼公想闹中取静，化繁就简，按照论资排辈的原则，使中军将和下军佐的空缺由剩下的六卿依次晋升替补。这样一来，六卿整体而均匀地获得了进步，想必谁都没有怨尤。

可是晋悼公失算了。他首先准备提拔原中军佐范匄为中军将，然而范匄说："我的才干不如荀偃（即中行偃），过往得以担任中军佐，只不过是因为与智伯（即智䓨）相互熟悉、配合默契。还是让荀偃来挑重担吧！"

于是范匄官居原职，原上军将中行偃出任中军将。

随后，晋悼公准备提拔原上军佐韩起为上军将，但韩起认为原新军将赵武才是合适的人选。

晋悼公很讲究领导艺术，他认为韩起逊让不代表排在赵武前面的原下军将栾黡也同意逊让，就首先把机会让给了栾黡。

依本性而言，栾黡是个专横的人，放平时遇到此等美事那就欣然领受了。可是既然有范匄和韩起的逊让在先，栾黡不好意思显得太小气，也十分豪爽地说："下臣的见识不如韩起。韩起愿意让赵武排在前面，下臣也愿意。"

于是韩起官居原职，赵武出任上军将，栾黡官居原职，原新军佐魏绛出任下军佐。

晋悼公固然失算，但六卿谦逊和睦的表现应该让他松了口气。可是，接下来新军将佐的安排却让他伤透了脑筋。原因无他，没有合适的人选。

有人要问，海棠你不是说晋国军卿素由强宗世系吗？既然智罃和范鲂死了，让他们的子嗣补缺不就得了呗？

这话说得没错，晋悼公也想依葫芦画瓢。

可问题是，智罃的嫡子智朔刚生下智盈后就死了，智盈眼下才六岁；而范鲂的嫡子彘裘（范鲂封邑于彘）年纪也还小。他俩都尚未具备完全的民事和刑事行为能力，打酱油还行，出任军卿实在有点儿强人所难。

晋悼公苦苦思考皆不得便。你说裁撤新军吧，一者会减损晋国的军力，二者会招致智氏和彘氏的不满（毕竟这两氏都不希望自己的宗主长大后无由进入权力中心）；你说不裁撤新军吧，谁来主管这一大帮子的人马呢？

思来想去，也没有上佳的解决办法，晋悼公只好把新军暂时交给下军托管。时晋国四军六卿名单如下：

中军将	中行偃	中军佐	范匄
上军将	赵武	上军佐	韩起
下军将	栾黡	下军佐	魏绛
新军将	（空缺）	新军佐	（空缺）

正如计算机需要定期进行磁盘碎片整理和内存清理才可以保持良好的运行，绵上选将是对晋国卿族之间政治利益的梳理和协调。它的顺利开展，为晋国消除了内部矛盾，添注了新鲜活力。《左传·襄公十三年》亦对此大加赞誉，称"晋国之民是以大和，诸侯遂睦"，"晋国以平，数世赖之"。

与晋国欣欣向荣形成鲜明比照的是，楚国此刻比较悲摧。在晋国三分三驾战术不厌其烦的袭扰下，楚共王终于被拖垮了。他病得很厉害，属于他的时日已屈指可数。

一个人在无力掌控未来的时候，往往就会静下心来回顾自己的过往。一天，楚共王召集诸位大夫，向他们表述了自己最近的所思所得。

楚共王说："不穀无德，十岁丧父，还没来得及接受保傅的教导就匆匆执掌王位，以至于在鄢陵亡师辱国。不谷死后，只能请求谥作'灵'或'厉'，你们看着办吧！"语调很低沉，语气却很煽情。

不过大夫都集体保持了沉默，大概他们觉得对于这么敏感的问题，唯有不说话才能保证不说错话。

楚共王强提起精神五次催促大夫表态，大夫们方才期期艾艾地答应。

入秋后，楚共王就像窗外飘零的落叶一般，沉降到了幽暗的深处。在为楚共王举行葬礼前，令尹王子贞与诸大夫商议他的谥号。

诸大夫推托说国君不是已经亲自交代了吗？

王子贞一本正经地说："国君求谥以'共'，你们有什么异议？"

诸大夫面面相觑。青天白日，楚共王临死前明明和臣子约好非"灵"即"厉"嘛！现在他老人家尸骨未寒，敢情你王子贞自居令尹，就想擅改君命？

王子贞继续说："赫赫楚国，而君临之，抚有蛮夷，奄征南海，以属诸夏，而知其过，可不谓共乎？"

诸大夫明白了，王子贞擅改君命，图的并不是私利，而是为了体恤亡君，维护楚国的威严。

于是大家都心悦诚服，议定了"共"的谥号。

趁着楚共王新丧，吴国发动了对楚国的攻击。

楚康王（楚共王之子）派养繇基率军星夜奔赴前线迎敌（四十五年弹指一挥间，不意此将犹在），司马王子午（楚共王之弟）引军作为后援。

养繇基分析敌情：吴国选择在这个时间侵楚，无非就是判定楚国全民举丧，无暇出兵抵御。既然如此，则吴军必然会轻忽大意；那么楚军只要诱敌深入，然后用伏兵搞之，吴军就甭想乘兴而来尽兴而归了。

王子午以为言之有理，依计而行，楚军遂在庸浦大败吴军。

吴国不甘心吃个哑巴亏，于公元前 559 年春向晋国报告战败的消息。晋国派范匄与鲁、齐、宋、卫、郑、曹、莒、邾、滕、薛、杞、郧国的代表会吴国于向地①。

吴国请求诸侯联军伐楚。但范匄指出吴国伐楚国之丧，是不道德的行为，有

---

① 郑国和吴国都有向地，此向地应该在郑国。

错在先，诸侯无法支持其为庸浦之役复仇，还是暂且忍一忍吧。

晋国劝吴国隐忍，但自己却不能忍。

作为对萧鱼之盟的牵制与反击，秦国在中原实施了两次军事行动。

第一次是公元前562年冬，秦国出兵伐晋。当时晋悼公率领的晋军主力尚未归国，留守新绛的范鲂以秦军兵将微寡之故，不严加防范，于十二月十二日在晋国的栎地被秦军击败。

第二次是公元前561年冬，秦国联合楚国出兵侵袭宋国，攻占了杨梁。

为了回敬秦国，公元前559年夏，晋国便召集除吴国外向地会盟的诸侯班子伐秦。

晋国六卿率诸侯联军突入秦境，初时猛健如虎，但行至泾水之畔时，晋军内部以及诸侯之间产生了分歧，很多人不愿渡水西进。

为什么会有分歧，史籍上没说，我猜想个中的关键还是在于泾水的地理位置。泾水在秦国腹地，是秦都雍城东侧的屏障，联军能够打到这里，死伤姑且不论，损耗想必很严重。

所以，反对渡河的人说，联军已是强弩之末，继续作战讨不到好处；赞成渡河的人说，泾水之西一马平川（此处是渭河平原），无险可据，弟兄们此时不搏更待何时。

要指出的是，晋军元帅中行偃是想扩大战果的，这或许为联军下一步的行动奠定了基调。

当然，具体实施过程比较坎坷。

一开始，对继续进军抱有盎然兴致的鲁军和莒军率先渡了河。郑国久叛而新服，想在晋国面前表现表现，就邀请卫军一起渡河。卫军本就力主渡河，遂与郑军一道，劝说其他诸侯进军。

反对渡河的诸侯上碍于中行偃的面子，下迫于鲁、莒、郑、卫四国的反衬，只得不情不愿地渡了河。

不料，刚在泾水西岸站稳脚跟，一场横祸就迎面袭来。

原来，秦军为了抵御联军，在泾水的上游投放了大量毒物，毒水顺流而下，余段皆被污染。联军渡河处正在下游，军士汲水饮食，中毒身亡者难以数计。

反对渡河的诸侯一时间沸反盈天，牢骚与埋怨都爆了棚。

郑军抓住这个联军士气消沉的机会，一马当先向西挺进。在中行偃潮湿的目光中，联军主力又开始缓缓启动。

不久，联军攻占棫林，但秦军仍然坚持抵抗，没有一点儿屈服的意思。

中行偃还想西进，但此刻非但诸侯难以驱动，连晋军内部的主退派也公开表示反对。下军将栾黡和下军佐魏绛，就顶着中行偃西进的命令，率领下军东撤。

中行偃眼见自己将要陷入众叛亲离的境地，被迫下令全军撤退。可是军令一下，晋军中的主战派又不干了。

栾鍼（栾黡之弟）和他的大舅子范鞅（范匄之子），就率所部兵力脱离大部队，孤军冲击秦军阵地。结果栾鍼战死，范鞅侥幸生还。

此次伐秦，晋国颇给人虎头蛇尾的感觉。造成这种现象的原因，主要是中行偃后期没有准确把握战场形势和将士心理的变化，强求一举击垮秦国，最终力有不逮，草草收场。

有必要指出的是，联军虽然在战役的收官阶段乱了章法，但整体而言还是给秦国造成了巨大的打击，继续巩固了晋国对秦国的战略优势。

不过，晋国也有人满怀怨恨，这个人是栾黡。因为他的弟弟栾鍼成了晋军在此战中殒命的唯一一个高级将领（栾鍼曾担任晋厉公的车戎），而且还是死在联军已经宣布收兵之后。这个结局在联军取胜的大背景下显得尤为突兀和悲情。

栾黡哀栾鍼之死，固属情有可原，可是他却把气撒在了范鞅身上，且威胁范匄说："我兄弟本不欲往，是你儿子叫他去的。如今，我弟弟战死，你儿子却毫发无损，这是你儿子害了我弟弟。如果不驱逐你儿子，我一定会杀了他。"

根据《左传·襄公十四年》的记载，栾鍼返身攻秦，是他自己逞强好勇的结果，并非范鞅指使之故。

栾黡归咎于范鞅，还口口声声非逐即杀。客气地说，是护弟心切；不客气地说，也太霸道了点儿。

然而，范鞅还就偏偏深以为然，二话不说流亡到秦国去了。

公元前 620 年时，范会曾因不忿赵盾在令狐之战中翻云覆雨的做法而奔秦，受到了秦康公的亲切接见；六十二年后，当年这对异国君臣各自的曾孙不经意间又延续了先祖的友谊。

秦景公问范鞅："晋国的大夫谁会最先灭亡啊？"

范鞅答道："恐怕是栾氏吧。"

秦景公又问："是因为栾氏（具体指栾黡）骄横吗？"

范鞅答："对。不过栾黡虽然骄横，还可以免除灾祸，他的儿子栾盈就难以善终了。"

秦景公再问："这是为何？"

范鞅说："周人思念召公，所以爱护他的甘棠①。眼下栾书的恩德尚存于民心，所以晋人不会对栾黡有所不利。但栾黡死后，栾书的影响将随着时间的流逝渐渐消失；栾盈的恩德尚未建立，而晋人对栾黡的怨恨又很强烈，那栾氏所有的报应就都会落在栾盈身上了。"

秦景公钦佩范鞅的见识，或许又害怕因收留范鞅而招致晋国的攻击，于是没过多久就把范鞅送回晋国，并请求晋悼公恢复范鞅的官职。

联军伐秦是晋悼公继三驾制楚后主导的又一次大规模军事行动。然而我很不情愿但又不得不说，这也是晋悼公在春秋舞台上最后一次展示他超凡的领袖气质。

晋军从秦国凯旋后，晋悼公做了一个令人匪夷所思的改革举措，即正式裁撤新军，恢复晋文公时代三军六卿的经典配置。

这个举措的费解之处在于：以晋楚争霸的中原格局而言，晋国只有优势，并无胜势，晋国要想进一步压缩楚国的传统势力范围甚至把楚国打回原形，还任重而道远；那么，推行强军政策，继续维持庞大的常规兵力，就成了晋国稳固和扩大霸权的必要保障。

而且仿佛是为了证明晋悼公裁撤新军无异于自断臂膀，继而自断前程，晋国几年后的国势就有明显的衰退。

当然，作为一名前电子竞技业余爱好者，我一直信服业界的一句名言，那就是"不要怀疑职业选手"；同理，我们似乎也不必强迫自己理解晋悼公作为一名伟

---

① 召公巡行乡邑，所到之处不占用民房，只在甘棠树下停车驻马，听讼决狱，自侯伯至庶人，各得其所，无失职者。召公卒，而民人思召公之政，怀棠树，不敢伐，歌咏之，作《甘棠》之诗。

大的政治家而对裁撤新军所做出的独特思考。

更何况，晋悼公本人大概也没有料想到，老天爷会给他降下一个世上无敌的对手，他即便有什么精妙而长远的盘算，也注定无法施展。

晋悼公即将面临的对手究竟是谁，暂时还没到揭晓的时刻，我们现在应当把目光转向卫国，因为那里发生了一件牵动晋国神经的事。

话说公元前559年初，卫献公约卿士孙林父和宁殖吃饭。孙、宁二人不敢怠慢，早早地就穿着朝服来到朝堂上等待。

可是左等右等，却迟迟不见卫献公派人出来传唤。孙、宁二人起初没在意，心想反正领导都这个德行，兴许卫献公今天的第八集《情深深雨蒙蒙》还没看完，正在加班加点赶进度呢。

谁知，这一等就没见个头，直到西边的太阳快要落山了，卫献公那边依旧音讯皆无。

孙、宁二人虽然是卫献公的下属，但在卫国那也是万人之上的重臣，要他俩如此傻等，说句实话，他俩非但很不习惯，而且一屁股都是火。

再一打听，原来卫献公没在宫里，而是在园林里射鸿雁。于是二人匆匆赶到园林，请求觐见，一边向门卫打报告一边觉得自己很下作，好像是来讨饭吃的一般。

进园后，卫献公跟他俩说话，头上自始至终都戴着皮帽。

按照当时的礼节，君臣相见，臣子若着朝服，君主也应当着朝服以示尊重，戴个打猎用的皮帽是很不礼貌的。所以孙、宁二人都觉得自己受到了莫大的屈辱，再联系进园前遭遇的怠慢，越发怒不可遏。

待耐着性子结束会见，孙林父便气咻咻地离开都城帝丘，径直回到封邑戚地去了。

孙林父抵达戚地后，心里不甚踏实，不知道卫献公在他面前摆谱到底是想玩他，还是想整他。忐忑之下，旋即又派儿子孙蒯觐见卫献公，名义上是通报情况敦请命令，实际上是既发发牢骚表达不满，又顺便探看朝廷的动静。

俗话说，做人留一线，日后好相见。卫献公如果是个通达的君主，应该意识到自己之前的行为冒犯了一个大臣的人格尊严，此刻宜温言抚慰孙蒯，以打消孙林父的疑虑。

但是，卫献公并没有这样做。因为，他之前怠慢孙林父的种种举动都是有意而为的。

原来，孙林父与晋国诸卿关系紧密，单线联络频繁，俨然就是卫国最炙手可热的人物。卫献公身为一国之君，你叫他怎会不醋意浓浓回味无穷呢？

在招待孙蒯的酒席上，卫献公让太师（乐官之长）唱《巧言》的末段。

《巧言》是《诗经·小雅》里的篇章，《毛诗序》为之作的注解是："刺（周）幽王也。大夫伤于谗，故作是诗也。"

《巧言》的末段厉声斥责了谗言惑国的卑鄙行径，其诗句曰："彼何人斯？居河之麋。无拳无勇，职为乱阶。既微且尰，尔勇伊何？为犹将多，尔居徒几何？"

那么卫献公令太师唱这些诗句的用意，就是隐喻孙林父乱政祸国。

太师是个正直的人，他相信孙林父此时并无为乱之意，但倘若卫献公在羞辱之余再加上诬陷，那就难保孙林父不为乱。于是，他婉言辞谢了卫献公的要求。

太师满以为自己把卫献公和孙林父之间的危机收束在了一个可控的范围内，不料横里蹿出个搅局的人。

这个人司职师曹（太师属下的乐人），他站出来对卫献公说，太师不唱，我可以唱。

这里插嘴说明一下，师曹此刻强出风头，并不是为了挤兑上司太师，而是为了报复卫献公。

事情的原委是这样的。

之前卫献公让师曹教一个宠妾弹琴。这宠妾不知是愚鲁还是翘课，所以师曹鞭打了她。

卫献公勃然大怒，老子让你教，又没让你调教，老子夜夜把玩的东西，打坏了你来当临时替补？于是把师曹抓起来，连本带息带滞纳金带罚款，总共鞭打了师曹三百下。

大家千万不要小看了鞭刑的威力，如果仔细查阅一下鞭刑的相关资料，你们绝对会认为师曹受了三百记鞭子仍旧没化作一摊脓血简直就是人间奇迹。

当然，师曹为何如此扛造不是我们关注的重点，我指出鞭刑的严酷只是为了强调师曹对卫献公抱有刻骨的仇恨。

可问题是，既然想报复卫献公，师曹还要遂卫献公之意唱歌干吗？

答案其实在前文就已经提及。唱歌可以诬陷孙林父，诬陷孙林父就有可能把孙林父逼上梁山；而只要孙林父上了梁山，那卫献公保管没能力将其招安。

卫献公很满意，让师曹赶紧唱。

师曹心思恶毒，担心乐曲干扰了孙蒯对诗句的听取与理解，就自作主张，不用乐曲，仅以诵读的方式将诗句念了一遍。

于是，这些刺耳的词句就绝无差池地戳进了孙蒯的耳朵里，然后锲刻在了孙蒯的心上。孙蒯就算是头猪，也明白卫献公的森森敌意了。

孙蒯回家后，把这一幕向孙林父做了详细汇报。孙林父忧心忡忡地说："君忌我矣。弗先，必死！"叹迄，聚集徒众，攻打帝丘，围城甚急。

卫献公把先前居高临下的派头抛到九霄云外，让几位宗室的公子出面找孙林父和谈。

孙林父不为所动，来一个杀一个，态度非常强硬。

卫献公惶急，意图逃亡到齐国避祸，遂于四月二十六日突出城去。其弟公子展赴齐打前站，卫献公本人则在鄄地落脚。

孙林父追袭至鄄地，卫献公又派一名公子向孙林父求情，孙林父再杀之。

卫献公完全绝望，拼命向齐国方向逃窜。孙林父随后掩杀，在河泽与卫献公的亲兵交锋。

孙林父手下有两员将领，分别叫尹公佗和庚公差；卫献公的车御，叫公孙丁。

这三个人俱是箭术高手，且为师徒传承关系，其中公孙丁教庚公差射箭，庚公差又教尹公佗射箭。

当时，尹公佗和庚公差同车追杀卫献公。

庚公差说："如果射国君，我背叛了老师；如果不射国君，我又背叛了主帅。还是射更加合于礼吧！"于是张弓搭箭，又故意把准头偏几分，一箭射中了卫献公战车上的曲木，然后掉头就走。

尹公佗说："丁和你有师徒之亲，和我的关系就疏远了。你既然不忍下手，那就让我来吧！"于是再度掉转马头，又去追赶，眼看两车渐渐相及。

危难关头，公孙丁毫不慌乱，把马缰交给卫献公，亲自操箭还击，一箭射穿了尹公佗的臂膀，并就此摆脱了追击。

将要出境，卫献公设坛祭告先祖，呈述自己没有罪过，实乃被臣下逼迫才放弃社稷。

定姜①对卫献公的话嗤之以鼻，嘲讽道："你要么说实话，要么闭嘴！明明自己有三宗罪，你为什么说没有，先祖是可以欺骗的吗？"

卫献公眨巴眨巴眼，装出一副很无辜的样子。

定姜继续数落道："舍大臣而与小臣谋，一罪也。先君有冢卿（指孙林父和甯殖）以为师保，而蔑之，二罪也。余以巾栉事先君，而暴妾使余，三罪也。"

一般人在落难之余倘若遭此三罪之骂，就算不被气死，至少从今往后要学着夹紧屁股做人吧！可是，卫献公后来用实际行动告诉我们，他根本就没有一点儿触动。

齐灵公接纳了卫献公，并把他安置在郲地。孙林父没能力跨省，于是打道回府，立卫献公的堂弟公孙剽为君，史称卫殇公。

卫献公由君主退化成寓公的境遇，用惨不忍睹来形容恰如其分。可卫献公自我感觉良好，一点儿也不把自己当作乞食于他人门下的丧家犬看待。

鲁国对卫献公被驱逐一事很关心。卫殇公即位前，鲁国就派厚成叔赴卫国调停；卫殇公即位后，鲁国仍然派臧孙纥（臧孙辰之孙）前往齐国慰问卫献公，可谓古道热肠，令人感佩。

但卫献公接待臧孙纥时，非但不再三致意，反而态度粗暴，好像双方的身份调了个头，他卫献公是予生予死的施惠者，而臧孙纥是求爷拜奶的受惠者。

臧孙纥打死也没料到自己居然会热脸贴上冷屁股，退出后兀自怒气勃勃，对手下发泄道："卫侯吃什么长大的，怎么说起话来像是倒粪桶？流亡在外而不思悔改，他还想不想复位？"

一直追随卫献公的公子展和公子鲜听说此事后大吃一惊，赶紧找臧孙纥赔礼道歉。好话说了一箩筐，臧孙纥方才平息怒气。

---

① 卫定公夫人，卫献公的嫡母而非生母。

关于卫献公的结局，我这里不妨提前剧透一下。他人品虽差，但运气不错，十二年后又回国了，而且复位为君，过了三年颐指气使的逍遥日子，最后死在任上。

这个故事看起来比较完美，但我还是忍不住要揭露一下。卫献公这厮太不是个东西，他从齐国回去的时候，竟然把人家郲地的粮食统统打包运走。若论贪鄙，只怕连宋庄公也要自叹弗如。诶我说卫献公，你怎么不把在郲地住的房子也拆成零碎顺走呢？那些建筑材料可以给你修坟墓嘛！

卫献公被逐这事之所以牵动晋国的神经，不在于卫国是晋国的盟友，也不在于孙林父和晋国六卿的特殊关系；而在于，卫献公逃往了齐国。

是的，春秋时代臣子驱逐君主的案例很多，卫献公出逃并不稀奇，只不过出逃的方向晋国比较在乎，而齐国恰恰就是晋国所不能容忍的出逃目的地。至于原因吗，那就说来话长了。

在晋、楚争霸的年代里，晋、楚、齐三个大国之间的关系耐人寻味。其中，晋国和楚国是超级大国，齐国是重要的平衡器。

这种格局一方面导致晋、楚双方都力图争取齐国为我所用，另一方面也给了齐国待价而沽，进而左右逢源，再进而自立门户的机会。

所以我们看到，齐国绝不像其他诸侯国那样，对晋国或楚国俯首帖耳，唯命是从。它总是时不时要干出点儿目无盟主尊威、不积极参与联盟集体活动、不严格遵守联盟纪律的事情来。

以晋悼公复霸时期为例，齐国名义上属于晋国阵营，事实上却没让晋国省心。

公元前573年冬，晋国召集诸侯在宋国的虚杅商议援宋抗楚之事，齐国开会的时候答应得好好的，可一散会就放了晋国的鸽子。

公元前572年的五月，晋国召集诸侯攻打郑国，至于鄑地，齐国代表崔杼公然吐露不满晋国的言论。

公元前571年的七月，晋国召集诸侯在卫国的戚地商议伐郑之事，齐国非但自己不来，还对滕、薛、郳三国施加影响力，使得三国也没有赴会。

公元前570年的六月，晋国在鸡泽召集诸侯举行盛大会盟。会前，晋国担心齐国再次旷到，特意派范匄到齐国上门邀请，对齐灵公晓以大义。齐灵公勉强答应。正式开会时，受邀国都是国君亲自赴会，但齐国偏偏只派了个世子光。而且在后来晋国组织诸侯与楚国斗法的过程中，世子光几乎就成了齐国的固定代表（"几乎"以外的时候，都是崔杼为代表），仿佛他老爸齐灵公死了一样。

公元前559年夏，晋国召集诸侯伐秦，齐国派崔杼赴命。可是《春秋》在记述此事时没提崔杼的名字。《左传·襄公十四年》解释说，这是因为崔杼在作战时表现得很怠惰。

如果说，上述事例还只是反映了齐国侍奉晋国时三心二意的态度，那接下来的几个事例，就充分反映出齐国谋求摆脱晋国控制、推行独立外交政策的努力。

首先我要提示一下，齐国的这种努力一开始显得很不经意，至少从表象上观察，事情是由周王室挑头的。

公元前561年冬，周灵王 [1] 向齐国求娶王后。

王后必然是妻，而古人娶妻绝不像我们现在找对象这般专挑长得好看的，他们势利得多，基本上只对官二代和富二代之类有背景的女人感兴趣。

依据宗法制度的规定，妻生的儿子称为嫡子，妾生的儿子称为庶子，一般情况下只有嫡子才具备继承权。

正因为嫡子拥有继承权，所以外家（也就是嫡子的外公家）将来就有可能利用亲缘关系参与嫡子对家族事务的处置；反之，嫡子将来也方便借助外家的力量来巩固家长地位。

这也就是说，古代娶妻的本质其实是一种政治结盟。

齐国是大国，周灵王求娶齐女为妻，自然是想让齐国帮忙支撑一下周王室风雨飘摇的台面。那么，在这个基本思路之下，周灵王有没有什么具体的诉求呢？

当然有，他想遏制如日中天的晋国。

放眼天下诸侯，周王室的主要威胁来自楚国，晋国领导北方诸侯抗楚，本来是周王室喜闻乐见的好事。

但问题在于晋国对楚国的打压过了度，大有一统中原之势，这让处在礼乐崩坏日甚一日大环境中的周王室对自己未来的安全产生了新的忧虑。

---

[1] 周简王之子，公元前572年至公元前545年在位。

晋文公称霸时，向周襄王提请死后享用天子的礼仪（隧葬）；谁能保证晋悼公取得更加辉煌的霸权后，不向世人宣布死前就享用天子的礼仪呢？谁能保证？

因此，周王室不希望看到晋国在现有的基础上继续壮大，而与试图从晋国背后走出来的齐国联姻，就成了周灵王扶助第三方力量以制衡晋国的最佳选择。

对于周王室的深情厚谊和无限期许，齐国当然是正中下怀、应声不迭。双方随后就达成了口头的婚约[①]。

公元前559年卫献公奔齐后，周灵王为了进一步刺激齐国加快与晋国分庭抗礼的步伐，又派官师刘夏赴齐，对齐灵公说："昔日太公（即姜子牙）作为周室的股肱、万民的师保，辅佐我先王，护佑周室没有走向败坏。周室世世代代铭感太公的功劳，让他的后人在东海显扬光大。如今，我命令你环（齐灵公名环），遵循太公的常法，继承太公的志向，不要辱没了你的先祖！"

周灵王说话虽叽歪，但语意再明显不过了，中心思想就两条：第一，齐国当年可是下不得地的赫赫大国哟；第二，快点儿去夺回原本就属于齐国的荣耀吧，老子不顶死你誓不罢休。

周灵王不遗余力的连番挑逗，无异于在齐灵公的心头火上浇油，于是齐国在国际事务中与晋国貌合神离的迹象越来越明显。

因为感受到了这种趋势，所以晋悼公不愿看到齐国借收留卫献公之机干涉卫国事务，进而扩大齐国在中原的影响力。

基于这种考虑，晋悼公改变谴责和制裁卫国的初衷，转而采取了不反对卫殇公即位的态度。公元前559年冬，范匄与孙林父以及鲁、宋、郑、莒、邾诸国代表在戚地会晤，以示对卫国现政权的正式承认。

公元前558年春，周灵王派刘夏与单靖公赴齐迎接王后，这标志着周王室与齐国深化双边关系的努力取得了阶段性成果。

综观此时的中原局势，秦国在一心一意闭门疗伤；楚、吴在锲而不舍地互殴，继吴国伐楚大败于庸浦后，楚国伐吴又大败于皋舟，双方算是扯平了；郑、宋、

---

① 口头约定是"结言"的译文。《公羊传》桓公三年云："古者不盟，结言而退。"可见，结言并不代表不郑重。

鲁三国在友情互动以增进彼此的关系。

晋国领导的中原联盟的主体是稳固的，唯一的变数就是齐国。而且齐国在背弃晋国的进程中，胆子越来越大，步伐越来越快，举措也越来越狂放。

同年夏，齐国终于突破了自鞍之战三十三年来晋唱齐随的两国关系模式，开始公然挑战晋国的盟主权威，其具体表现形式就是兴兵伐鲁。

齐军深入鲁国北境，包围了曲阜以北的成地。

鲁国朝野震动，赶紧派正卿季孙宿和卿士叔孙豹率师驰援，赶在齐军破城之前堪堪解围①。

齐军退去，但鲁国的危险并没有完全解除，因为入秋后邾国又攻打了鲁国的南境。

邾国的这次军事行动不可谓不诡异。作为一个多年来依附于鲁国的区区子爵国，竟敢反插大哥一刀，难道它吃了熊心豹子胆吗？

当然，大家只要看清楚邾国跳梁的时机，就不难揣测它以小犯大的动机了。

齐国伐鲁，鲁军主力北调；齐军退去，鲁军固守北方；邾国随即攻打鲁国南境。对于这种南北呼应、轮番出手的做法，如果邾国说它和齐国没有地下协议，大家觉得可能吗？

不管你们觉得可不可能，反正鲁国觉得不可能。从地缘分布上看，齐国位于鲁国头上，邾国位于鲁国脚下，倘若齐国和邾国联合起来，对鲁国上下其手，那鲁国还不得被立地玩残哪？

有鉴于形势危急，鲁襄公没有选择硬挺，而是迅速派使者向晋国求救。

晋悼公意识到，齐国伐鲁绝非起于两国的龃龉难入，事态的后续发展也绝不会仅限于两国的拔刀相向，这是要变天的前兆，万万疏忽不得，于是筹划召集诸侯拿邾国和莒国开刀②。

准备工作紧锣密鼓地开展着，晋悼公的脑海里，一定在考虑如何先平定邾、莒，扫清齐国的外围势力，然后集中力量，直捣临淄，给齐国未来三十年的外交

---

① 季孙宿于公元前 562 年把鲁国的二军扩充为三军，约定三桓各掌一军。由季孙宿和叔孙豹率军可以推断，为了救援成邑，鲁国出动了三分之二的中央军，则齐军兵力之厚重，亦可见一斑。

② 莒国曾在公元前 561 年伐鲁，且与楚国有暧昧关系，晋国欲扁之久矣。

政策定下基调。

思路很明晰，盘算也很科学，以楚国被吴国死死纠缠和鲁、宋、郑等中原诸侯固附的有利形势，晋国要想惩治齐国并不难。

可晋悼公却不合时宜地病倒了。晋悼公大概没有想到，他此生中最大的敌手已张牙舞爪地扑面而来。这个敌手不是楚国，也不是齐国，而是他自己的寿数。

公元前 558 年冬，晋悼公时年三十岁，一个世人追求"而立"而他本人追求"平天下"的年纪。晋国从一个辉煌走向另一个辉煌的势头，随着晋悼公的生命一起，戛然而止。

关于晋悼公生前的功绩，似乎已无须赘言。

从周王室东迁至此，春秋时期的争霸舞台上相继活跃着郑、齐、晋、秦、楚五国，其中以晋国的霸业最为长久（而且春秋后期也无人能够望其项背）。

晋文公创霸、晋襄公续霸和晋悼公复霸同为这份伟业的结构性组成部分，但晋悼公在与楚国角力的过程中，对于地缘政治的理解更加透彻，对于中原诸侯的驾驭也更加得心应手，其三驾制楚的招牌动作体现了极为高超的战略运筹能力，堪称当世罕见的恢宏巨作。

关于晋悼公身故的影响，也绝不是着眼未来几年就能说得清。

历史的发展有其必然规律，但关键人物具备在特定时段改变历史局部的能力。

晋悼公之死对晋国而言，不仅意味着丧失了一位杰出的领袖，晋国的迅猛发展有陷入困顿之虞；而且晋悼公英年早逝，其子晋平公以冲龄践位，不可能指望他也如晋悼公即位之初那般成熟与稳健。

在晋国萎缩的背景下，中原联盟难免有所松散。蠢蠢欲动的齐国必然会更加明目张胆地追求自己的独特个性，努力实现本国的复兴梦想，反过来又进一步加速中原联盟的瓦解。

而楚国因为来自北方的压力骤减，也终于可以做出反击的举动。

整个中原渐渐呈现出诸强并峙的格局，数百年后战国七雄割据之势实源于此。

因此，对于晋悼公之死，我们除了唏嘘便只有感叹。假如天意眷顾，能够再借晋悼公三纪光阴，他必定会还老天一个井然有序的中原吧？

晋悼公，我与你一样，心中满满的都是恨！

奔袭吧，猛男！

公元前 557 年春，晋悼公下葬，他倒是入土为安了，晋平公却面临着联盟东部崩溃的危险。那么，承袭晋悼公的未竟之志，打压齐国单飞的野心，就成了晋平公的当务之急。

当然，心急可以，办事可不能急。作为幼主，又是初即位，晋平公有必要在施展外交动作以前，首先安定国内局势，稳固一下政权再说。

晋平公的举措分为两手，一手为文，一手为武。

文的那手就是选贤任能，使羊舌肸（前中军尉佐羊舌职之子）为太傅，张君臣（前中军候奄张老之子）为中军司马，祁奚、韩襄（前首席公族大夫韩无忌之子）、栾盈、范鞅为公族大夫，虞丘书为乘马御。

武的那手就是加强新绛的安全保卫，防止在君权交替的过渡阶段爆发内乱。

整理好内务后，晋平公沿黄河而下，召集鲁襄公、宋平公、卫殇公、郑简公、曹成公、莒犁比公、邾宣公、薛文侯、杞伯和鄫子在溴梁（温地境内）会晤。齐灵公本来也在被召之列，但他恃强自傲兼做贼心虚，只派了大夫高厚赴会。

在会上，晋平公命令诸侯退回相互侵占的土田。

邻国之间有领土纠纷是很稀松平常的事，哪个诸侯心里没揣着个做大做强的梦想？晋平公和中原诸侯初逢乍遇，也不先叙叙辈分套套交情就忙着整饬国际秩序。

诸侯都明白，晋平公这一招这叫作项庄舞剑，意在沛公，明面上是一视同仁地要求各国诸侯安分守己，实际上针对的是侵袭了鲁国的齐、邾、莒三国。

诸侯没料错，刚宣布完纪律，晋平公立马就把莒犁比公和邾宣公逮了起来。

莒、邾二公喊冤，不是说法不溯及以往吗？

晋平公暗自冷笑，你们还好意思喊冤，要不要老子把你们和齐国勾三搭四的奸情一股脑儿给端出来？

稍后，晋平公在温地宴请诸侯，为了活跃气氛，就让各国的大夫们下到场子中央唱歌跳舞。

古人的情趣与现代人不同，唱歌跳舞确实嗨皮，但我实在想不通弄一帮老男人鬼哭狼嚎、扭扭捏捏有何美感可言。

当然，我的观点纯属吃咸萝卜操淡心。晋平公那会儿就流行这种范儿，上层社会的老少爷儿们非但都喜欢观赏，而且基本上人人都能登台献丑。

大概是为了保证表演的精彩程度，晋平公特意要求大夫们歌曲与舞蹈的韵律必须相互协调。

说到这里，我忍不住再多句嘴，其实晋平公也有瞎操心的嫌疑。须知舞蹈是一种基于节拍的运动，如果舞蹈动作的节拍与歌曲的韵律不相符合，我实在想不出这舞该怎么跳。

譬如，放一曲西班牙斗牛士，让你跳慢三，你是宁愿跳舞，还是宁愿去死？

不过，也有人证明晋平公的担心不是多余。因为，他的歌舞就不相协调。这个人叫高厚，他是在场唯一代表国君前来赴会的大夫。

晋国中军将中行偃老早就对齐国屡次擅自做主降低与会人员规格的做法不爽了，现在再见到高厚那手忙脚乱的样式，不由得火气上涌，虎着脸说："诸侯有异志矣！"

大家要习惯古人温吞的说话方式，这句貌似不痛不痒的话在当时听起来是很严厉的。而且我还要提醒大家的是，中行偃此话不唯独直刺齐国的异志，也挑穿了在座某些诸侯隐蔽的心思。

发完飙后，中行偃让各国大夫盟誓表达对晋国的忠诚。

所谓盟誓，结尾必定有倘若背约不得好死之类的咒语，这对心怀鬼胎的高厚来说是个严峻的倒逼，因此他赶在盟誓举行之前就逃走了。

我想，晋国对于高厚的举动应该也不会感到太惊愕，毕竟齐国这么多年来和晋国貌合神离，地球人都知道两国背道而驰只是迟早的事情。

况且，盟誓或许压根儿就是晋国采取的打草惊蛇之计，促迫齐国进一步暴露真实想法，反正强扭的瓜不甜，捆绑的夫妻也留不住。

于是，中行偃与鲁、宋、卫、郑、郳国的大夫盟誓，约定共同讨伐背盟的诸侯。

溴梁会盟还有另外一个重要的议题是许国迁国之事。

许国的初封地原本紧邻郑国南部，后来因不堪郑国的欺凌，许国投靠楚国，并于公元前576年的十一月迁往楚国边境的叶地，从此沦为楚国的附庸。

不料才出狼窝，又入虎穴。楚国比郑国更加狠辣，政治上逼迫不说，而且隔三岔五地把许国迁来迁去。

许国被折腾得劳民伤财，奄奄一息，因此许灵公萌生了去楚投晋之意，并在溟梁会盟前向晋国提交了申请报告。

溟梁会上，诸侯接受了许灵公的请求，让他举国北迁。可是许国国内的意见并不统一，大夫对迁国持集体反对意见，许灵公只得作罢。

晋国勃然大怒，要迁的是你，不要迁的也是你，敢情老子闲得慌，合该陪着你玩过家家的游戏是吧？

会盟结束后，晋国遣散诸侯，单独出兵伐许。

公元前557年的六月，晋军挺进许国，攻占了械林（与秦国的械林同名异地）和函氏；大概觉得还不解恨，又移师攻打楚国，以报复四年前楚国会同秦国攻占宋国杨梁之事。

楚国出兵抵御，与晋军战于湛阪，结果楚军大败。晋军乘胜追击，兵锋直抵方城以北，耀武扬威了一番后，取道许国而还。

趁着晋国把目光投向南方之际，齐国于公元前557年秋再次包围了鲁国北境的成地。

此时的成地，防御势态较之一年前已有所好转，因为鲁国为它修建了外城，相当于套上了双重保险，齐国不磨破几层皮压根儿就甭想杵进去。

固守坚城之余，鲁国又派三桓之一的孟孙速率军驰援。

孟孙速是鲁国闻名的勇将。齐灵公在成地举步不前，正自气馁，听闻孟孙速来了，打心眼儿里有几分怵惧，干脆班师回国了。

鲁国虽然没费多大力气就防下了这一波，但受到的惊吓可着实不小。齐军前脚刚刚出境，鲁国后脚就让孟孙速把沟通齐鲁的隘道海径堵塞，并派叔孙豹赴晋控诉齐国。

晋国对此也义愤填膺。中军将中行偃说："敢不从执事以同恤社稷，而使鲁及此？"中军佐范匄说："匄在此，敢使鲁无鸠（鸠意为安全）乎？"

就在晋国酝酿援鲁之际，齐国又一次做出了挑衅的举动。

公元前556年秋，齐军突入鲁境，然后兵分两路，齐灵公率师包围了桃地，高厚率师包围了防地，猛攻不止。

防地是鲁国世卿臧氏的封邑，而且当时臧氏宗主臧孙纥就在城中，这可把鲁襄公急得不行。

随即，鲁国援军自阳关出发驰援防地，想把臧孙纥救出来。

谁知援军机动到防地外围的旅松时，被齐军截住，再也无法前进半分。耳听得防地那边隐隐传来的厮杀之声，旅松这边鲁军的心都碎了。

于是，展现个人英雄主义的机会来了。

一天夜里，防地城中冲出一支三百人的敢死队。为首的将领正是在逼阳攻防战中力托千钧城门的叔梁纥，队伍中间还夹着一坨宝贝疙瘩。

这帮猛男打打杀杀，浑身浴血，硬是穿透齐军的重围，与旅松的援军胜利会师。

援军说兄弟你们咋来了，是不是防地已破，臧孙纥人呢？

叔梁纥等人二话不说，把他们死死护卫的那坨宝贝拿了出来。

援军一看，赫然就是毛发无损的臧孙纥，当下热泪盈眶，拉着叔梁纥等人就要投阳关而去。

叔梁纥等人摆摆手，你们护送臧孙纥去吧，老子还要回去跟高厚死磕，说完又抄起家伙，再度撕开齐军的防线，连夜回到了防地城中。

齐军被叔梁纥这么一搅和，也变得意兴索然，不久就主动撤围闪人了。

齐国此次伐鲁不是孤立的事件。我这句话有三层意思。

第一，伐鲁是齐国向中原进军的必经程序，是齐国自立门户的举措之一。

第二，齐国破坏中原联盟安定团结的做法产生了有害的示范效应。齐国此次伐鲁前，卫国的石买、孙蒯率军攻击了曹国。

第三，齐国践行进军中原战略的形式，并非每次都表现为自己亲自出马。齐国此次伐鲁后，邾国受齐国的指使，攻击了鲁国。

对于晋国来说，一年之中，卫、齐、邾相继作乱，中原东部的局势渐趋恶化，继续执行晋悼公那套相对保守的对齐政策[1]，显然已经无法克制齐国那日益膨胀的

---

① 即晋悼公临死前筹划的先扫清邾、莒，再平定齐国的政策。晋平公即位之初沿袭了这种政策，譬如，在一年前的溴梁会盟上，只是逮捕了莒犁比公和邾宣公，并没把吊儿郎当的齐国代表高厚怎么样。

野心。直接对齐国用兵的念头，想必已经夙夜萦绕在晋国君臣的心头了吧。

公元前 555 年夏，晋国借石买和孙蒯出使晋国之机，将其逮捕，警告卫国不要在联盟内部目无法纪。

同年夏，齐灵公又率军侵入鲁国北境，搞风搞雨，不亦乐乎。

晋国终于忍无可忍，决定赶在齐国上蹿下跳发展到不可收拾的地步之前，予以齐国透彻的打击，一举平复中原东部的局势。

出征前，中军将中行偃做了一个奇怪的梦。

他梦见自己和晋厉公争讼，没有争赢；接着晋厉公举戈打他，砍下了他的脑袋；然后他跪下去捡起脑袋，重新安放在自己的脖颈上；又觉得不太稳当，于是用两只手扶着脑袋走路，并见到了梗阳（晋国地名）那个叫皋的巫人。

梦境本来就是由各种生活经验碎片夸张扭曲后随机组合而成，所以梦到光怪陆离的情节并不奇怪。就中行偃而言，他十八年前与栾书一道弑杀了晋厉公，多年来一直存留着心理阴影，也是极其正常的事。

但中行偃的梦仍然十分诡异。其诡异之处就在于：做完这个噩梦的几天之后，中行偃真的在路上碰见了皋巫，而且一番交谈后中行偃得知，皋巫几天前也做了一个梦，梦中的景象和中行偃梦到的一模一样。

我现在只想问大家一个问题，如果换作你是中行偃，你有没有一种天雷滚滚、阴风阵阵的感觉？

中行偃请皋巫解梦。皋巫说："您必定活不过今年了，但东方的战事还能如愿。"

辞过皋巫，中行偃随晋平公伐齐。将要横渡黄河，中行偃向河神祷告，称如果神灵护佑，使晋军马到成功，他中行偃不敢再次渡河。

十月，晋军与鲁、宋、卫、郑、曹、莒、滕、薛、杞、郳诸军在鲁国的济水之畔会合，重温溴梁之盟，约以同心伐齐。

联军规划的行进路线，是经由济水与泰山北端之间的平原走廊，自西向东展开攻击。在这条路线上，坐落着齐国的一个边邑，名叫平阴。

因为临近鲁国，齐国近四年来六次对鲁国北境用兵，基本上都是以平阴作为攻击发起点。

然而平阴也有一个致命的弱点，就是它周遭的地势开阔平坦，难以防守。

对于如何抵御联军的攻击，齐国有两种意见。

齐灵公认为齐军应该坚守平阴，拒敌于国门之外；而他的亲信宦官夙沙卫（此人不可以死太监等闲视之，依据《左传》的记载，他是齐灵公倚重的大臣）则认为平阴不足以抵御联军的雷霆一击，齐军应该坚守平阴东部泰山山麓中的关隘。

齐灵公最终没有听取夙沙卫的意见，亲自率重兵驻防平阴，且在平阴以南不远的防门（防门是拱卫平阴的外围据点）拼命挖掘壕堑。

我用"拼命"这个词来形容齐军土方作业的力度，不知道能不能引起大家的重视。事实上，防门外的壕堑绝对能够惊爆你们的眼球。因为，整个工程是由很多条战防沟并排组合而成，加起来足有一里宽（周代的一里约合现在的四百一十六米）。

一里宽的壕堑，听起来都让人眼前一黑。下这么狠的功夫，充分反映了齐灵公对达成战役目的的殷切期盼。

可是，战局的发展并没有如齐灵公所愿。随后联军攻打防门，守军死伤殆尽，平阴眼看就要直接暴露于联军的刀剑之下。是继续固守，还是主动移防，成了齐灵公不得不面对但又难以回答的问题。

晋国中军佐范匄决定给齐灵公提供一点儿参考意见，他以关怀的口吻对平日有私交的齐国大夫析文子说："咱俩可是老朋友了，在你面前我不敢有所隐瞒。鲁国和莒国请求各以一千辆战车的兵力攻打贵国，我们已经同意了。如果齐侯在这里与我们作战，而后方又与鲁、莒交战，首尾失顾，必然会丢掉整个国家。你为何不替齐侯打算一下呢？"

析文子随即把这番话传给了齐灵公。

范匄和析文子虽有私交，但此刻各为其主，范匄说的到底是人话还是鬼话，值得齐灵公细细品味斟酌。

然而，范匄的话包含了多大程度的善意，或者说蕴含了多大程度的真实性，已不重要。重要的是它揭示了一种彻底摧毁齐国的可能，齐灵公根本不敢拿身家性命和范匄豪赌。

怀着极度忐忑的心情，齐灵公登上了平阴东北一个叫巫山的高地察看敌情，并看到了让他胆战心惊的画面。

视线中，满屏都是联军大旗招展的军阵，即便山林河泽等险要之处也无空缺；无数的联军战车在驱驰，车上人员齐备，车后尘土飞扬。

齐灵公心里默默念叨：爆兵，爆装备，接下来，这是要爆口的节奏哇！

下得山来，齐灵公便义无反顾地移交指挥权，抛下军队逃回临淄去了。

好汉不吃眼前亏，打不赢就跑，看来齐灵公并非偏执之人。只不过他肯定没有想到，他在巫山上看到的景象不全是真实。

晋国此次举三军伐齐，又有十国诸侯相从，兵力旺盛当然不容置疑。可是，晋军为了恫吓齐军，刻意做了种种虚假的布置。

例如，山林河泽间的军阵，旗帜倒是插得满满当当，其实里面没几个兵士；那些遮天蔽日的战车上，其实只有车御和车左是真人，车右统统都是假人，而它之所以能够扬起浓厚的尘土，是因为车后拖着一把木柴①。

齐灵公一走，平阴的齐军更无斗志。

十月二十九日晚，齐军趁着晦黑的夜色弃城而逃，但马匹嘶鸣闹出很大的动静，其行踪因此被联军侦知。

十一月一日，联军占领平阴，随即展开追击。

此时的齐军总指挥是夙沙卫，他让士兵把军中的大车连接起来，堵塞来路（齐军东归之路是穿越泰山余脉的山间小路），并亲自殿后掩护。

齐将殖绰和郭最说："由您来殿后，这是国家的耻辱，您还是先走吧！"

夙沙卫说好，毫不犹豫地宰杀自己的马匹，把马尸也充作了路障。

然而，齐军匆忙中以车马制作的路障到底不如山石巨木制作的路障坚固，联军很快就将其清除，如影随形般追了上来。

殖绰和郭最返身抵挡，杀作一团。

晋将州绰箭法精准，连射两箭，一箭射中殖绰左肩，一箭射中殖绰右膀。两支箭恰好把殖绰的头夹在中间，就跟江湖艺人表演飞刀扎人一样。

射完后，州绰向殖绰喊话："快快束手就擒，要不然下一箭我就要射正中了！"

---

① 只有重量大的车碾压路面才能形成扬尘，联军的车上少了一个人的重量，不足以扬尘，所以要拖木柴。

殖、郭二将不复其勇，乖乖地缴械投降（殖绰战后被释放）。

追击至此，联军对下一步的行动方案有所分歧。晋国主张继续追击，尽量消灭齐军的有生力量；鲁国和卫国主张舍弃追击，转而攻打追击路线侧面的齐国关隘（也就是之前夙沙卫力主坚守的地方）。

无疑，鲁国和卫国的主张更加科学。

虽然这些关隘依山而建，易守难攻，但晋国必须先行拔除它们。因为倘若不予以拔除，当联军深入齐境后，这些关隘中的兵力可以截断联军的退路，并与临淄方向的齐军形成前后夹击联军之势。

于是，联军停下脚步，转而攻打山中的关隘。

十一月十三日，中行偃与范匄率中军攻克京兹。十九日，魏绛和栾盈[①]率下军攻克邿地。赵武和韩起率上军攻打卢地，没有得手。

几经纠缠，联军顺利东进，于十二月二日攻克临淄外围的秦周，前锋直抵临淄的雍门（西门），将门外的萩木砍伐一尽。范鞅的车御还在门下杀死了一条狗。

随后，联军主力蜂拥而至，将临淄团团围住，四面攻打。一时间，临淄城外矢石如雨，火光冲天。

三日，临淄西面和南面的外城以及雍门被焚毁，南门外的竹木亦被晋大夫刘难和士弱率领的诸侯军队付之一炬。

六日，临淄东面和北面的外城被焚毁，范鞅率军攻打西北的扬门。州绰攻打东门，大军拥挤于门下，州绰战车的左骖盘旋而不得进，以致州绰将城门上的乳钉都数得清清楚楚，这件事成了州绰日后引以为傲的功绩。

眼看外城尽毁，齐灵公丧失了在临淄和联军战斗到底的勇气，他驾起马车，准备逃往邮棠。

应该说，齐灵公决定逃跑是极其不负责任的举动。他最后能否成功突围暂且放在一边，群众的眼睛可是雪亮的。

只要朝野各界看见他在跑，或者听说他想跑，那没准大家跑得比他还快。更何况，临淄作为都城，其坚固冠绝全国，你齐灵公连临淄都守不住，还能指望哪

---

① 栾黡于公元前 556 年死去，随后魏绛晋升为下军将，栾盈入补下军佐。

座城邑能提供安全的庇护呢？

紧要关头，世子光和大夫郭荣拉住了齐灵公的马头，让他别急着跑。

齐灵公问为什么。

世子光和郭荣说："敌军突进的速度如此之快，说明他们此次入侵以掠夺财物为主，并无久战取地之意，用不了多久就会退兵，您害怕什么？"

二人的见解颇让人眼前一亮。齐国国土面积不小，但联军才花了一个月多一点儿的时间，就从边境一路滔滔打到临淄，这的确不是步步为营、口口蚕食的打法。

然而齐灵公已经吓破了胆，对二人的劝谏不管不顾，意欲强行纵马出逃。

世子光迫不得已，抽剑砍断马鞅。马鞅之于御者，就相当于方向盘加脚刹之于汽车司机，马鞅一断，马车自然就无法前行了。

而失魂落魄的齐灵公经这么一折腾，仿佛从世子光的决绝中汲取了几分精气神，终于打消了立刻出逃的念头。

齐灵公虽然暂时稳定了情绪，但世子光关于联军即将退军的判断准确与否还是个未知数。因为战事的后续发展有点儿让齐国眼花缭乱，联军并没有锲而不舍地攻打临淄内城。

十二月七日，联军弃城而去，然后兵分两路，一路向东打到了潍水，一路向南打到了沂水，大有席卷齐国全境之势。

齐国局势糜烂至此，实为姜太公立国近五百年来所不曾见。我想，在那些齐军节节败退的日夜里，路过齐国的各路神仙佛祖，一定额外多享用了几炷齐灵公供奉的香火吧。

神佛之说，虽属一厢情愿，但不可否认的是，局势的转机已经悄悄地来了。

转机来自何处，我得分两头说起。

郑国的执政大夫公子嘉意欲清除大夫公孙舍之和公孙夏（公子騑之子）以专郑政，苦于一直找不到合适的下手机会。

此次晋平公召集诸侯伐齐，郑简公率军亲征，托付公子嘉、公孙舍之和公孙夏三人共同守国。

公子嘉私利作祟，准备赶在国君回来之前发动政变，就遣使奔赴楚国，冀图引导楚军攻郑，顺便弄死公孙舍之和公孙夏。

楚国这边，楚康王得知晋、齐内讧，又看到了联齐制晋的希望，正有意出兵援救齐国。因此，当收到郑国求虐的信号后，楚康王便迅速做出了满足郑国欲望的决定。

令尹王子午①认为晋国领导的中原联盟仍具备强大的向心力，楚国伐郑恐怕讨不到多少好处。

但楚康王急于缓解齐国的燃眉之急，坚持要出兵。

王子午无奈，只好率军伐郑。

楚军进入郑国后，兵分三路行进。由于郑军主力正在齐国作战，国内防御薄弱，所以楚军没有遭遇太多阻滞。

右尹公子罢戎率右师在上棘筑城，然后徒步越过颍水（时值寒冬，江河已经封冻），驻营于旃然河畔。

司马芳子冯率精锐之师连续攻克费滑、胥靡、献于、雍梁四邑，接着向右绕过梅山，攻打郑国东北部，兵锋至于虫牢。

王子午亲率左师攻克鱼陵，然后攻打郑都新郑。

公子嘉本欲出城接应王子午，但公孙舍之和公孙夏察知了他的意图，随即加固城防，公子嘉之谋遂不能得逞。

而王子午在失去内应的情况下，一时半会儿也难以攻破新郑。

与此同时，远在齐国的晋平公获悉楚军伐郑的情报后，担心后路被包抄，正率领诸侯联军快马加鞭地向郑国疾驰而来。

王子午如临大敌，一面攻城，一面召回虫牢之师，集中兵力以备万全。

两天后，三路楚军在新郑城下会合，时天降大雨，楚军不胜其苦，将士大多冻伤，役夫则几乎全部冻死。

王子午眼见破城无望，于是果断下令撤军，穿越鱼齿山下的潍水而回。

公元前554年的一月，联军在援郑途中得知楚军已退，晋平公遂与诸侯会盟于鲁国的督阳，约定大国不准侵犯小国，并逮捕了邾悼公，勒令他返还邾国此前侵占的鲁国田土。

———————————

① 公元前559年，前任令尹王子贞伐吴而败于皋舟，回国后就死了，王子午继任令尹。

会盟结束，晋平公先一步回国；六卿和三军的一众军吏则受鲁襄公挽留，在鲁国吃喝玩乐一番后，才揣着沉甸甸的礼品走人。

这帮大老爷们名利双收，得胜还朝，原本走得挺欢畅，但中行偃却怎么也舒坦不起来。

此次出征，不知道什么时候，中行偃的后脑勺上长了一个米粒般大的小硬块，初时只是麻痒，但硬块日渐孳生，肿痛异常。

当中行偃渡过黄河到达晋国的著雍时，硬块已形如圆茄，面色泛紫。因为剧痛难耐，中行偃双目暴凸，眼看人已经不行了。

听闻元帅病危，先期回国的大夫赶紧折返来看望他。

范匄请求进见，中行偃不允。

范匄知道中行偃危在旦夕，又派人询问中行偃将立谁为后。中行偃说立其子中行吴。

一月二十九日，中行偃病死，其状甚惨，目不能瞑，口不能含。

方其出征，皋巫预言他活不过今年，中行偃本人亦有不复渡黄河之誓，这些话语竟然都一一应验①。

受益于楚国伐郑的牵制作用，齐国总算从联军狂风暴雨般的打击中缓过气来，又开始了战后重建工作。

然而，当公元前554年春日的阳光洒满大地时，齐国天空的阴云却没有消散的痕迹。因为，外患虽然告一段落了，内讧却又接踵而来。

齐灵公早年向鲁国求娶夫人，颜懿姬嫁了过去。按照媵制婚姻的习俗，颜懿姬的侄女鬷声姬也充任了齐灵公的后宫。

鬷声姬生下了齐灵公的长子公子光，而颜懿姬一直没有生育。所以公子光在没有嫡公子竞争的有利条件下，以庶长子的身份当选了齐世子。

齐灵公另外还有两个姬妾，分别叫仲子和戎子。其中仲子生了公子牙，戎子没有生育但受到齐灵公的宠幸。

---

① 《左传》叙事，以周正纪年，而晋国以夏正纪年。周正比夏正快两个月，也就是说，《左传》笔下的公元前554年的一月二十九日，以夏正套算，则为公元前555年的十一月。皋巫公元前555年说，中行偃活不过今年，所言不虚。

仲子把公子牙托付给戎子。戎子认为，宠幸这玩意儿，年轻貌美的时候不好好利用，等到年老色衰的时候就自动作废了，所以得抓紧时间充分挖掘宠幸蕴藏的价值才行。

鉴于自己没有生育，戎子决定趁早扶持公子牙，以便自己将来凭借公子牙而长享富贵，遂请齐灵公改立公子牙为世子。

戎子的举动，并非仲子授意，也不为仲子所理解。

仲子劝齐灵公不要擅行废立，因为无嫡立长本是成俗，况且公子光作为世子多年来代表齐国参与国际事务，已被诸侯所认可，如果无罪而废黜公子光的世子之位，那么不唯背弃了礼法，诸侯也一定会怨恨齐国当初派公子光出面与诸侯互动是藐视诸侯之举。

齐灵公不予采纳，坚持立公子牙为世子，又任命高厚和夙沙卫为公子牙的太傅和少傅，并把公子光迁移到了东部的一个边邑居住。这样一来，就给齐国埋下了动乱的祸根。

联军从齐国退出后，齐灵公紧绷的神经一放松，人也跟着病倒了，而且病情迅疾恶化，不久就陷入危重状态，丧失了对朝政的掌控能力。

这时，前世子党的权臣崔杼悄悄地把公子光迎回临淄，重新立为世子。世子光随即诛杀乱嚼舌头的戎子，并暴尸于朝堂之上。

五月二十九日，齐灵公咽气，世子光即位（史称齐后庄公），立刻派人逮捕了外逃的公子牙，又宣布夙沙卫有与戎子同谋之罪。

夙沙卫畏罪潜逃至高唐，并拥兵叛变。

在齐国动乱的过程中，晋国因前次联军伐齐未竟全功，又策动了两次对齐的军事行动。

第一次是于三月派栾鲂（栾盈的同辈族人）配合卫国的孙林父伐齐，闹出的动静不大；第二次是于五月派新晋中军将范匄率军伐齐，范匄走到卫国的穀地时，听闻齐灵公新丧，就很有君子风度地打道回府了。

齐国再次逃过一劫，但内乱并没有就此结束。

八月，崔杼在临淄城外的洒蓝杀死高厚，然后兼并了高厚的家财和封邑。接着，齐后庄公派庆封领兵攻打夙沙卫盘踞的高唐，没有攻下。

十一月，齐后庄公亲征高唐，驻于城下，见到夙沙卫在城头视察军情，就大声招呼他下来对话。

夙沙卫打开城门，隔着护城河与齐后庄公互喊。

齐后庄公问：高唐的城防坚不坚固哇？

夙沙卫说：一点儿都不坚固，这就一古代版的"楼脆脆"，您拿指甲挠一下，它没准掉块墙皮；您拿后腿踩一下地，它立马墙体开裂；您要是在城外筑个十米高的土堆，它保管整体垮塌。

简单交流过后，彼此道别，继续对峙。

夙沙卫探知齐后庄公即将展开攻击，就特意让将士们饱餐一顿，打起精神准备厮杀。

不曾料到，有些人吃了他的饭却不替他着想。当天夜里，守将殖绰和工偻缒绳而下，引齐后庄公攻城。夙沙卫猝不及防，遭齐后庄公生擒，随后被煮熟腌制成了无根风味咸肉。

公子牙进去了，高厚和夙沙卫结伴西行了，齐后庄公妖娆了，齐国也终于被自己安慰到了云鬓散乱的地步，要是晋国此时此刻再一杆子插进来，齐国非得虚脱猝死不可。

因此，素怀与晋国争锋宏愿的齐国，不得不采取了闭门静养的外交方针。

可是，齐国想静养，那也得晋国配合才行。于是齐国主动向晋国求和，双方于公元前 554 年冬在齐国的大隧结盟。

因齐国归服，晋平公又于次年夏召集鲁、齐、宋、卫、郑、曹、莒、邾、滕、薛、杞、郳十一国诸侯在晋的澶渊结盟，晋国在形式上又恢复到了鼎盛时期的状态。

当然，只是形式上而已。实质上，晋国眼下依然面临着一系列国内外的隐患。

就国外而言，中原东部的安全形势并未完全稳固。

邾国仍在不断地侵袭着鲁国，鲁国不得不思考邾国肆意妄为的动因所在。倘若没有大国的授意，邾国又怎敢公然破坏联盟的规矩呢？

思考的结果，鲁国将幕后主使的嫌疑对象指向齐国，并坚信齐国与诸侯媾和只是一种权宜之计，齐国称霸之心不会熄却，再次举兵西侵那也是早晚的事。鉴于此，鲁国加固了临近齐国的武城 ①，以强化边境的防卫。

应该说，鲁国的忧虑并非庸人自扰，只要晋楚争霸的大格局不改变，齐国就不可能被彻底削弱；换句话说，只要觅得合适的机会，齐国又会卷土重来，跟鲁国没完没了。

鲁国现在唯一不能确定的，只是齐国下一次动手将选在何时而已。

鲁国的判断，其实同样适用于晋国。只不过，打击楚国需要拉齐国做帮手，打击齐国又需要防范楚国作梗，这个死循环晋国目前还拿不出行之有效的解决办法。

就国内而言，隐患还是在于卿族之间的争斗。

卿族之间的争斗本质上是对国家权力分配结果的博弈，这种乱象由来已久，但公元前552年又迎来了一次高潮。这次高潮是由栾氏与范氏之间的矛盾引起。

如果大家记性好，应该还记得七年前，晋国伐秦归来后，栾黡驱逐范鞅之事。这件事在当时好像没有产生多大的动荡，而且范鞅不久就回国了，还与栾黡之子栾盈同时获封公族大夫。

然而，怨恨肯定是有的，只不过暂时郁积在了范氏的心底，得等到时机凑合才会发作。

这条线索我们暂且放一放，先去看看另一条线索，栾氏的家丑。

栾黡死后，他老婆栾祁（即范匄的女儿）跟栾氏的室老 ② 州宾私通，端的是出双入对，无法无天，以致栾氏的家产几乎都被州宾侵占了。

栾盈作为家族的继承人，对母亲的恬不知耻和州宾的狗胆包天当然是义愤填膺。

而栾祁察觉到栾盈的恨意，渐渐地也有了些忌惮。可是，忌惮过后，栾祁的应对方法不是悔改，而是诬陷。

她找到范匄，以关怀父亲安危的口吻说：栾盈将栾黡之死归咎于范氏的谋害，准备拼死反攻范氏，为其父栾黡报仇。

---

① 与楚国的武城同名。
② 大夫家中也有一套官僚体系，室老即家臣中的"执政"，有点儿类似于后世的大管家。

一个女人为了奸情竟然生出置亲生儿子于死地的想法，如此玷污母性光辉，其无知无耻只能用丧尽天良来形容。

但是栾祁的诬陷，不出意料地达到了目的。范氏本就怨恨栾黡，栾黡虽死，父债子偿；加之栾盈位居下军佐，平素豪爽，散财广缘，士多依附，范匄颇为猜忌。

在这两种情绪的共同作用下，在栾祁的挑唆下，在范鞅的附和下，范匄动了杀机，派栾盈到著地主持筑城。

显而易见，筑城只是个幌子，范匄的真实用意是先削栾盈之权而后图之。

栾盈亦有自知之明，害怕范氏的进一步迫害，遂于同年秋逃往楚国。

而他这一走，反给范氏坐实栾氏之罪提供了绝佳的借口。随后，范匄将依附栾氏的十位大夫统统处决，余党一律拘禁。

栾盈途经洛邑，在边境地带遭人劫掠，随身携带的财物尽失，以致无法继续前行。他随即向周灵王申诉，请周灵王念在栾书以前曾为周王室效力的情面上，助他南下。

周灵王大概对晋国内乱幸灾乐祸，所以第一时间派员制止暴徒，归还财物，再把栾盈护送出境。

周灵王的做法，晋国当然很恼火。于是晋平公召集鲁、齐、宋、卫、郑、曹、莒、邾八国诸侯在商任会盟，要求各国不得接纳栾盈。

会上，齐后庄公表现得很不恭敬，显然没把晋平公的话放在心上；而且会后不久，齐国就接纳了智起、中行喜、州绰和刑蒯等逃亡的栾氏党人。

公元前551年秋，栾盈从楚国辗转投奔齐国。

大夫晏婴对齐后庄公说，既然在商任接受了晋国的命令，那齐国就要讲信用，不应接纳栾盈。但齐后庄公置若罔闻。

消息传到晋国，晋平公很愤怒，当即召集鲁、齐、宋、卫、郑、曹、莒、邾、滕、薛、杞、鄫十二国诸侯在宋国的沙随会盟，再次强调不得接纳栾盈的禁令，只差没指着齐后庄公的鼻子骂娘了。

齐后庄公还是无动于衷，继续予以栾盈政治庇护。

齐后庄公倨傲与顽固背后隐藏的心理，被晏婴看出了端倪：经过几年的休整后，齐后庄公要一雪齐国五年前被晋国胖揍的耻辱。

不错，服晋只是为了伪装自己、麻痹晋国，再比高低才是齐后庄公心头挥之不去的梦想与诉求。他已经做好了战争的准备，现在所欠缺的，只是一个动手的时机。

时机说来就来。公元前 550 年春，吴国向晋国求娶夫人。作为晋国的同盟国，齐国必须致送滕妾到晋国，以等候吴国的迎娶。

据此，齐国拟订了一项极其大胆的行动方案。

这天，几辆篷车在一队战车的护卫下，从临淄启程开赴新绛。

战车上实打实的都是战士，一望可知；而篷车里却不尽是陪嫁的滕妾，在某一辆篷车上，装着几个男人，其中领头的是栾盈，剩下的都是他的亲信。

栾盈此行的目的，是悄悄地潜回晋国，然后发动军事政变。齐后庄公已经和他约好了，他在里面举事，齐军从外围攻打晋国，双方里应外合帮晋国活动活动筋骨。

经过几十天的颠簸，栾盈顺利地进入晋国，并回到了他过往的封邑——曲沃①。

栾盈趁夜拜访曲沃的守官胥午，请求获得这位老下属的支持。胥午被他策反，曲沃遂成为栾盈发动政变的基地。

在叙述栾盈即将展开的行动之前，我们不妨先了解一下晋国六卿对于栾氏的基本态度。毕竟，六卿位高权重，到时候他们选择与栾盈联手还是作对，是决定事态走向的关键因素。

时任六卿组成人员如下：

中军将	范匄	中军佐	赵武
上军将	韩起	上军佐	中行吴
下军将	魏舒	下军佐	（暂时空缺，稍后程郑入选）

这份名单中，范匄所代表的范氏与栾盈有仇是无须赘言了。

赵武所代表的赵氏怨恨栾氏，因为在公元前 583 年的下宫之难中，栾书为赵庄姬作伪证，对赵氏灭族起到了推波促澜的作用。

韩起所代表的韩氏与栾氏倒是没有直接的仇恨，但韩氏与赵氏极其要好，十年前，晋悼公要提拔韩起为上军将，韩起还让给了赵武来着，因此韩氏肯定偏向

---

① 曲沃为晋国宗庙所在，照理应该不会成为大夫的封邑。或说曲沃地域很大，晋侯仅以其中一部分赐封栾氏。

于与赵氏同好恶。

中行吴所代表的中行氏与范氏和睦，因为范匄曾佐中行偃于中军；而且怨恨栾氏，因为公元前559年时，晋国举兵伐秦，至战役后期，主帅中行偃坚持全军西进，而栾黡抗命不遵，与魏绛擅自率下军回撤，最终迫使中行偃率全军撤退。

程郑所代表的程氏是荀氏的分支，而且受到晋平公的宠信，不可能与栾氏站在同一条战线。

此外，晋国还有一个世家智氏，虽然目前没有担任军卿，但也具备相当的政治影响力，其宗主智盈年幼，平素由族叔中行吴看觑，所以智氏与中行氏同声一气。

六卿之中，唯一与栾氏厚善的是魏氏。

魏氏与栾氏的亲密关系建立于魏绛佐栾黡于下军的时期。后来栾黡去世，栾盈又佐魏绛于下军，两家可谓互相提携。

魏绛的儿子魏舒与栾黡的私交也相当不错。栾盈出逃那年，魏绛去世，魏舒承袭父职，担任了下军将。

六卿之外，栾氏的主要追随者为七舆大夫。舆是车的意思。春秋时代，诸侯外出时有七辆副车随行，每辆副车由一位大夫主管，则七辆副车上的大夫称为七舆大夫。

通过前面的介绍可以得知，栾盈的人脉有以下四个特点。

第一，栾氏本身是望族，门生故吏肯定少不了。

第二，栾盈本人具备独特的人格魅力，在晋国拥有一定的群众基础。

第三，栾氏与绝大多数卿族世家的关系紧张甚至恶劣。

第四，栾盈拥有齐国作为强力外援，而且齐国出兵的意图并未被晋国侦知。

这四个特点汇合在一起，使得我们可以简单勾画出栾盈造反的规模与方式。

首先，栾盈集团的势力不小，其骨干力量是栾氏家族及其旧部，有不少中下层的政治人物也会给予友情支持。

其次，栾盈集团一旦发动政变，开局会很猛烈，但越往后会越疲软。因为六卿中有五卿都对栾氏持反感或敌意，无论从私家恩怨的角度，还是从维护政治秩序的角度，他们都不会坐视栾盈得手。

再次，魏氏的支持力度与栾盈集团政变所能达到的烈度有直接关联。

最后，齐国的配合程度是栾盈集团政变的胜负手。单靠栾盈加魏氏肯定无法颠覆晋国的政局，但如果齐军适时攻打晋国，与栾盈集团密切协作，那就会给晋国造成极大的混乱。如此则齐国在国际得势，栾盈在国内得势，双方都获得了满足。

因此，栾盈政变最大的看点，前期在于魏舒的举动，后期在于齐军的行动。

好，废话少说，且看关联各方如何共同演绎这场精彩大戏。

四月，经过一番精心筹备后，栾盈从地下走上台前，率领曲沃军向国都新绛进发，并在魏舒的暗中接应下，以迅雷不及掩耳之势攻入新绛，随即陷入巷战。

栾盈入城时值白天，因此消息在新绛城中四处传播，引起了普遍的恐慌。而更令晋国高层惊惧的是，城内的魏舒已经显露出了与栾盈合谋的迹象，只是暂时还没有率众出击罢了。

因为事变太过突兀，作为首席大臣的中军将范匄，一开始也六神无主。

幕僚乐王鲋建议他赶紧觐见晋平公，然后与晋平公一起转移到固宫（晋平公在新绛的一座别宫），并设法改变魏舒支持叛乱的立场。

乐王鲋的思维敏捷而清晰。

一者，固宫里建有台观，便于防范叛军的攻击，是都城内最安全的处所。

二者，只有与国君待在一起，才能保证范匄随时掌控军政大权，对局势做出有效的处置。

三者，扭转魏舒意味着都城内政府军与叛军力量对比的重大改变，实为削弱叛军最快捷的办法。

范匄深以为然，欲依计行事，但又发现了另外一个问题：如何才能与晋平公会合呢？

都城边缘地带巷战正酣，核心地带没准也有潜伏的叛党伺机杀人，范匄招摇过市肯定是不明智的。

更何况，一直隐居幕后的魏舒肯定也在关注事态的进展，范匄公开露面必然会引起魏舒的警觉，甚至暴露转移的意图。

所以，想个计策偷偷进宫才是王道。可是，想个什么计策好呢？

说起来有点儿意思，范匄进宫的计策竟然与栾盈返晋的计策如出一辙，都是瞒天过海。

今年年初的时候，杞孝公去世，此君是晋悼公夫人的兄长。兄长去世，晋悼公夫人自然会服丧。而范匄的计策，正是着落在这丧服之上。

事不宜迟，范匄把堂堂大丈夫的气度甩到一边，穿上妇人的丧服，打扮成晋悼公夫人身边侍女的模样，和另外两个穿丧服的妇人同坐一辆手拉车不紧不慢地进了宫。

进宫后，范匄陪着晋平公赶往固宫，同时派儿子范鞅前去做魏舒的思想工作。

范鞅到达魏舒的处所时，见到的场景堪称险到了极致。当时，魏舒的军队已经排列整齐，战士们都登上了战车，杀气腾腾地正准备出发去迎接栾盈的军队。

也就是说，范鞅只要迟来一步，让魏舒走上了不归路，下一阶段的事态就会失去控制。

可是，范鞅虽然及时地见到了魏舒，面对这刀出鞘箭上弦的状况，他怎么开口说话呢？莫非说，弟兄们辛苦了，演习已经完毕，大家回去洗洗睡吧？

情急处，范鞅并没有慌乱，他灵机一动，决定对魏舒撒一个弥天大谎。

范鞅装作毫不知情的模样说："大事不好，栾氏率领的叛军已进入国都，我父亲和其他大夫都在国君那里，特意派我来迎接您。请让我上车为您引路吧！"

魏舒以为晋国君臣真的还蒙在鼓里，当下也不点破，就同意了范鞅的请求，约莫他想把范鞅作为人质带去与栾盈会合。

谁知，在众多军士的众目睽睽之下，范鞅做出了惊人的举动。他甫一登车，就左手攀住车绥（车上用以攀扶固定身体的带子），右手拔出佩剑，抵住魏舒，勒令车御驾车离开队伍。

车御眼见主人被劫，也不敢违令，只好问范鞅欲往何处。

范鞅说去固宫，车御依令而行。在场的所有军士都投鼠忌器，眼睁睁地看着范鞅等人扬长而去。

而魏舒这一走，军士群龙无首，预定的行动计划也就自动付诸流水了。

范鞅等人驱车到达固宫，范匄亲自降阶相迎，执手而入，并温言抚慰，许诺将曲沃作为魏氏的封邑。

魏舒估计还没从这一惊一乍的节奏中缓过神来，但此情此景，已身不由己，于是顺着场面说了几句表忠的话，栾盈的死活再也与他无关。

魏舒算是搞定了，但栾盈的叛军还在城内作战，而且渐渐逼近固宫，形势越来越危急。

叛军中有一个叫督戎的大力士，极其勇猛，率军在城中横冲直撞，所向披靡。

范鞅想先解决掉督戎这一支劲旅，但又无计可施，直急得团团转。

这时，一个叫斐豹的官奴对范鞅说，如果范鞅答应烧掉记载了他罪行的丹书，他愿意去干掉督戎。

原来，古代凡有人被没为官奴，司法部门都会用丹书记载他们的罪行。这份丹书就像宋江额上的那块刺印一般，一生一世都宣示着官奴的罪恶，有节气的人通常都会引为奇耻大辱。

那么斐豹的意思很简单明了，他要和范鞅做个交易，他负责帮范鞅杀督戎，范鞅则负责帮他洗底。

听了斐豹的请命，范鞅简直恨不得把他揽入怀中来个法式深吻。世界上难道还有比这更划算的交易吗？不就是烧个丹书嘛，没问题，你爷爷还有丹书要烧吗？你爷爷的爷爷呢？这样既好面子又不怕死的兄弟上哪里去找哇！

范鞅派人将宫门打开一条缝，远处的喊杀声历历可闻。斐豹头也不回地冲了出去，紧张万分的宫人又连忙把门关合锁紧。

斐豹在街市上奔走，不多时便被督戎火控瞄准。督戎徒步朝斐豹杀来，斐豹往偏僻处跑。两个人一前一后竞逐，跑着跑着就形成了一对一的局面。

跑到一处矮墙前，斐豹纵身一跃翻了过去。督戎不甘示弱，也照葫芦画瓢想要翻墙。

可是，督戎一身横肉，力气虽大，灵巧活却不拿手。好不容易攀上墙头，已不见了斐豹的身影；再往下一跳，宛如一头河马从天而降，地上砸出个坑，人也被震得晕头转向。

然而这一晕，督戎就再也没有醒过来。

因为，斐豹并没有跑远。他先一步翻墙过来后，就躲在了墙角的暗处，然后趁着督戎发晕的当口，从背后猛击杀死了督戎。

督戎虽死，叛军余众依旧悍勇，守军节节抵抗，仍不能止住叛军向固宫冲击的势头。

固宫中的战士都自发地集中到高台后面，准备凭借高台的掩护，进行最后的抵抗。

不久，栾盈率军突破宫门，杀了进来。

范匄对范鞅厉声呼喝："要是让叛军的哪怕一支箭射到了国君的房屋，你就给我去死！"

范鞅被激起一腔血勇，二话不说，拔出剑来，领着一群步兵就迎了上去，与叛军做殊死搏斗。

叛军至于此地，已是强弩之末，再被范鞅的一顿王八拳打将过来，终于露出疲态，未几就败退了。

范鞅杀红了眼，驾起战车追赶，中途遇见叛将栾乐（栾盈的族兄弟），大概念及过往同朝为官的旧情，就劝他缴械投降。

栾乐并不领情，弯弓搭箭射向范鞅，第一箭没射中。

当栾乐再次举弓时，他乘坐的战车恰好从凸出地面的槐树根上碾过，车体失去平衡，人也被甩了出来。

守军用长戟钩住栾乐的身体，活生生地撕扯下一条手臂。栾乐血如泉涌，当场毙命。

栾盈环顾周遭，战士所剩无几，将领也损失殆尽，只剩下栾鲂（栾盈的族兄弟）还紧紧跟随，但人也受了创伤，无力再战，只得收束残兵，撤回曲沃，死守待援。

晋国当局随即组织力量反扑，又包围了曲沃。

看到这里，大家要问了，齐后庄公不是与栾盈约好内外夹击的吗？栾盈已经动手了，齐后庄公的人马在哪儿呢？

答案说出来，可能会让栾盈的拥趸泄气。根据《左传·襄公二十三年》的记载，直到这一年的秋季，齐后庄公才出兵伐晋。

栾盈四月举事，齐后庄公秋季发兵，这其中一个季度的间隔又怎么解释？

关于这个问题，我也无法解释，推测至少有两个因素影响了双方行动的协调。

一是当时的通信手段落后，信息不能及时沟通，齐后庄公不知道栾盈四月就会出手。

二是魏舒掉链子出乎栾盈的意料之外，否则栾盈纵然拿不下固宫，也绝不会过早失去在事态后续发展过程中的主动权。

现在，让叛军和政府军耗着好了，我们先把目光转向齐军的进展。

《左传》关于此次战役的记载，介绍了齐军的阵容和主要将领，这对该书而言是一种较为罕见的笔法。

在我的印象中，《左传》一般只有记述城濮之战、邲之战等大型战役时，才会不厌其烦地介绍阵容和将领，其用意是表现军队的强大实力。

而此时之所以要强调齐军的强大，是因为齐军将要采取的战术非常独特，非精兵强将不足以施行。

齐军到底想干吗？他们想突袭晋国。

晋国距离齐国千里，本身实力相对较强，又坐拥黄河与太行山之固。倘若齐军大张旗鼓地推进，让晋军预先做好防御准备，那么晋军只要卡住太行山的各处隘口，就能轻而易举地把齐军拒之门外。

因此，突袭是齐国攻击晋国本土的最佳选择。

齐军离开国境，首先攻打卫国（没办法，卫国是必经之路）；接着从卫国渡过黄河，迅速攻占晋国在河北平原上的边邑朝歌（即卫国的故都）；进而兵分两路，一路取道太行山上的隘道孟门，另一路取道太行八陉之一的太行陉，翻越太行山南麓，直插晋国腹地。

此时的晋国，一方面未预闻齐军的动向，另一方面正在全力以赴地围剿栾盈。这些因素叠加在一起，成就了中国有史以来最大距离的奇袭突击战。

当晋国回过神来时，两路齐军已经在新绛东南不过百里的陉庭会合。

陉庭做梦都没想到，一支来自东海之滨的军队怎么突然就蹿到了眼皮子底下，根本来不及防备，手忙脚乱继而一败涂地，死者相枕藉。

齐军收其尸以筑京观，然后继续西进，至于少水之畔时，遇到了晋国的重兵堵截。

双方大战一场，晋军败走，而齐军高歌猛进的势头也终于收止。

就目前的战局而言，新绛虽然与少水近在咫尺，但事实上已成为齐军可望而不可即的目标。

首先，齐军的行动失去了隐蔽性，继续进军就由奇袭变成了强攻，而强攻是齐军力图回避的攻击模式。

其次，事先安插的内应栾盈，现在身陷重围，自身尚且难保，根本无法给予齐军任何支持。

最后，援救新绛的军队正从四面八方赶来，这其中有晋军，还有晋国的盟军。齐军的处境一下子变得岌岌可危，如果继续恋战，那就难逃被关门打狗的厄运。

据此分析可知，齐军撤退已成定局。

于是，齐军把遗留在少水之畔的晋军尸体收集起来，合葬于一坑，上面堆土起坟，以示对平阴之役的报复。

做完这一切，齐军即刻返程归国，出太行山到达华北境地时，遭遇邯郸胜①和鲁军的追击，受到了不小的损失，大夫晏婴之子晏氂阵亡。

齐国伐晋之战就此落下帷幕。

"海棠老师，齐军倒是拍屁股跑人了，那栾盈怎么办？话说曲沃城外还有那么多焦灼的猛男等着和栾盈捉对厮杀，栾盈如何应付得过来？难不成让他咬舌自尽？"

"这个嘛……咬舌自尽只能说一腔美好纯真的愿望，晋平公不会这么便宜他的。更何况，咬舌也需要勇气，曲沃城内除了栾盈，还有栾鲂等栾氏族人，纵使栾盈奋然自咬，别人不敢自咬怎么办？难不成让栾盈帮咬？"

"好吧，我承认帮咬这种方式对于咬受双方而言都太过于残忍，要是被个爷儿们咬了舌头，那还不得倒十八辈子血霉呀？栾盈他们后来挂了没有？"

"这难道还有悬念吗？栾盈虽然抵死不从，但终究势单力薄，勉强挣扎到冬季，也就手脚瘫软，只能任由晋平公摆布了。"

晋齐之间的互伐之战，有着鲜明的战术特点和战略意义。

其共同的战术特点在于：无论晋国伐齐还是齐国伐晋，都是大纵深奔袭作战

---

① 赵穿的后裔，以封邑邯郸为氏。

的经典之作。

其共同的战略意义在于：苦难了自己，幸福了他人。

苦难了自己很好理解。你一榔头敲过来，我一榔头敲过去，双方肯定都会气血两虚，较长时间之内均无法复原。

幸福了他人，其实主要就是幸福了楚国。如果说联齐抗晋是楚国在现阶段所能设想到的最好局面，那齐国主动出击跟晋国死磕，则堪称是令楚国喜大普奔的意外收获。

总之，晋齐互伐标志着晋国主导的中原联盟遭遇到了前所未有的重大挫折，旧有的国际关系格局必将产生深刻变化。

至于这个具体的变化趋势是什么，我暂时保留一点儿悬念，但也不妨提供一点儿任大家自由想象的线索。

本来，楚国可以趁晋、齐做鹬蚌之争时获取渔翁之利。但大家别忘了，楚国如今的死对头已不只是晋、齐等北方的传统大国；就在楚国的隔壁，吴国异军突起，并显露出蓬勃狂野的气息。

而因为吴国的牵制，楚国无法趁晋国自乱阵脚之际集中精力北伐，晋、楚两国在不经意间达成了一种奇妙的平衡。

延绵一百多年的中原争霸大势，一夜之间仿佛又回到了齐桓首霸时南北平分的局面。其间的命运轮回和辛酸喜乐，谁又能说得清呢？

那一年臧孙纥追寻过的梦

春秋时期的鲁国史，基本上就是一部三桓的成长与斗争史。

前文述及晋国的三郤动乱时，曾经讲过鲁成公时期，叔孙侨如勾搭太后穆姜，意欲铲除季孙行父和孟孙蔑的往事。

此事相对于晋国六卿之间互相攻伐的劲爆场面而言，动作幅度和对抗烈度虽不可同日而语，但仍然较为典型地反映了在三桓主导下，鲁国政治生态的族群分化，以及在分化基础上合纵连横的斗争特点。

与三桓差不多同时成为鲁国政坛风云人物的，还有以东门襄仲为代表的东门氏和以臧孙辰为代表的臧氏。

东门氏的辈分最低[①]，但发达得最早。

东门襄仲担任执政大夫期间，权倾朝野，甚至公然篡改鲁国的继承法则，在鲁文公死后杀死鲁世子恶及恶的胞弟公子视，立庶公子馁为国君（鲁宣公）。

三桓中的公孙敖和叔彭生与东门襄仲争权，均遭到无情打压和严重削弱；唯独季孙行父见风使舵，依附于东门襄仲，暗中积蓄实力，为日后季氏的脱颖而出打下了坚实基础。

襄仲之后，东门氏被驱逐，鲁国进入季氏长期掌权的时代。

在三桓与东门氏相斗的过程中，我们几乎找不到臧氏牵涉其间的记载。翻阅《左传》，倒是频频看到有赞颂臧孙辰及其子臧宣叔为国事奔走操劳的文字出没。

很显然，臧氏作为鲁国五大世家中最古老也是最弱小的家族，有其独特的生存之道。公忠体国，不问党争，以卓越的政务能力折服人，用超然的处世风格感染人。这使得臧氏在东门氏和三桓相继专政的环境中善存。

当然，要想在钩心斗角的政治环境中保持长久中立是绝不可能的。

以鲁国而言，自东门氏凋零，三桓鹤立鸡群，诸大夫中再也找不到能够威胁其政坛霸主地位的对手。

可是，政治有这么个特点，那就是它为斗争而生，所谓政治不息，斗争不止。

东门氏倒台以后，鲁国的斗争风向自动转变，主要呈现出两种趋势，一是三桓内斗，二是三桓与鲁君相斗。

三桓内斗我们见识过，叔孙侨如借穆姜之力陷害季孙行父和孟孙蔑就是一个剪影；三桓与鲁君相斗因其情节脱离了中原争霸的主线，所以之前本书无暇提及。

事实上，从季孙行父执政开始，三桓就走上了一条与鲁君争权的不归路。

季孙行父为人低调，行事谨慎，与其执政生涯同期的鲁成公和早年鲁襄公或许还体会不到清晰的压迫感。但继立为执政大夫的季孙宿（季孙行父之子）就要强横得多。

---

① 臧氏系鲁孝公之后，三桓系鲁桓公之后，东门氏系鲁庄公之后。

公元前 562 年，季孙宿增设中军，恢复鲁国的三军编制，但把三军的所有权和指挥权划入三桓私门，由是三桓强于国君。

次年，季孙宿又"十二分其国民，三家得七，公得五，国民不尽属公，公室已是卑矣"。

三桓日益膨胀，侵蚀着鲁君的统治根基，扰乱了鲁国的宗法制度，也令像臧氏这样的政治世家越来越感到难以立足。

换句话说，如果臧氏继续秉承踏实做事、本分做人的家风，那迟早会和鲁国的传统政治秩序一道，沦为三桓专权的牺牲品。

怀着对三桓篡政带来不测后果的危机感，臧孙纥决心利用自己还算拿得出手的影响力①，设法削弱三桓。

而面对连鲁君都忌惮不已的三桓，臧孙纥又该如何找到下手的切入点呢？

办法不是没有。前面已经说了，三桓不只和鲁君斗法，在三桓之间，也存在着互相算计、互相倾轧的现象。如果能够激发三桓的矛盾，加剧他们的内斗，让他们硬碰硬、黑吃黑，斗到最后彼此元气大伤，那鲁国的政治格局庶几可以重新达到平衡。

公元前 550 年，晋、齐互伐，中原正值多事之秋，鲁国亦将上演一出暗战的好戏。

事情还得从季氏的家务说起。

季孙宿的夫人多年未见生育，那会儿街上也找不到包治百病的小广告来提供指导，因此季氏的嫡子之位一直处于空缺状态。

没有嫡子撑门面固然遗憾，但理论上季孙宿无须过分担心家族的传承问题。因为老祖宗定了规矩，无嫡可以立长嘛。

季孙宿的众庶子中有两位比较引人注目，一个是庶长子季公弥，另一个是庶幼子季纥。

常言道，父爱如山。以山喻爱者，言爱之大正至博，取之不尽，用之不竭也。

然而季孙宿施与这两位庶子的爱并不均衡，他偏爱季纥，准备立季纥为世子。

---

① 公元前 587 年，臧孙纥继其父臧宣叔担任卿士。

废长立幼的想法很浪漫，但实施起来通常都会遭遇世俗礼法的围追堵截，即便像季孙宿这般拥有左右朝政的能力，也担心陷入失道寡助的境地。

焦灼的季孙宿决定寻求舆论上的支持，为季纥进位造势。

他首先找家臣申丰约谈，用尽量委婉的口气说："弥和纥我都喜欢，但我想选择有才能的人立为世子，你看呢？"

申丰闻言，二话不说就快步走出去，头也不回地径自返家了。无嫡立长，天经地义，你季孙宿居然想另辟蹊径，搞什么唯才是举，这种悖逆的话听一听都会烂穿肚肠的。

季孙宿碰了一鼻子的灰，但并不死心，过了几天又敞开心扉找申丰叽歪。

申丰不胜其烦，干脆拉下面子说："您如果一意孤行，那我就立马卷铺盖走人。"

申丰大概是季氏的室老，季孙宿对他甚是倚重。见申丰如此抗拒，季孙宿只好打别人的主意。

第二个被季孙宿视为合作伙伴的人，很凑巧，恰好就是臧孙纥。

听完季孙宿的真情告白后，臧孙纥隐秘的心事被挑动了起来，自己正愁没机缘介入三桓的内部事务呢，不料季孙宿主动找上门来。

臧孙纥抑制住内心的兴奋，不动声色地说："急啥？您举办一次招待酒会，请大夫赴宴，到时候我自有办法。"

季孙宿见臧孙纥成竹在胸的样子，一颗心倒也安定了七八分。

约定的日子到了，大夫俱应邀至季孙宿家中。

臧孙纥作为上宾，向大夫一一献酒；献毕，令下人在北面摆放座席，吩咐席子要铺设两层，酒樽要用新的且加以洗涤。

诸大夫一看这架势，都知道有贵人要来了。

坐北朝南，新樽加洁，这是侍候尊者的规矩。

古人席地而坐，坐垫的层次，与入座者的身份等级有严格对应关系。根据《仪礼·乡饮酒礼》的记载，"公三重，大夫再重"，这说明臧孙纥迎候的对象肯定不是鲁襄公，而是某位大夫。

那么，神秘嘉宾究竟会是谁呢？答案随即揭晓。摆好座席后，臧孙纥召季纥入见。

季纥不过是个庶幼子，臧孙纥为什么要撇开季公弥而先召他呢？况且还超规格待以大夫之礼？

就在诸大夫错愕之际，臧孙纥已立起身来，走下台阶亲迎季纥入北面之座。

臧孙纥是上宾，诸大夫是众宾，上宾既起，众宾只得暂时抛开满腹狐疑，纷纷起立向季纥致意。

于是，在这个有些凌乱的瞬间里，季纥成为季孙宿众庶子中地位最为尊贵的公子。

落下座来，个别机敏的大夫隐隐意识到，他们中了臧孙纥的稀里糊涂起身计，臧孙纥设计这个场景，很可能是想帮季孙宿推介季纥为世子。

只是，一切都已经太迟，刚才大家起立迎接季纥，可以视作拥护季纥的表现，没有悔改的余地了。

果不其然。待季孙宿与众宾客相互敬酒酬答结束，臧孙纥又召见季公弥，并让季公弥和众宾客按年龄大小排列座席。

《仪礼·乡饮酒礼》有云："既旅（旅即敬酒酬答）则士不入，士入当旅酬，节也。"臧孙纥既安排季公弥于季纥之后入见，又不使他参与敬酒酬答，还搞个什么按年龄而非按尊卑排序，那摆明就是要在捧季纥的同时踩季公弥一脚。

这一套流程走下来，世子之位虽未明示，但季纥和季公弥的贵贱已经分别，世子的名分非季纥莫属了。

按理说，季孙宿肯定乐见季纥修成正果，但《左传·襄公二十三年》捕捉到了一个"季孙失色"的细节。对于这个细节，历来有两种解读。

一种认为季孙宿是在配合臧孙纥的编排，虎起脸来恐吓季公弥向现实低头；另一种则认为，季孙宿没料到臧孙纥的手段如此老辣，三下五除二就帮他摆平了无比棘手的难题，顺带还把诸大夫给绕了进去，既惊且喜导致神情僵化。

得益于臧孙纥的精致谋划，季孙宿了却了一桩夙愿。但时过境迁之后，季孙宿的心态又有了些许变化。

实事求是地说，季孙宿之所以要打压季公弥，不是因为憎恶季公弥，而是因为太爱季纥。故而当把季纥扶上世子宝座后，季孙宿的父爱自然流露，又萌生出了对季公弥的歉疚。

为了抚慰季公弥，季孙宿任命他担任主管家族土地军赋的马正。马正的职务虽然很正点，但和世子比起来，那叫一个地下，一个天上。

季公弥憋着一肚子怨气，打算破罐子破摔，于是一口回绝了。

一个叫闵子马的人点拨季公弥道："你别这样消沉。福和祸没有定数，两者经常相互转换。做儿子的，担心的应该是没有尽孝道，而不是没有地位。如果你能恭敬地侍奉父亲，事情怎么会一成不变呢？"

季公弥恍然大悟，不但领受了马正的职务，而且早晚向季孙宿问安，表面上看不出任何对季孙宿的怨恨。

季孙宿也很欣慰，赐予季公弥许多财物，还推荐季公弥做了鲁襄公的左宰。他压根没想到，季公弥日后会对他还以颜色。

俗话说得好，家家有本难念的经。世子之争这本经，不唯独季氏家族有，孟氏家族也念得很欢畅。

与季氏家族宗主挑事、庶子相争不同的是，孟氏家族是嫡庶相争，而挑起争斗的人是孟氏家臣丰点。

孟氏的嫡子叫孟秩，庶子中有个叫孟羯的。

丰点和孟羯的关系很亲密，一心一意想把孟羯扶立为世子，甚至拍着胸脯对孟羯说，此事他可以一手搞定，只要孟羯予以配合就行。

丰点的话倒是说得很轻巧，但孟羯也有自知之明，孟秩不但出身比他高贵，家族排行也比他靠前；更为关键的是，老爸孟孙速还对孟秩青睐有加。这样一算下来，孟秩各方面的条件都占有优势，丰点你能不能先给个淘汰孟秩的理由？

思及于此，孟羯谢绝了丰点的美意。

然而皇帝不急太监急，丰点打定主意要帮孟羯争先晋位，因此反反复复劝说孟羯。

时值孟孙速病重，孟氏合族上下都知道，老掌门命不久矣，新掌门即将浮出水面。

人有这么个特点，即当机会隔得比较遥远的时候，大家都能够墨守成规，安于现状；可当机会渐行渐近的时候，大家或多或少都会生出革命的想法，变得躁动起来。

同理，当权势的诱惑实实在在摆在眼前时，孟羯再也无法对丰点的不断鼓动保持淡定，终于答应了丰点的请求，准备向世子之位发起冲击。

丰点大喜，第一时间找到季公弥，要和他谈一笔交易。交易的核心内容是：季公弥帮助孟羯夺取世子之位，事成之后，孟羯再举孟氏之力，帮助季公弥对付臧孙纥。

季公弥知道孟氏素来厌恶臧氏，又见丰点的话说得这么体贴，于是一拍即合，应承了下来，隔天便对父亲季孙宿说："孟秩本身就是孟氏的合法继承人，季氏即使拥护他当世子，他也不会觉得欠季氏一个人情。但如果季氏设法改立孟羯为世子，孟羯一定会对季氏感恩戴德，这样一来，季氏的力量岂不是比臧氏更大了吗？"

季公弥的这番话很有嚼头，大家掰开来仔细体会体会。

前面几句的中心意思是说，要用打压孟秩一个人来换取孟羯掌权后整个孟氏家族对季氏的归附，这不失为公道（于季氏家族而言）的话语。但最后那句显然就夹带了私货。

季氏自季孙行父时代起执掌朝政，历来就比臧氏强大，什么叫作季氏的力量将比臧氏更大？明明是季氏插手孟氏的家事，又干吗要扯到臧氏身上去？

季公弥的话中之意，其实季孙宿都懂。季公弥的推理逻辑是这样的：当年季孙宿本欲立季纥为世子，臧孙纥仅仅助其成之，就赢得了季氏的好感；如今孟孙速已定孟秩为继承人，如果季氏废孟秩而立孟羯，那季氏收获到的孟氏对季氏的支持力度，将远比臧氏收获到的季氏对臧氏的支持力度大。

这样看来，季公弥的话说得很有技巧，虽然夹带了私货，至少表面上还是为了维护季氏家族的利益，季孙宿倒也不好翻脸指责他清算旧账。

当然，不翻脸不代表就是认同，季孙宿不知出于何种考虑，否决了季公弥关于改立孟羯为孟氏世子的建议。

公元前 550 年的八月十日，孟孙速溘然离世。前往吊唁的人惊讶地发现，立在户外迎接来客的人，不是嫡子孟秩，而是庶子孟羯。

《礼记·檀弓下》有云："大夫之丧，庶子不受弔（弔即吊唁）。"也就是说，丧主家立于户外迎客的人，必定是家族的继承人。

这个发现非同小可，究竟是谁赋予了孟羯出面迎客的资格呢？

客人们很快又发现，孟羯的身后还稳稳地站着另一个人，他的名字叫季公弥。一切豁然开朗。

未几，季孙宿亲临吊唁，进门的时候什么话也没说，出门时阴沉着脸地问了句："秩在哪里？"

季公弥应声答道："羯在这里！"

季孙宿翻了翻眼皮子说："孺子年长。"

孺子本身包含了继承人的意思，当时大家都称呼孟秩为孺子秩。"孺子年长"四个字就是强调孟秩不但为嫡子，而且年长，是符合法定要求的孟氏继承人。

这一番道理，堂堂正正，大义凛然，按说季公弥应该瞠目结舌，手足无措了。

谁知，季公弥既不恼羞成怒，也不心虚退避，只是不紧不慢地回了句："什么年长不年长的，我只知道孟羯的才能更加出众，而且夫子留有遗命①。"

这句话犹如平地起惊雷，硬生生地把季孙宿顶到了墙上。

废嫡立庶的的确确违礼了，那废长立幼算不算违礼？当年你季孙宿拥立季纥的时候怎么说的？唯才是举对吧。那好，现在我季公弥也照葫芦画瓢，以子之矛攻子之盾，看你还有什么话说？

季孙宿当然无话可说，因为反驳季公弥的话等于否定季纥为季氏世子，赞同季公弥的话又等于承认孟羯为孟氏世子，无论如何，他都已经处于不胜之地。

当下，季孙宿也无心追究孟孙速的遗命到底是真是伪，气咻咻地走了。而他这一走，就标志着这一回合的交锋季公弥彻底胜利。

随即孟羯被正式立为孟氏宗主②，而孟秩则避祸逃往了邾国。

继而臧孙纥前往吊唁，一进门就号啕痛哭，涕泗横流，其状甚为悲痛。

等到从孟府出来后，臧孙纥的车御问道："孟孙厌恶您，他死后您尚且悲伤成这个样子；季孙亲近您，假使他死了，您又该怎么办？"

这一问戳中了臧孙纥心底运筹多时的机密，他不假思索地感叹道："季孙的亲

---

① 意即孟孙速指定孟羯为世子，此系矫孟孙速之命。

② 既为宗主，孟羯的名字当中便可镶嵌一个"孙"字，此后改称孟孙羯。

近，犹如没有痛苦的疾病；孟孙的厌恶，犹如治疗疾病的药石。药石虽苦，还可以让我活下去；疾病虽然不痛苦，最终却会要了我的性命。现在孟孙死了，我只怕也活不长久了！"

车御似懂非懂地点了点头，他感觉臧孙纥肩负着一个很沉重的使命，或者说，在谋划一个很大的局。

可是，臧孙纥究竟准备如何一步步实现他削弱三桓的宏伟目标呢？如果有人这样问我，作为一个历史的旁观者，我只能说，这个问题没人可以给出确切的答案。

两千五百多年前的事，诸史中相关的记载又语焉不详，要想把臧孙纥的全盘计划摸个一清二楚，除非穿越时光与他本人展开一场推心置腹的对话。只可惜我们都没有这样的机会。

我不揣浅陋地猜测，既然臧孙纥认识到了要想削弱三桓唯有指望其同室操戈，那么他的行动计划中至少会包含以下三个关键步骤。第一，使季氏内斗；第二，引孟氏、叔孙氏与季氏混斗；第三，以调停人的身份出来收拾局面。

先看第一步。

季氏是三桓中势力最为庞大的家族，削弱季氏所带来的边际效益也最为明显，所以使季氏内斗是削弱三桓的最快捷路径。

这一步臧孙纥比较走运。因为季孙宿意欲废长立幼，相当于亲手在季氏的体系上撕开了一条豁口；更妙的是，他随后又主动邀请臧孙纥介入此事。

臧孙纥正中下怀，轻轻松松帮季孙宿解决老大难的同时，也把季公弥打造成了一个满腹怨愤伺机寻衅的定时炸弹。

再看第二步。

对不起，接下来的步骤臧孙纥已经无法展开，因为他那看似无懈可击的第一步中其实藏着一个致命的破绽。

关于臧孙纥的破绽，孔夫子是这样表述的："作不顺而施不恕也。"

"作不顺"是指所作所为不顺应事理，而"施不恕"是指所施所行不能得到他人的宽恕。

这句话采用了互文的修辞手法，字面上虽然包含了不顺和不恕两个部分，语境其实说的是同一个意思：臧孙纥把事情做得太绝了。

无嫡立长是千百年来人们从实践过程中摸索得出的思想共识和行为准则，道德标准以之为基石，社会构造以之为框架，触犯它的人往往得不到好下场。

臧孙纥介入季氏世子之争的出发点固然是为了激化季氏的内部矛盾，进而削弱三桓；但采取废长立幼的方式方法，必然无法获得大多数人的理解与支持。这就注定了他即便暂时战术成功也难逃最终战略失败的结局。

于是我们看到，当孟氏也发生世子之争时，季氏和孟氏这一对亦敌亦友的政治团体，表现出了携手对付臧氏的意愿。臧孙纥搬起的那块石头，眼看就要砸到自己的脚。

我最早接触这段历史的时候觉得很奇怪。

在《论语·宪问》和《孔子家语》的记载中，臧孙纥屡屡被冠以"智""贤"和"圣人"的美誉，这说明臧孙纥具备了洞彻世事人心的能力。那为什么他会犯下废长立幼的低级错误呢？

这个疑问曾萦绕在我心头良久。然而当读到臧孙纥与车御的那一番对话时我明白了，他是铤而走险，知其不可为而为之。废长立幼所带来的风险，他心中早就一片通透。

换句话说，削弱三桓刻不容缓，他臧孙纥心忧如焚，急切间已经找不到其他更加从容的办法。

如果不是为了削弱三桓，臧孙纥尽可以选择韬光养晦，做一天和尚撞一天钟，根本犯不着冒天下之大不韪跳出来搞什么废长立幼而触犯众怒。

季氏亲近他，虽然只是想拉拢他这个中间派来打压孟氏和叔孙氏等政治对手，难保日后不过河拆桥。但鉴于季氏眼下仍有联合孟氏和叔孙氏来对抗鲁君的需求，他臧孙纥受季氏优待的好日子一时半会儿还不会到头。

孟氏厌恶他也不是坏事，因为孟氏的厌恶等于让其余嫉恨他的人宣泄了情绪，不致产生极端迫害的想法，反而对臧孙纥是一种保护。

所以说，是一种责任，一种担当，一种胸怀，促使臧孙纥挺身而出，甚至不惜断了自己的退路。

所以，接下来我们看到的，将是三桓对臧氏的反噬。

臧孙纥面临的危机有一个清晰的发育轨迹，它起源于三桓专政，成型于牵涉季氏家务，加剧于丰点与季公弥的秘密协议，爆发于孟孙速之死。

因为精明能干的孟孙速一死，季孙宿担负的竞争压力骤减，对臧孙纥的倚重程度自然再也不会像以前那样深。这反过来又给孟孙羯攻击臧孙纥提供了绝佳的机会。

局势演变的速度很快，孟孙速的尸身还停放在家中，孟孙羯就向季孙宿密报，称臧孙纥图谋发动变乱，阻挠孟孙速下葬。

孟孙羯此话显然是为了回报季公弥，确属诬告臧氏无疑，根本拿不出有力的证据，因此季孙宿并不相信他的一面之词。

但是，这话传到臧孙纥的耳朵里，臧孙纥相当紧张呀，因为他明白孟孙羯想陷害他。他也清楚，依照目前的形势而言，他经不起孟孙羯的陷害，于是令家人实行戒备，以防范孟氏突然发难。

孟孙羯第一次诬告不成，又动起了歪脑筋。十月一日，孟氏在曲阜东门为孟孙速挖掘墓道，向臧氏请求借用一些役夫。

修建孟孙速墓穴的工程量有多大我不清楚，但以孟氏在鲁国的显赫地位而论，我一百二十个不相信他们会调配不出充足的役夫。这摆明了就是一个阴谋的节奏。

可是臧孙纥已经身不由己了，就算知道孟孙羯给他下了一个套，他也只能睁着眼睛往里面跳。

因为，如果拒绝借用役夫，那等于坐实了自己阻挠孟孙速下葬的罪名。而在现阶段，他绝不能授人以柄。

于是臧孙纥派遣役夫去帮工，为了表明对孟孙速葬礼的重视，他又亲自前往工地视察。

动身前，臧孙纥的心里忐忑不安。他害怕自己途中遭遇暗杀之类的意外情况，就特意挑选了一队精壮的甲士随身护卫。

所谓甲士，披坚执锐者也，既可以执行安保，也可以执行杀戮。臧孙纥带着他们招摇过市，差点儿没把孟孙羯乐出尿来。

孟孙羯气喘吁吁地报告季孙宿，大事不好，臧孙这一次真的要动手了，不信您瞧，人家甲士都出来站街了。

季孙宿听孟孙羯说得有鼻子有眼，不由得不起疑心，派人出去一打探，果然确有其事，当即勃然大怒，调遣兵将攻打臧氏。

臧孙纥之前防备孟氏突袭的种种措施，阴错阳差地挡住了季氏的第一波攻击。饶是如此，臧氏终究不是季氏的对手，挺到十月七日，臧孙纥再也坚持不住，被迫向曲阜南门突围。

追兵死命纠缠，臧孙纥堪堪突至南门时，三座城门均已紧锁。危急时刻，臧孙纥斩断鹿门的门闩，投奔邾国而去①。

臧孙纥出逃后，季孙宿头脑冷静下来，大概又觉得自己对臧孙纥下手太狠了点，心中五味杂陈，于是同意让臧为②回国继承臧氏，以之作为对臧氏的些许弥补。

可是，季孙宿的尴尬不仅于此。

春秋时代有陈说恶臣之罪并盟于诸大夫的习俗，这是政治斗争的一种常见方式，主旨就是把政敌打倒后，再约集诸大夫共诉其罪，以达到巩固胜利果实，使失败者永世不得翻身的目的。

臧孙纥在鲁国算是股肱之臣，季孙宿把他赶跑了，免不了也要搞搞盟誓陈罪的套路以给世人一个交代吧？

可是，这个盟辞的写法让季孙宿犯了难。

他发现臧孙纥其实没有什么确凿的罪行可供批判。废长立幼倒是个好由头，但偏偏季孙宿又说不出口。因为，废长立幼的始作俑者恰恰是他季孙宿，如果拿废长立幼说事，那首先就得把他自己绳之以法。

无奈之下，季孙宿只好请教外史，这盟辞到底该怎么捣鼓。

外史捻着胡子说："当年驱逐东门氏的时候，盟辞曰'毋或如东门遂，不听公命，杀适立庶'。后来驱逐叔孙氏的时候，盟辞曰'毋或如叔孙侨如，欲废国常，荡覆公室'。"

季孙宿摆了摆手说："不行不行，臧孙的罪过不及于此！"

外史心里直想骂娘，既然罪不及此，那还写个屁呀？

---

① 鹿门系城南之东门，邾国在曲阜的东南方向。

② 此君是臧孙纥的异母兄长，之前在铸国求仕。

这时，搞笑的一幕出现了，孟孙羯的堂兄弟子服椒说：" 盍以其犯门斩关？（指臧孙纥斩断鹿门门闩之事）"

季孙宿点头称是，遂盟于诸大夫曰："无或如臧孙纥，干国之纪，犯门斩关。"

臧孙纥此刻已经辗转逃亡到了齐国，当听说子服椒以犯门斩关议其罪时，他不由得咧嘴笑了，很风趣地感叹道："椒真是个人才哈！"

以削弱三桓为平生之志的臧孙纥，虽然壮志未酬、美梦成空，但他在我心目中，仍不失为一个苦心孤诣的角色。

关于臧孙纥废长立幼的问题，历史上的评论见仁见智。我也不准备在这里辩个黑白分明，只想强调一句：即便臧孙纥废长立幼有乖礼法，那也只是非常之时的非常之举，瑕不掩瑜，我们切不可断章取义、以偏概全。

臧孙纥的余生在齐国度过，落魄之余，他并没有变得浑噩，智慧的光芒依然不时闪现。

就在他适齐的那年，齐后庄公千里奔袭晋国归来，准备赐予他田土。换作是你我，只怕要山呼舞拜，屁颠屁颠地照单全收了。

可是臧孙纥不肯接受。非但不肯接受，他反而借伐晋之事讽刺齐后庄公像老鼠一般既胆怯又不明智，直把齐后庄公气得花枝乱颤。

在场的人都觉得臧孙纥疯了。你一个流亡政客，无依无靠，且夕且死，给你一口饭吃都是天大的恩德，赏块地让你做田舍翁那简直就是佛光沐浴了。你不要也就算了，竟然还敢口出狂言贬损齐国君主的威严？

看着齐国君臣气急败坏的样子，臧孙纥心中却是一片平和，因为，他是故意讥讽齐后庄公的。

奥妙在于，对齐后庄公不敬只是表象，臧孙纥的真实目的是想让齐国人看清楚，他臧孙纥投靠的是齐国而不是齐后庄公，他和齐后庄公一点儿私人关系也没有。

不受田土也不说明臧孙纥真的傻缺了。臧孙纥只是觉得，有一样东西比田土更加宝贵，那就是自己的性命。

如果大家看不懂上面这句话，那么不妨把史书翻到两年后的公元前 548 年。齐后庄公由于长期在内政方面处置失当，终于引发政变，他本人被弑杀，平素与他关系密切的朝臣大多受到牵连，一夜之间家破人亡。

而臧孙纥早早地就与齐后庄公划清了界限，因此得以在这场动乱中幸免。

臧孙纥目光如炬，不负智者之名。

停不了的债

公元前 550 年冬，齐后庄公风尘仆仆地伐晋归来，却没顾着回国休整。大军发扬连续作战的精神，沿边境线南下，向莒国发起攻击，以报复五年前莒国随晋国伐齐之事。

齐军进入莒国，攻打且于的城门。齐后庄公大腿根被创，险些折损了一位兄弟，锐气受挫，被迫将阵线后撤。

第二天，齐后庄公不愿继续攻坚，就命令诸将率军到寿舒集合，以期再战。

作为先遣队的杞殖和华还（此二人皆齐大夫）部，选择了一条险道连夜进军，意图给予寿舒守军突然打击。

及至天明，先遣队途经一座叫蒲侯氏的城邑时，不意与莒国国君率领的军队狭路相逢。先遣队将寡兵微，又处于不利的地形，眼看就要被莒军连皮带骨一口吞下。

然而就在先遣队剑拔弩张、准备交战之际，他们迎来的不是莒军的雷霆一击，而是一位莒君的特使。

特使向杞殖和华还奉上厚礼，然后委婉地表达了劝降之意。

华还拍案而起，痛斥道："老子昨天晚上才接受的命令，今天正午还没到你就让我火线反水，你把老子当作什么玩意儿啦？"

特使气急败坏地回去复命，莒君勃然大怒，当即亲自擂鼓发动攻击。

一场恶战下来，先遣队多数阵亡，杞殖亦未能免，只有华还带着几个残兵逃脱。

齐后庄公伐莒迭遭困厄，斗志已失，遂与莒国媾和而还。

一行人迤逦回国，行至郊外，恰遇杞殖的妻子，她大概还不知道自己已和丈夫天人永别。

齐后庄公想起杞殖出征的时候还活蹦乱跳，如今却只剩下一缕亡魂回归故里，心中凄然愧疚，于是派人向杞妻致以吊唁。

但杞妻并没有齐后庄公想象的那么柔弱，得知丈夫的死讯后，她很平静地辞谢道："如果杞殖有罪，岂敢劳动国君派人吊唁？如果杞殖无罪，还有先人的破屋子在那里，臣妾不能在郊外接受吊唁。"

言下之意，杞殖既然以国士待君，那君就得报之以国士，一个为国捐躯的大夫，岂有在路边草草吊唁之理？

齐后庄公大窘，只好老老实实地去杞殖家设灵堂拜祭①。

齐后庄公自莒国班师回朝标志着晋齐互伐之战正式结束。正如前文所言，经过这一轮交锋，国际关系进入了深刻调整期。

在彻底失去了齐国这块传统势力范围后，晋国为了防止其主导的中原联盟产生多米诺效应，采取了一些维稳的措施。

一方面应郑国之请，削减了联盟内各国诸侯向晋国供奉的财物。另一方面加大对齐国的打击力度，于公元前 549 年春指派鲁国伐齐；又于同年秋召集鲁、宋、卫、郑、曹、莒、邾、滕、薛、杞、郳等诸侯在晋国的夷仪②会盟，商议攻打齐国，不过因为黄河流域突发大范围水灾，各国自顾不暇，所以没有了下文。

当然，晋国没有将联军伐齐付诸行动，并不代表齐国没有惊出一身冷汗。齐后庄公从晋国作战归来后，自知晋国绝不会善罢甘休，早晚必有伐齐之举，因此甚是惶恐不安。

公元前 549 年春鲁国奉晋国之命伐齐，加剧了齐国的忧患，齐后庄公随即萌生了与楚康王会晤以深化两国合作关系的念头。

而此时的楚国，刚刚经历了一次不成功的对吴军事行动，楚康王也正有与齐后庄公亲近亲近的意思，于是主动派遣大夫蓬启疆赴齐国朝聘，商定两国国君会晤的时间。

蓬启疆在齐国逗留期间，夜里睡觉都要睁一只眼闭一只眼的齐后庄公得知了

---

① 说句题外话，杞妻即孟姜女的原型。

② 齐桓公曾迁邢国于夷仪，则此夷仪非彼夷仪。

晋国联军伐齐的意图，赶紧派大夫陈无宇随蔿启疆赴楚国通报情况，请求楚康王出兵援助。

楚康王慨然允诺，在联军中止伐齐的情况下，依然出兵攻打郑国。

公元前549年冬，楚军深入郑境，攻打了新郑的东门，继而驻扎在新郑东南的棘泽，保持威慑势态。

尚在夷仪集会的各国诸侯听闻郑国军情紧急，再也顾不得洪水为患，立马吆三喝四地杀奔新郑而来。

联军入郑后，与楚军对峙，晋平公派张骼和辅跞两员勇将致师。

所谓致师，是春秋时代"正而不诈"作战思想指导下以及大兵团正面对抗作战特点下的一种行为方式。具体表现为：对垒的两军将要作战前，一方先使数名勇武之士冲击敌阵，以表达本方高昂的斗志和必胜的信心。

既然致师肩负着战役先导的使命，那肯定是只许胜不许败。所以晋平公以郑人熟悉战场地形的缘故，特意向郑国求取一名辅助张骼和辅跞的车御。

郑国派公孙宛射犬 ① 赴任。

宛射犬临行前，同僚子太叔告诫他："对待大国的人，不能与之分庭抗礼。"这句话意思是说：你别以为自己是公族，就可以在张骼和辅跞面前嘚瑟，人家可是大国的大夫，属于典型的低职高配，比你可牛 × 多了。

宛射犬心性高傲，不以为然地说："不论大国小国，车御的地位高于车左和车右总是古今同一的道理吧？"

子太叔摇了摇头，反驳道："小山上可长不出参天大树。"意思还是强调理想不可与现实悖离，生为小国的人，注定要低人一等，切不可与大国的人争衡。

宛射犬置若罔闻，径直找张骼和辅跞去了。

当时张骼和辅跞正在营帐里进食，听说宛射犬求见，也不邀请他进来，仍旧自顾自地大快朵颐，却让宛射犬坐在营帐外面灌西北风。

张骼和辅跞吃饱喝足了，这才把宛射犬唤进来，让他吃点儿残羹剩饭果腹。

宛射犬又冷又饿，一边吃一边牙齿打着寒战，老半天都没区分出哪是舌头，

---

① 公孙是身份，宛是封邑，射犬是名。

哪是食物。

待宛射犬吃完，三人一道出发，可张骼和辅跞又来花样了。他俩让宛射犬单独驾驶冲锋用的战车在前面开道，自己却驾着另一辆平时乘坐的普通马车跟在后面。

直到望见楚军营地，张骼和辅跞才登上宛射犬的战车，却又偏偏不做战斗准备，而是一人抱一把琴，蹲在车后的横木上噼里啪啦弹奏了起来。看这癫狂的架势，似乎把郑国打得找不着北的楚军在他俩眼里只是一群土鸡瓦犬。

宛射犬憋着一肚子的火气，暗暗骂道：骚蹄子，继续浪吧，看你们等下如何收场！

战车靠近楚军营地，宛射犬也不给车后那两个自娱自乐的家伙打声招呼，就径直驱车冲了进去。

张骼和辅跞措手不及，急急忙忙取出头盔戴上，跳下战车与楚军杀作一团。

这两人骚则骚矣，武艺也真不是盖的，手中武器运转如飞，楚军但有近前者，非死即伤。还有个别倒霉鬼被两人擒住后抡圆了当作人肉炮弹投掷出去，跟"三国志"街机游戏里的格斗动作一样，以人砸人，场面非常劲爆。

打着打着，楚军都畏之如虎，再也不敢围拢。张骼和辅跞从从容容把之前俘虏的楚军绑缚停当，又挟了几个在肋下，准备带回去做战利品。

可是宛射犬还在怄气，一见张骼和辅跞意欲返程，抢先一步催动马匹跑了起来，根本不管两人的死活。

张骼和辅跞不得已，抛下俘虏，三步并作两步跳上车，再抽出弓箭回射后面潮水般涌来的追兵，乒乒乓乓箭无虚发。

追兵毕竟有且仅有一条命，谁都不会宝里宝气跟自己过不去，追着追着也就散了。

甫离险境，张骼和辅跞旧态复萌，又蹲到车后的横木上，抱着琴弹唱道："公孙哪公孙，既然我们乘坐同一辆战车，那就是生死与共的兄弟，为什么你两次驱车都不和我们商量一下呢？"

宛射犬估计也有点儿不好意思，回答道："第一次信心满满，只想着快点儿进去，无暇与谋；第二次已生怯惧，只想着快点儿出来，无心与谋。"

张骼和辅跞哈哈大笑，不无深意地说："公孙的性子真急躁哇！"

楚康王被张骼三人组这么一搅和，再也无心与联军纠缠，当即从棘泽退兵。回国后，他一面出兵震慑舒鸠①，一面派蒍启疆护送陈无宇返齐。

齐后庄公和楚康王眉来眼去，私订终身，慢慢地又恢复了一些胆气。

同年冬，齐国派遣役夫入洛邑，帮周灵王修复去年损毁的宫城，借此希望周王室加大援齐抗晋的力度。

公元前 548 年春，齐国又派大夫崔杼领军伐鲁，以报复去年鲁国对齐国的攻击。

鲁襄公担心事态失控，迫不及待地向晋国报警。

鲁大夫孟公绰认为鲁襄公大可不必如此惊慌，他分析道："崔杼将要有大志，不在于困扰我国，他一定马上就会退兵。不信你们瞧瞧，齐军此番侵鲁与往常相异，一不劫掠财物，二不滥杀无辜，崔杼摆明了是在收买人心嘛！"

鲁襄公将信将疑，但他很快就发现，孟公绰的话，句句所言不虚。齐军在鲁国边境转悠了一圈，啥事也没干，就两手空空地打道回府了。

所谓"有大志"，是古代的一种俗语，它并非指某人心怀报国之志，将要为君父排忧为人民解难；而是指某人图谋不轨，将有篡政弑君之举。

孟公绰之所以判定崔杼将有大志，实在是因为有着深刻的根源。

齐国棠邑的大夫叫棠公，棠公的妻子叫棠姜，棠姜的弟弟是崔杼的家臣东郭偃。

早年，棠公去世，东郭偃驾车送崔杼前往棠公家里吊唁，崔杼得以见到了棠姜。

然而这一见，竟然催生出了一段孽缘。因为崔杼对棠姜惊为天人，当场就被她的美艳深深打动。

从棠公家里出来，崔杼对东郭偃说的第一句话就是："我要娶棠姜为妻，你去帮我搞定。"

东郭偃有些吃惊，人家棠公的尸骨还停在堂上，你怎么就想搞他的老婆？于

---

① 舒鸠本是楚国的属国。吴国为了报复上半年楚国伐吴，策反了舒鸠。

是拐弯抹角地劝说道："男女婚配要分辨姓氏，同姓的人是不能婚配的。您是齐丁公（齐国第二任国君）的后代，下臣是齐桓公的后代（所以棠姜也是齐桓公的后代），同为姜姓，怎么可以联姻呢？"

崔杼不甘心，为娶棠姜之事占筮，得到了一个"困 X 之大过 Y"[1] 的卦象。

崔杼把卦象拿给太史解析，太史说困卦吉利。

崔杼很高兴，又拿给大夫陈须无[2] 解析。

陈须无说困卦虽然吉利，但从整个卦象看起来，崔杼不宜娶棠姜为妻，否则她会带来灾祸。

崔杼狡辩道："棠姜是个寡妇，她即便有什么凶兆，也应验在棠公身上了，我有什么好害怕的？"说罢，毅然娶棠姜为妻。

崔杼抱得美妇归，心情想必是非常畅爽的，只是不知道他有没有想过一个问题：纵然他崔某人不讲究伦理，不避讳天意，强行娶棠姜为妻，但棠姜为什么就非得顺从他呢？她难道就不会忸怩作态，说自己生是棠公的人，死是棠公的鬼，这辈子只想着把婆婆服侍好，把孩子拉扯大，也好百年之后谋个牌坊名垂青史？

崔杼没有想，他已经被棠姜的美艳迷惑，完全沉浸在情欲的亢奋之中，压根儿没料到，棠姜是一个水性杨花之人。

很快，崔杼就多了个姨夫。姨夫氏吕，姓姜，名光，我们现在一般叫他齐后庄公。

没错，齐后庄公勾搭上了棠姜。两人隔三岔五地偷情，齐后庄公还屡屡趁崔杼外出时公然到崔家寻欢作乐，并随手把崔杼的帽子赏赐给下人。

这男人的帽子嘛，具有重大的象征意义，如果被人家动了手脚，那可是要灰头灰脸、没法见人的。

所以，有侍者劝齐后庄公别拿崔杼的帽子当儿戏，小心崔杼发飙。可是齐后庄公不以为然。

凡此种种，汇集到崔杼的耳朵里，这位齐国的首席权臣要是泰然处之，那他

---

① 《左传·襄公二十五年》中记载的 X 和 Y 是图形符号，本书无法表达。

② 田敬仲完之曾孙，陈无宇之父。

还算是个人吗？

作为报复，崔杼开始舆论造势，说齐后庄公趁晋国的栾盈之乱而偷袭晋国，晋国必将血债血偿，齐国难逃一劫，这都是齐后庄公专断独行惹的祸。

待朝野普遍形成对战事的恐慌和对齐后庄公的怨恨后，崔杼又图谋杀死齐后庄公以取悦于晋国，但是一时找不到合适的下手机会。

然而机会并没有让崔杼久等。齐后庄公有个侍人叫贾举，曾经受到过齐后庄公的鞭打，虽然后来又被齐后庄公宠信，但一直怀恨在心。贾举和崔杼同仇敌忾，愿意与崔杼结为同盟，伺机弑杀齐后庄公。

公元前 548 年的五月，莒国国君出于去年齐后庄公伐莒的缘故，想主动修缮关系，遂亲赴齐国朝见。齐后庄公在北城设享礼招待莒君。

国君相见是重大的外事活动，照礼说崔杼应该参加，可是他以患病不能视事为由，缺席了这次宴会。

事情到这个地步就开始有点儿趣味了。

因为崔杼根本没患病，他谎报病情，目的只是想诱骗齐后庄公前来探视。

而齐后庄公果然做出了驾幸崔府的安排。只不过，他真正想探视的人不是崔杼，而是崔杼的老婆棠姜。

于是，和莒君的宴会刚一结束，齐后庄公就迫不及待地赶往崔府。不明就里的人看到齐后庄公那猴急的样子，只怕还会误以为他是为崔杼患病而着急。

齐后庄公到了崔府后，并没有见着崔杼，可是没关系，棠姜在就行。确切地说，崔杼不在，更加切中齐后庄公内心的需求，使他可以假想自己就是这座宅子的男主人，继而度过一段疯狂而难忘的时光。

在情欲的炙烤下，齐后庄公甚至来不及进入内室，就把棠姜拉到身前，准备温习一下两人的友谊。

但是棠姜却显露出了罕见的矜持，她嬉笑着推开齐后庄公，接着转身进了内室。

这一幕想必大家都很眼熟，因为类似的桥段港片中经常有所表现，情景如下：一男一女将要 room，女的临时止住男的，说你等等，我去去就来，说完也不管男的答不答应，就风情万种地进了另一个房间；一番窸窸窣窣后，突然换成个汉子杀出来，男的穿着条裤衩，猝不及防，结果被整得很惨。

那么，齐后庄公会不会也如同影片中的衰男一样，遭遇离奇的剧情呢？至少在我看来，很悬。

齐后庄公这厮色令智昏，一进崔府的门就心猿意马，压根儿不想一想，崔杼既然连国君会晤那么重要的公务都不能到场，那他肯定是病得不轻了。可是，一个病得不轻的人，为什么没卧床在家呢？

崔杼到底去了哪里？假如齐后庄公意识到这是个性质严重的问题的话，我倒是很乐意于告诉他：崔杼哪儿也没去，从头到尾就待在距他几步之遥的内室里。

当然，齐后庄公的情绪和思维不可能跳转得这么迅捷，他完全没有嗅到危险的气息，脑海中依然还在幻想着棠姜将会以一个什么样野性的方式重新出现。

等了一会儿，不见内室传来动静。齐后庄公觉得很热，遂像个文艺青年般搞起了小资情调，他用手拍打着柱子，嘴里哼唱着五颜六色的歌曲，催促女神赶紧出来帮他降降液压、消消火气。

而棠姜也没有让齐后庄公失望。当然，她的方式有点儿出乎他的意料。

棠姜进入内室后，和守候在里面的崔杼一道，从侧门出了崔府。与此同时，崔府预伏的甲兵轰然而起，呼喝叫嚣着从各个角落向齐后庄公所在的厅堂杀奔过来。

齐后庄公唱着唱着察觉事态有变，急忙向随行的大内侍卫呼救。可是直到伏兵冲到他面前，他也没见着侍卫的影踪。

侍卫死哪儿去啦？平时有酒同喝有花同赏，一到有难的时候居然跑得比兔子还快。这群贱人！

其实，齐后庄公冤枉了侍卫。侍卫没有及时赶来救援，并不是他们不想，而是他们不能。

一早进入崔府时，齐后庄公的贴身侍人贾举就叮嘱侍卫说，老大今天下基层体验生活，要一丝不挂，哦不，要一丝不苟地和民众进行零距离交流，你们这帮大老爷们，一个个面目可憎，就别过去凑热闹了哈！

侍卫哈哈大笑，他们久在齐后庄公身边走动，素知齐后庄公的品性和爱好，自然也就很识趣地待在府外警戒了事。

等到喊杀声起，侍卫察觉情势不对头，再想进府救人，却发现大门已经被先一脚进去的贾举锁死，急切间难以撼动半分。

趁侍卫与大门较劲的当口，我们先把镜头切回厅堂内。

齐后庄公仓皇逃窜，左冲右突皆不得脱，渐渐地，人已经被逼到了围墙边的一座高台上。

站在高台上举目四望，下面一层又一层挤满了凶神恶煞般的猛汉，手里还抄着五花八门用来放血的家伙。一阵熏风拂过，齐后庄公有了身浸万年冰窖的感觉。

伏兵继续逼近。齐后庄公在求生本能的驱使下，将国君的尊威抛诸九霄云外，像条丧家狗似的哀声求饶。伏兵不答应。

齐后庄公又请求结盟，伏兵还是不答应。

齐后庄公再请求在太庙里自裁，伏兵仍旧不答应，只是冷冰冰地回了句："国君的下臣杼病得很厉害，不能听取您的命令。这里靠近国君的宫殿，陪臣在此巡查搜捕淫乱之人，不知道还有其他的命令。"

齐后庄公几近绝望，他瞟了一下身后的围墙，忽然纵身一跃，想要逾墙逃生。

身体腾在半空的一刹那，齐后庄公明白了一个残酷的现实，那就是此时此刻做一条狗已经成了遥不可及的奢望。因为狗急了可以跳墙，而他却没有狗的那份爆发力。

当这个念头如电光石火般一闪而过后，一支利箭射中了齐后庄公的大腿根（哎哟我的老弟）。

齐后庄公扑通一声硬着陆。伏兵一拥而上，刀光剑影不亦乐乎。俟其散开时，人们已快要认不出，地上那堆混合着鲜血与泥土的东西就是曾经的齐后庄公。

侍卫不清楚院墙内发生的故事，仍在拼死拼命地攻门。可费尽九牛二虎之力把门打开后，伏兵却像开闸的洪水一样倾泻了出来。

侍卫固然悍勇，但终究寡不敌众，扑腾了几下也就妥妥地追随齐后庄公而去。

大夫祝佗父从高唐①祭祀归来，听说齐后庄公正在崔府视察，遂赶往崔府复

---

① 齐邑，其地有齐国宗室的别庙。

命，不料一头撞在乱兵的刀口上，稀里糊涂做了枉死鬼。

负责监收渔税的大夫申蒯，下班后听闻国君有难，就让家宰护送他的老婆孩子逃离临淄，自己则准备不顾性命，赶往崔府救护齐后庄公。家宰忠义，不愿抛下主子先走，遂与申蒯一齐战死。

边塞平阴的守将薳蔑，系齐后庄公母亲的族人，后来亦被崔杼派人杀死。

齐后庄公的亲信树倒猢狲散，卢蒲癸奔晋，王何奔莒，闾丘婴和申鲜虞奔鲁。临淄城中，人心惶惶，一地鸡毛。

大夫晏婴得知齐后庄公的死讯，第一时间赶到崔府，却又在大门外驻足徘徊，一副神情肃穆、心事重重的样子。

下属惴惴不安地问道："您准备去殉死吗？"

晏婴说："这是我一个人的国君吗？我为什么要殉死？"

下属又问道："那您准备逃亡吗？"

晏婴说："国君是因我的罪过而死吗？我为什么要逃亡？"

下属再问道："那，您准备回去吗？"

晏婴说："国君都死了，我又能回到哪里去？"

下属很茫然，他显然没有领会晏婴这三句反问所蕴含的奥义。

晏婴语意未尽，继续感叹道："为君者，应当秉持国政，岂可恃高位而欺凌臣下？为臣者，应当保养国家，岂可为利禄而摧眉折节？故倘若君主为国家而死，臣下也应当为他而死；君主为国家而逃亡，臣下也应该为他而逃亡。倘若君主是为了自己而死、为了自己而逃亡，那么，除了他宠爱的亲信，谁又敢背负着世人的斥责而或死或逃呢？更何况，有的人（指崔杼）立了国君（指齐后庄公）后又弑君，我焉得为之死为之逃？然而国君终究是死了，我又能回到哪里去呢？"

言罢，推门而入，把头枕在齐后庄公的尸身上号哭，哭了一会儿，又站起来原地跳跃三次①。

做完整套流程后，晏婴与尸身作别而去。

---

① 这些动作看起来富于喜感，它其实是古代丧礼中表达极度哀痛之情的一种传统习俗，且有个专业术语，谓之"抚尸擗踊"。

随即，有人向崔杼密报晏婴的言行，并劝崔杼杀了晏婴。崔杼说算了算了，晏婴是民望所归，杀了他，只怕会激起民愤，于我无益。

齐后庄公死于五月十六日，三天后，也就是十九日，齐国举行新君登基大典。

崔杼立齐后庄公的异母弟公子杵臼为君，史称齐景公；然后以齐景公的名义，封自己为右相，封庆封为左相，并召集国人在齐太公的庙里结盟。

右相和左相是中国历史上全新的官职，根据当时右尊左卑的规则，我们可以将右相视为正丞相，相应地，左相也就是副丞相。

这么掰开来一解读，右相和左相似乎也没什么了不起。但是，我们的着眼点不应放在两相的职权大小上，而应看到设立两相所反映的两个深层次问题。

其一，再次册立国君后，崔杼的权力达到了一个新的高峰，为自己量身创设右相之职，就是他对国家政治体制高度掌控的一个有力证明。

其二，崔杼视庆封为重要盟友，愿意向庆封让渡政治利益，或者说愿意在庆封的辅佐下建立权力构架。

这两个问题结合在一起，就决定了齐国内政未来一段时期里的发展趋势。当然，这已是后话。

崔杼在齐景公以及宗室贵戚和一众官员的睽睽注视下，宣读由他亲自起草的盟辞。

盟辞堪称冠冕堂皇，崔杼神采飞扬，读得相当起劲，有那么几个瞬间，他甚至幻想自己就是真正的一国之主，手中举执的文本，也不是什么盟辞，而是施政纲领。

事实上，崔杼的盟辞，与施政纲领并没有太大区别。因为，盟辞的主旨，就是强调崔杼的正义性，和崔、庆二氏主政的权威性。

然而，不和谐的声音也有，当崔杼读到收尾处"凡国人有不亲附崔氏、庆氏者（这里本来应该接'天打雷劈、不得好死'之类的咒语）"时，晏婴朗声续说道："婴如果不亲附忠君利国的人，有天帝为证！"

晏婴的话突兀地响彻在人头攒动的庙室里，顿时引发了各种意味深长的目光和低呼。

所有交织的目光和混合的低呼都起伏于极短的时间之内，大家很快又恢复到了之前洗耳恭听的样子，把波澜都藏进心底，仿佛什么事也没发生过。

崔杼涨得满脸通红，他试着张开嘴巴，想把卡在舌尖上的最后那半句盟誓吐出去，运了几次气，却发现只是徒劳。

哑然的姿态持续了一会儿，崔杼头部的血液逐渐向下回流。他捏了捏拳头，终于还是一句话也没说。

侍者把热乎乎的牛血端进来，大家按尊卑顺序依次涂抹在脸上，以示对盟辞的敬畏，登基大典宣告结束。

五月二十三日，齐景公又和众大夫以及到访的莒君结盟。

莒君一个星期前还在与齐后庄公把酒言欢，他想破脑袋也没有料到，一个星期后，对面那个扮演齐君的人，竟然已不是齐后庄公。

盟誓的时候，莒君一度心不在焉，他只想着尽快回国，临淄这块地儿，节奏太快，他有点儿头晕。

色字头上一把刀，齐后庄公勾搭崔杼的老婆，图那一根筋的快活，反倒搭上了自己的一条老命，这笔生意可谓亏得一塌糊涂。

崔杼虽说也没赚，但大仇得雪，兼具拥立之功，至少也要爽彻肺腑吧。当然，如果某些心直口快的人，譬如晏婴，能够装聋作哑就更加完美了。

可是，天底下胆气豪迈的人远不止晏婴。

中国古代有一群特殊的官员，他们实权不大，唯一可以自由调配使用的资源就是笔墨纸张。不过他们的影响力非同小可，因为历史的辑录和流传，都源自于他们笔下。

这群官员被称作史官，他们中间就不乏铮铮铁骨之人。

中国历代政权设置史官之始，可以追溯到夏朝。

夏、商、周三代堪称是史官最风光的岁月，因为他们不但负责记载史事，还兼管起草文书、策命分封、编修历法、主持祭祀等职责，其主官——太史往往在政府中居于显赫之位。

那段时期的史官，有一条基本的行为准则就是"君举必书"。

君举必书的字面意思是说：凡君王的举动，无论善恶都要如实记载。再推而广之就是秉笔直书，"不掩恶，不虚美，书之有益于褒贬，不书无损于劝诫"。"宁为兰摧玉折，不为萧敷艾荣"是史官的追求，"兰艾相杂，朱紫不分"是史官的大忌。

三代之后，史官的世俗地位虽然日趋衰微（只专管史事和天文），但直到唐朝以前，其精神世界依旧高贵而圣洁[1]。

在这种尊崇事实、独立治学的氛围中，涌现出了很多坚定捍卫职业道德的杰出史官。

例如，前文提到的晋太史董狐，不惧赵氏强权，直书："赵盾弑其君"；又如汉太史司马迁，明知自己会触怒汉武帝，仍然为败军之将李陵鼓与呼，并因此获罪入刑。

而崔杼即将面对的，也是一群正直的史官。

话说这齐后庄公纵然不肖，好歹也是一国之君，不可能死得籍籍无名，齐国的史官总归要在竹简上记一笔"某年某月某人因某故死于某地"。

太史就直言不讳地写道：崔杼弑其君。

崔杼得知这个情况后暴跳如雷，立马把太史给杀了。

太史有三个弟弟，都在史馆供职。第一个弟弟听说哥哥殉职，二话不说，提起笔来唰唰唰挥就五个大字。

崔杼一看，还是"崔杼弑其君"，当即抓狂。你以为摆出一副不怕死的样子，老子就真的不敢弄死你对吧？来人啦，给我杀！

第二个弟弟见又挂了一位兄长，仍然毫无惧色，端端正正把那五个字原复原样地登录了上去。

崔杼几欲晕厥，一咬牙，喝令继续杀。

第三个弟弟接过兄长手中沉甸甸的纸笔，想都没想，再次写下了崔杼弑君的字样。

崔杼忽然怕了，他发现虽然自己握的是刀而史官握的是笔，但弱小的人恰恰是他自己，杀的史官越多，只不过越证明了他怯懦而已。

---

[1] 李世民即位后，为了巩固统治，逼迫史官曲笔以掩盖其玄武门兵变弑兄凌父的真相，自此史官逐渐沦为帝王美化自己的工具。

因此，崔杼不得不黯然退避，任由史官如实书写。

崔杼与史官的对决说明：真正的强大，不在于拥有滔天的权势，而在于拥有一颗耿直的心灵。

崔杼懂得这个道理还不算太晚。就在"崔杼弑其君"五个字被正式收入齐国史志时，一位叫南史氏的史官听闻太史兄弟接连死难，担心真实的历史遭到篡改，正攥着自己的竹简急急赶来。在那片素洁的竹简上，赫然写着五个大字："崔杼弑其君。"

五月二十九日，齐后庄公被弑十三天后，崔杼便早早地为他举行了葬礼。

春秋时代，葬礼办得早对于死者而言并不是件好事，因为那会儿根本不流行早死早超生的说法。相反，停丧的时间越长，就越能体现死者身份的尊荣。

《礼记·王制》上说得很清楚，天子七月而葬，诸侯五月而葬，大夫士庶人三月而葬。由此可见，崔杼才隔了十三天就把齐后庄公扔土里埋掉，相当于对齐后庄公做了降级处理。

然而，崔杼对齐后庄公的贬损不仅于此。

人们惊讶地发现：送葬的车辆非常破旧；灵车两旁的侍人手中只举着四把长柄扇；队伍前方看不到兵士警跸；陪葬的物品中，也没有武器和盔甲。

而按照诸侯葬礼的正规标准，送葬应该选用崭新的车辆，护灵的长柄扇应该有六把①，大丧须设警跸，且以兵甲陪葬。

怎么样，够损的了吧？告诉你，更绝的还在后面。

齐后庄公的墓穴，竟然不在齐国宗室的墓群区域之内。

中国古代讲究合族而葬，唯凶者不入兆域。齐后庄公被孤零零地葬在城北一个叫土孙之里的地方，日后不能享受子孙的香烟供奉，魂灵亦得不到先祖的容留与庇护。要说惨，真是惨到家了。

齐后庄公下葬，闹腾了许久的齐国正想歇口气，麻烦事却又接踵而来。

晋平公召集鲁、宋、卫、郑、曹、莒、邾、滕、薛、杞、郳等诸侯在卫国的

---

① 天子的葬礼用八把，大夫的葬礼用四把。

夷仪会盟①，商议攻打齐国，以报复齐后庄公两年前取道朝歌伐晋之事。

崔杼似乎并不格外着急，你晋平公无非就是想拿齐后庄公撒撒气嘛，嘿嘿，我早已经替你一次性摆平他了。

随即，崔杼派隰朋（前桓管五杰之一）的曾孙隰鉏前往夷仪，以齐后庄公已死为由向联军求和。

紧随隰鉏之后的，是一支由左相庆封率领的大部队。

看到这里，大家千万别误以为崔杼是在搞先礼后兵，或者说先迷惑敌人再突然袭击的鬼把戏。

庆封率领的部队中，虽然人员和物资都很充足，但压根儿没有一点儿战斗力。因为，所谓人员，都是些男女混杂的奴隶；而所谓物资，都是些花花绿绿的财礼，其间甚至还包括了从齐国宗庙里取出来的祭器和乐器。

庆封到达夷仪军中，把晋国自晋平公起，至军中的六卿、五吏、三十帅、三军之大夫、百官之正长、师旅及处守者，统统施以重贿。

晋平公见崔杼心意蛮诚恳，就以迎接卫献公回国为附加条件，同意了齐国的求和。

卫献公于公元前559年被正卿孙林父驱逐，寓居齐国已历十二载。

当年那次变故的是非功过倒也不乏评说。

譬如鲁国的厚成叔就认为"有君不吊，有臣不敏，君不赦宥，臣亦不帅职"，意即：国君不够善良，臣子也不够明达；国君对臣子不够宽厚，臣子对国君也不够忠诚。

这句话算是说到了点子上。卫献公仗着自己贵为国君就捉弄挖苦孙林父；而孙林父仗着自己有晋国六卿撑腰就专行无忌。双方都负有不可推卸的责任，相较而言，孙林父以下犯上，过错还要更大一点儿。

晋平公对此事的第一反应也是"卫人出其君，不亦甚乎"，并萌生了伐卫之意。

只不过，当时齐国已经表现出了勾结周王室以脱离北方联盟的趋势，晋国需要和睦中原诸侯以压制齐国，所以晋平公斟酌再三后，迫不得已采取了承认卫殇

---

① 此夷仪本是邢国的都城，临近齐国，卫灭邢后，夷仪成为卫邑。

公（孙林父驱逐卫献公后所立）政权的态度。

当然，之前晋平公的纠结以及现在崔杼大拍晋国马屁的做法，不能构成晋国帮助卫献公复位的充分条件。晋国的最终目的是杜绝齐国经由控制卫献公而觊觎卫国的念头。也就是说，晋国仅仅想把卫献公接回卫国居住而已。

可是问题来了，国君之位属于那种用一次就爱上一辈子的稀罕玩意儿，卫殇公虽然和卫献公没有私仇，但也没有理由甘愿接纳卫献公啊！

晋平公出面调停，叫卫殇公把夷仪腾出来安置卫献公。卫殇公胳膊扭不过大腿，只得同意了。

而崔杼这边也玩起了花招，卫献公倒是给放行了，却又把卫献公的老婆孩子一股脑儿扣留为质，以谋求获取卫国的五鹿。

在迎接卫献公回国这件事上，晋平公的分寸把握得还算精细。他的本意并不想挑起卫国内乱，相信时人也这么认为。

但事态演变出乎人们的意料，晋平公把卫献公接回国的这一举措，不经意间就给某些处心积虑的人营造了改变时局的机会。

处心积虑的人有两个，一个叫卫献公，另一个叫宁喜。

卫献公有想法很正常，他亡命出奔前已经做了十八年的国君，如今站在夷仪遥望帝丘，你叫他怎能不为那熟悉的胭脂芬芳而彻夜难眠呢？

至于宁喜有想法，来历就不那么简单。

宁喜的老爸叫宁殖。大家对宁殖应当还有点儿印象，因为他曾与孙林父一道，被卫献公戏弄。

孙林父驱逐卫献公时，宁殖出过不少力气。我现在要补充的是，宁殖后来对驱逐卫献公之事一直愧疚不已。

公元前553年冬，宁殖弥留之际郑重嘱咐宁喜："我以前得罪了国君，以至于各国诸侯的简册上，都留下了'孙林父、宁殖出其君'的记载，现在想想都后怕。倘若日后国君能够回国，你一定要尽力掩盖此事。如果你做到了，我就认你是儿子；如果你没做到，那我的亡魂宁愿挨饿，也绝不享受你的祭品。"

宁殖的遗言字字千钧，成了宁喜这一生都甩脱不了的政治包袱。然而，宁喜上头还压着卫殇公和孙林父，以他的权势，根本不可能完成助卫献公梅开二度的壮举。但卫献公眼下已经被晋平公接回国，那事情就好办多了。

公元前548年的十二月，卫献公派人秘密会晤甯喜，商议复位之计。

甯喜予以积极的回应，但强调公子鱄必须加入团队（甯喜可能是相信公子鱄的人品和能力），否则大事难成。

卫献公遂派公子鱄前往帝丘与甯喜联络。

公子鱄是卫献公的胞弟，自卫献公出奔起即一路追随，要说对卫献公的了解，大概没人能够超过他。公子鱄认为卫献公没有信用，不得民心，贸然发动政变，只怕不免于灾祸，因此拒绝出使。

卫献公和公子鱄的生母敬姒站出来发话，逼迫公子鱄助兄长一臂之力，公子鱄这才勉强从命。

公子鱄见到甯喜后，传达卫献公的口信说："事成之后，朝政由你主持，祭祀由寡人主持。"

甯喜心花怒放，废立之志愈坚，为了增加胜算，他又暗地里去联络其他朝臣。

甯喜首先找蘧伯玉商议。

蘧伯玉属于那种十分飘逸的人，孔子评价他："君子哉蘧伯玉！邦有道，则仕；邦无道，则可卷而怀之。"意思就是说：倘若世人风清气正，我就入仕而报国报君；倘若世人蝇营狗苟，我就出仕而忧国忧民。

蘧伯玉要是穿越到另一个时空，肯定会被贴上政治立场不坚定或工作态度不真诚的标签，一时一刻都甭想在官场混下去。

世人风清气正，朝廷要你干吗？让你坐享其成吗？世人蝇营狗苟，正是匹夫匡济社稷之机，你倒好，跑到江湖之远去忧国忧民。你以为装出一副病恹恹的样子，国家就自动繁荣富强了？

算了算了，我这样说也是苛求他人，事实上，蘧伯玉的所作所为，当个君子的称号还是实至名归的。

十二年前，孙林父从封邑戚地起兵发难，入帝丘时偶遇年少的蘧伯玉。孙林父说："国君太暴虐了，我害怕国家因他而颠覆，你觉得我应该怎么办？"

蘧伯玉只觉得好笑。您这都明火执仗地杀进国都来了，还问我应该怎么办。难道我说应该有话好好说，您老就真的偃旗息鼓吗？

蘧伯玉不偏不倚地回答道："国家是国君的国家，他愿意怎么治理就怎么治理，关臣子们什么事？再说了，即便迎立新君，你能保证他就一定比旧君强吗？"说完，就沿着最近的关口出国了，管你孙林父和卫献公闹出天大的动静。

十二年后，甯喜问蘧伯玉迎接卫献公应该怎么办。

蘧伯玉回答道："我没能听到他的出走，又岂敢听到他的进入？"说完，拍拍袖子走人，再次沿着最近的关口出国去了。

甯喜强忍着想要一把捏死蘧伯玉的冲动，转身又去找右宰穀商议。

右宰穀是一个老滑头。当初卫献公出奔，右宰穀为随从中的一员；可是逃到半路，眼看前途茫茫，他又背着卫献公跑了回来。孙林父的人要杀他，他辩称自己追随卫献公只不过是阳奉阴违，这才免于一死。

面对甯喜的询问，右宰穀的投机心理复发，小心翼翼地回答道："不行！你父亲驱逐旧君，你又废黜新君，天下还有谁能容你？"

甯喜说迎立卫献公正是甯殖的遗愿。

右宰穀见甯喜掏出了心底话，有些蠢动，但仍不失顾虑地说："让我先去观察一下再说吧。"

于是右宰穀前往夷仪进见卫献公，然后回来对甯喜说："国君在外淹留十二年，却面无忧色，话无宽言，依旧是以前那副趾高气扬的神情。如果你还不赶紧停止废立的计划，肯定难逃一死。"

甯喜说："不是有公子鱄在那儿谋划吗？"

右宰穀说："那又如何？一旦事败，公子鱄最多逃亡以自保，他有什么能力管你的死活。"

甯喜不耐烦了，喝止道："别说了别说了，我心意已决，你到底干不干？"右宰穀想了想还是说干，于是两人着手发动政变。

公元前547年的二月六日，甯喜和右宰穀率军攻打帝丘城中孙林父的府邸，拉开了叛乱的序幕。

时孙林父本人在封邑戚地，府中仅有其子孙襄留守。孙襄拼死抵抗，堪堪将叛军击退，但自己也受到了极其严重的创伤。

甯喜做贼心虚，见一击没有得手，胆气已坠，生怕孙襄与前来平乱的援军一道，包了自己的饺子，于是率军退居城外。

当晚，孙襄不治身亡，孙府上下号啕痛哭，哀声在寂静的夜空中历历可闻。

潜伏在帝丘的叛党将孙襄的死讯传出城去，甯喜的小宇宙再度燃烧，当即挥师入城，围攻孙府，将之夷为平地。

孙府一倒，帝丘就成了叛党的天下。第二天，甯喜又将卫殇公及其世子角全部杀害，只等卫献公还都。

孙林父得知帝丘生变，立刻带着戚地的籍册重器投奔晋国。晋国让孙林父返回戚地，继续观望帝丘的动静。

二月十日，卫献公复位，随即出兵攻打戚地东部的茅氏。孙林父向晋国起诉，晋国派军协防茅氏。

卫军的将领是曾在平阴之战中露过脸的齐国人殖绰。崔杼弑杀齐后庄公时，齐国局势纷乱，殖绰也逃到卫国来了，此时又受卫献公之命攻打茅氏。

殖绰有被晋将州绰射伤并俘虏的耻辱经历，他对此一直耿耿于怀，如今阴差阳错与晋军狭路相逢，自然分外眼红。

在殖绰的猛烈攻击下，晋军阵亡人数超过三百。数字看起来虽不是特别大，但就其性质而言，无异于给了以仲裁者角色自居的晋国一记响亮的耳光。

孙林父敏锐地捕捉到了这一点，一边组织力量防御卫军并将其击退，一边再次向晋国起诉卫献公。

晋国既碍于孙林父的面子，又怨怒于晋军的伤亡，遂决定召集诸侯联军讨伐卫国。

群殴一个联盟内的国家，风险可不小。因为楚国有可能趁北方自乱阵脚之际，斜刺里插上一脚，到时候内忧外患叠加在一起，保管北方诸侯吃不了兜着走。

但是，晋国之所以敢做出这个决定，也是因为看到了国际形势相对缓和，有腾出手来处置卫国的余地。

当时晋国面临的有利条件有四个。

第一，晋国新任执政大夫赵武（前任执政大夫范匄死于公元前 548 年）和楚国新任令尹屈建（字子木）交好。

第二，晋国与秦国于公元前 549 年的五月缔结了盟约，西部的安全环境有所改善。

第三，楚国和吴国的争斗愈演愈烈，频繁交兵，楚国无暇北顾。

第四，齐国在崔杼的主导下，与晋国言归于好。

鉴于此，赵武于公元前 547 年的六月与鲁襄公、宋大夫向戌、郑大夫良宵以及曹国代表在晋国的澶渊会盟。

卫献公一看情况不对头，赶紧带着甯喜巴巴地跑到澶渊，请求诸侯宽宏大量，从轻发落。

赵武说没问题，但晋国既然已经出面干预此事，就绝不能空手而回，于是做主扩大孙林父在卫国的封邑，并将卫献公和甯喜羁押到了晋国。

一个月后，齐景公和郑简公联袂赴晋，劝说晋平公释放卫献公。可晋平公将卫献公视为当前固有秩序的破坏者，不愿予以释放。

双方为了到底要不要放的问题，在宴会时展开了一番周旋。这个周旋的过程展示了中国古典文化的博大精深，喜欢咬文嚼字的人不妨耐心看看。

晋平公首先诵读了《假乐》。

《假乐》是《诗经·大雅》中的名篇，本为周宣王行冠礼时召公作的贺词，其中有"显显令德，宜民宜人，受禄于天"的字样。晋平公以之向远道而来的两位国君致意。

作为回应，齐景公的相礼国弱诵读了《蓼萧》，而郑简公的相礼公孙舍之诵读了《缁衣》。

《蓼萧》出自《诗经·小雅》，本为诸侯朝见周天子的祝颂词，其中有"宜兄宜弟，令德寿岂"的字样，断章取义的话，可以理解为：晋国和卫国是姬姓的兄弟之国，应当和睦共处，晋平公你就放了卫献公吧！

《缁衣》出自《诗经·郑风》，本为描述郑武公赠缁衣给贤士的叙事诗，其中有"适子之馆兮，还，予授子之粲兮（这句话为模拟郑武公口吻所说，含义比较深奥，通常译作：你到馆舍去办事，回来我送你新衣）"的字样。公孙舍之以贤士比喻齐、郑二君，以郑武公比喻晋平公，以赠衣比喻晋平公满足齐、郑二君的心愿，用意还是敦请晋平公释放卫献公。

国弱和公孙舍之诵读的诗文妙就妙在处处一语双关，主题是在赞颂晋平公，语意却是在替卫献公开脱。

这样的说辞，接受也不好，拒绝也不好，晋平公不由得慌了神。

幸亏大夫羊舌肸心思机敏，向晋平公支了一招。于是晋平公向齐、郑二君下拜，恭恭敬敬地说："谨拜谢齐君安定我先君的宗庙，拜谢郑君对晋国没有二心！"

这句话看似牛头不对马嘴，实际上具有很高的技术含量，倘若用七个字来概括其技巧，那就是"揣着明白装糊涂"。你们的说辞，我不愿接受，又不方便拒绝。要解决这个难题，最好的办法莫过于我假装没有听懂你们的话。

你国弱不是诵读《蓼萧》吗？那好，《蓼萧》中还有"既见君子，我心写兮。燕笑语兮，是以有誉处兮（这句话通常译作：朝见了周天子后，我的心情十分欢畅，饮宴之际谈笑风生，非常愉悦）"的字样，我就揪住它们做文章。国弱，我知道你的意思是说"晋侯有声誉，常处位，是得宗庙安也"，谢谢呀！

你公孙舍之不是诵读《缁衣》吗？也好，《缁衣》中还有"缁衣之宜兮，敝，予又改为兮（这句话通常译作：黑色官服真合适，破了我再来缝制）"的字样，我知道你就是要强调这一句，以表达"欲常进衣服，献饮食，是其不二心也"的意思。你太客气了！

晋平公坐地耍赖，齐、郑二君不可能当场挑破，却也不甘心就此不了了之。于是国弱派晏婴私下里对羊舌肸说："晋国国君在诸侯中宣扬明德，担心他们的忧患而补正他们的阙失，纠正他们的违礼而治理他们的动乱，因此才能成为盟主。如今为了卫国的臣子而逮捕卫国的国君，怎么能叫诸侯信服？"

羊舌肸觉得晏婴言之有理，就把这番话转告赵武，赵武又转告晋平公。

晋平公见对方撕下了文绉绉的面皮，也赤膊上阵，列举出卫献公的种种罪愆，然后叫羊舌肸转告齐、郑二君。

接下来，大家又开始玩太极。

国弱诵读了《辔之柔矣》。《辔之柔矣》见于《逸周书》，其诗曰："马之刚矣，辔之柔矣。马亦不刚，辔亦不柔。志气麃麃，取与不疑。"

国弱的用意是希望晋平公效仿以柔辔御刚马的做法，以宽政安诸侯，赦免卫献公之罪。

公孙舍之也不失时机地诵读了《将仲子兮》。《将仲子兮》见于《诗经·郑风》，其诗曰："仲可怀也，人之多言，亦可畏也。"

公孙舍之的用意是警告晋平公，人言可畏，既然众人都认为你是为了孙林父而拘捕卫献公，那你就不要太偏执了，以免触怒众人。

这一次，晋国君臣都无言以答，只好答应释放卫献公和甯喜。

中国史学界向来有个共识，即《左传》中记载的外交辞令简洁明快，生动形象，精辟透彻，寥寥数字就能传递丰富的言外之意。

唐代史学家刘知几在其著作《史通·申左》中评述道："寻左氏载诸大夫辞令，行人问答，其文典而美，其语博而奥。述远古，则委曲如存；征近代，则循环可覆。必料其功用厚薄，指意深浅，谅非经营草创，出自一时，琢磨润色，独成一手。"

齐景公和郑简公营救卫献公的案例，很好地反映了这个特色。赋诗明志，听诗会意，以婉而有致、词强不激的语体风格避免了直接的外交冲突，使得激烈的交锋在亦庄亦谐的氛围中进行，既维护了礼仪，又体现了个人的修养，为残酷的政治斗争蒙上了一层文质彬彬的温柔色彩，说它是世界外交史和文化史上的一朵奇葩，实不为过。

继续关注卫献公的命运。

晋平公虽然当着齐景公和郑简公的面答应得很好，但迟迟不见有实质性的动作。

五个月后，卫献公仍然没有拿到回国的车票。十二月的北方，漫天风雪。眼见年关一天天逼近，连农民工兄弟都在想方设法往老家赶，卫献公抓肝挠肺地急呀！

可是我说卫献公，光急有个屁用啊？赶紧想办法呀！上次你担心自己不能从夷仪回到帝丘时，怎么对甯喜说的？"政由甯氏，祭则寡人"对不？看来你也不是完全猪头木寸嘛！为什么这次不如法炮制，多给晋平公一些好处，让他感受一下你扑面而来的诚意，进而为你大开方便之门呢？

卫献公如梦初醒，立即让国内致送了一位美女给晋平公做妾，这才换回了自由之身。

从晋国回来后，卫献公渐渐地察觉到了一桩新的麻烦事。当初病急乱投医，大嘴一张，让甯喜把持政务；这甯喜也毫不谦逊，恣意揽权，俨然没把卫献公当个最高领袖。

久而久之，卫献公就觉得不自在了，只是苦于自己欠着甯喜天大的人情，想要对甯喜动动手脚又怕别人指责他过河拆桥，太不讲江湖道义。

然而，当领导有个巨大的好处，那就是有一大群不懈追求进步的人围在你身边，想你之所想，急你之所急，关心你比关心他自己还要多。

这不，卫献公正在为如何对付甯喜而发愁，玲珑剔透的人就主动找上门来了。

大夫公孙免余对卫献公说，何不杀了甯喜？

卫献公倏地感到一阵高潮奔腾而过，但脸上装出道貌岸然的神情，斩钉截铁地说："不行！如果没有甯子，寡人如何能够回到这里？更何况，将国政交由甯子，本就是寡人对甯子的庄严承诺！"

公孙免余也是久经宦海之人，对于这种口是心非的表达方式早就见怪不怪了。他知道，一番表演过后，卫献公马上就会表白心迹。

果然，才隔了不到半分钟，卫献公口风一转，吞吞吐吐地说："铲除甯子的事，未必一定能收取全功，寡人空得个滥杀的恶名，还是别干了吧。"

公孙免余暗笑，慷慨激昂地表态："此事与您没有任何关系，出了差池也由臣下一力承当！"

卫献公喉咙里含混不清地嗯了声。

公元前 546 年春，公孙免余召公孙无地和公孙臣密议，并指派二人攻打甯氏。结果非但没有攻下，公孙无地和公孙臣反而战死。

公孙免余铆足了劲儿要在卫献公面前立功，入夏后便亲自攻打甯氏，终于成功地击杀了甯喜和右宰穀，并暴尸于朝堂之上。

卫献公反复观赏着甯喜的死相，觉得这比他死之前俊俏多了。

公子鱄不像卫献公那么肤浅，他感叹道："逐我者出，纳我者死①，赏罚无章，何以沮劝？君失其信，而国无刑。不亦难乎！"

信用是一种意识形态的东西，既看不见又摸不着，但背弃它的人，一定会收获实实在在的鄙夷。

---

① 指曾经驱逐他的孙林父逃亡到了晋国，曾经接纳他的甯喜被杀。

公子鲔发完牢骚，决定与兄长分道扬镳。你的过去我来不及退出，你的未来打死我也不想参与了。于是投奔晋国而去。

卫献公听说公子鲔要跟他散伙，赶紧派人劝阻，但公子鲔执意要走。

公子鲔到达黄河南岸时，第二拨说客组团来袭，看样子不把公子鲔留下，他们也没有再见卫献公的必要了。

公子鲔被缠得无法脱身，只好与说客们向黄河起誓：晋国我是不会去了，但帝丘我也绝对不会再回，我就在卫国边境找个地儿归隐泉林 OK ？

说客尽了人事，估摸着这结果卫献公还能接受，也就不再坚持了。

公子鲔自此在木门避世而居，不再过问卫国的政事，甚至连日常坐的方向，都要背对着帝丘。其心之固，可见一斑。

木门的大夫劝他出去做官，公子鲔丝毫不为所动。他不是没能力做官，但有卫献公在，他这辈子就只想图个清净。

说是一辈子，其实一辈子很短，公子鲔在木门隐居了一年左右就死了。卫献公还算有点儿良心，以国君之尊终生为弟弟服丧。

说是终生，其实终生并不长，又过了一年左右的时间，卫献公也死了。

卫国这一代人的恩恩怨怨随着他们的相继死去，才勉强告一段落。

人生好比打电话，不是你先挂，就是我先挂；官场犹如角斗场，不是你先玩完，就是我先玩完。

甯喜弑杀卫殇公的行为，以及卫献公谋杀甯喜的行为，说句老实话，谈不上受什么理想信念的支配，本质上只是一种人在江湖身不由己的循环报应。既然上了这条道，是输是赢你都得认命，不认命也不行。

与卫国内乱稍稍平复类似的是，自齐桓公首霸起至今，喧嚣了一个多世纪的中原争霸战，也迎来了一个巨大的转折。

因为，当今世界彼此敌对的两大巨头——晋国和楚国，即将再次实现弭兵。夹在两强之间饱经战乱的中原各国诸侯，总算熬到了休养生息的这一刻。

向戌弭兵

春秋是一个礼乐崩坏的时代。

周王室背井离乡东迁洛邑带来的恶果，就是对诸侯的管控能力急剧下降；而各国诸侯在失去了礼法的羁縻后，非但逐渐泯失了对周王室的尊崇，并且相互之间断了手足和战友情谊，代之以尔虞我诈，兵戎相见。天下遂呈纷乱之势。

纵观本书所述及的春秋战争史，根据其不同的特点，可以分为以下两个阶段。

第一个阶段，引发战争的主要因素有两个。

一是各国诸侯趁周王室衰微之际，依靠武力重新调整周边的地缘格局，以期扩大本国的生存和发展空间。

二是边缘民族趁中原一盘散沙之际，频繁入侵主体民族的势力范围，主体民族政权被迫防守反击。

随后齐桓公横空出世，打着"尊王攘夷"的旗号四处征伐，重新建立了一套名义上以周王室为共主、实质上接受齐国制衡的国际秩序，中原局势略归于平复。

第二个阶段大致以召陵会盟为起点。由于楚国异军突起并狂扫中原南部，北方诸侯被迫团结起来，以联盟的力量与楚国抗衡。

既然出现了联盟的组织形式，那么必定需要推举一位首领来协调联盟内各国的步调和利益。齐国借助"尊王攘夷"积累的先发优势获此殊荣。

齐桓公死后，齐国迅速动荡，而晋国利用其独特的地缘优势以及源自周王室的血统优势，接过了霸主的衣钵，并依托北方联盟与楚国继续争夺对中原的控制权。

在齐、晋相继称霸期间，北南双方经历了大小无数战役，规模不断扩大，战线日渐拉长，对战略的考量与运用也越发纯熟。

总体而言，北方维持了传统的强势地位，但北南双方的实力差距越来越接近。

双方打着打着就发现，要想把对方彻底搞残难于登天，继续打下去，无非就是落个两败俱伤的后果；况且中原这么宽敞，容得下晋、楚两国共生共存。斗而不破、和而不同已是大势所趋。

在这样的大背景下，有人开始考虑一个极其严肃的问题：能否促成南北再次弭兵呢①？

做出思考的人，是时任宋国左师的向戌。

春秋时代智人辈出，之所以会是向戌，绝非偶然。

首先，向戌所在的宋国有对南北弭兵的迫切需求。晋楚争霸闹腾了八九十年，双方你来我往，没完没了。作为中原主战场的宋国被卷入其中，兵连祸结，劳民伤财，灾难深重。晋楚不弭兵，宋国永无宁日。

其次，向戌本人具备促成南北弭兵的某些关键条件。向戌与眼下担任晋国正卿的赵武以及担任楚国令尹的屈建私交不错，有在晋楚两国之间撮合的可能。

最后，向戌具有促成南北弭兵的主观能动性。一方面，向戌是华元的追随者，继承了华元的政治理念；另一方面，向戌投机意识敏锐，希望居中调停，给欲和还休的晋楚两国再添加一注咸湿的助剂，以成就自己一世的名声。

我说他善于投机，那是有根据的。

《左传》上写得很清楚，晋楚两国之前均已流露出了弭兵的意愿；或者说，晋楚弭兵的潮流不可逆转已是普天之下的共识，唯一存在变数的，只是正式弭兵的时间早晚而已。

例如，公元前548年的七月，赵武与鲁国的叔孙豹会晤时说道："自今以往，兵其少弭矣！……武也知楚令尹。若敬行其礼，道之以文辞，以靖诸侯，兵可以弭。"

又如，公元前547年的十月，楚国攻打郑国，郑大夫国侨分析战局时，话语中也曾提及："晋、楚将平，诸侯将和。"

因此，如果向戌瞅准时机，借力发力，很有可能一蹴而就，推动晋、楚媾和的进程实现重大突破，顺便也把自己标注于推动历史转折的史册上。

公元前546年，晋楚两国虽仍然处于敌对状态，但距离上一次交兵②已颇有时日，彼此仇恨的情绪降到了历史最低值；加之晋国刚刚因晋、齐互伐消耗了大量精力，而楚国亦有吴国的肘腋之患，所以两国无论出于客观需求还是主观意愿，

---

① 公元前579年，以晋国为代表的北方阵营和以楚国为代表的南方阵营有过一次弭兵。
② 公元前557年的六月，晋军攻打楚国，与楚军战于湛阪。

都有立即停止争斗的必要。

这种局面，正是向戌所热切期盼的，于是他马不停蹄地展开了一番穿梭外交。

向戌先是拜访赵武，征询晋国对弭兵的官方意见。

南北弭兵是关乎天下大势和国运民生的要务，赵武十分审慎，便召集众大夫商议。

大家的观点比较统一，大多赞同弭兵，尤以中军佐韩起的话道出了弭兵的真义。

韩起说："战争是残害人民的元凶，是毁坏财富的蛀虫，会给小国带来无穷无尽的灾难。向戌提议弭兵，虽然最终谈不谈得拢还是个未知数，但我们必须先答应他，表明晋国热爱和平的立场。因为弭兵是众望所归，倘若我们予以拒绝而楚国予以接受的话，那天下诸侯都将归附楚国，晋国也必定会失去盟主的地位。"

这些话句句在理，赵武欣然赞同。

揣着晋国的合作意向书，向戌再拜访屈建。

楚国的情形与晋国略无二致，也非常爽快地表达了对弭兵的向往。

晋国和楚国这对主要当事人原则上同意弭兵，算是开了个好头，然而接下来的流程称不上顺坦。

向戌再去往齐国游说，齐国君臣在商议此事时，出现了很大的阻力。

阻力来自何方，史籍中没有载明。可是我们不难推测，肯定是齐国的大国心理在作祟。

霸权是一种稀缺资源。自古以来，诸侯列强为了争夺它，一直都积极践行着能动手就绝不吵吵的指导思想，力求场面火爆、群死群伤。

而南北弭兵的宗旨虽然是相互妥协，但我们换个角度，其实也可以把弭兵理解成晋、楚两国对霸权的对半分割。

这样的处理方式，对于素以大国自居的齐国而言，显然过于辛辣和酸涩。晋、楚共治天下，那把齐国摞到哪个角落旮旯里去凉快呢？

唯有晋楚争霸，齐国才可能左右逢源，趁乱取势，伺机恢复先辈的荣光；如果天下的格局都二一添作五了，那齐国还混个屁呀？

基于这个认识，齐国一开始不愿意弭兵。

不过大夫陈须无明白，愿不愿意和可不可以还是有区别的。

晋楚弭兵，挤压了齐国的回旋余地和上升空间，作为一个齐国人，内心不反感是假的；但政治斗争是一种讲究实力的游戏，在晋国和楚国主导国际秩序的年代，你可以与晋国作对，也可以与楚国作对，就是不可以与晋国和楚国同时作对，除非，你活得不耐烦了。

因此陈须无说："晋国和楚国都同意的事，齐国有什么能力反对？况且，天下诸侯都渴望消除战争，如果齐国独持偏见一意孤行，那齐国岂不是成了穷兵黩武的孤家寡人？"

这一席话如同醍醐灌顶，终于使齐国君臣抛却不切实际的幻想，回归到同意弭兵的理性道路上来。

最后，向戌去往秦国游说。

秦国没有啰唆，同意签署和平协议。

至此，东邪西毒南帝北丐均有意坐下来聊聊，一场轰轰烈烈的弭兵谈判进入到了实际操作层面。

为了追求最宽泛的和平，晋楚齐秦四国纷纷向依附于自己的诸侯发送通知，约以在宋国举行盟会。

不过，诸侯的反应似乎没有想象中那般热切。

从公元前546年的五月二十七日赵武携羊舌肸抵达宋国起，直至六月十六日，其间仅有郑大夫伯有、鲁大夫叔孙豹、齐大夫庆封和陈须无、卫大夫石恶、晋大夫智盈、邾悼公以及楚公子黑肱陆续到达宋国。这帮人先商定了晋国就弭兵提出的主张。

六月二十一日，向戌去往陈国，与楚国令尹屈建会晤，并商定了楚国就弭兵提出的主张。次日，滕成公抵宋。

屈建提出，如果能够实现弭兵，往后晋国的小弟必须同时朝见晋、楚两国，楚国的小弟也必须同时朝见楚、晋两国。

应该说，屈建的这个主意相当务实。

因为，随着战争技术的发展，如今中原争霸战的主流形式，基本上都是拉帮结伙打群架，分明的派系已构成了晋、楚对峙的重要基础。假如不改变中原诸侯选边站队的固有格局，弭兵即便能够达成，也注定难以维持长久。

而让诸侯交相朝见晋、楚两国，就很好地打破了南北双方过往的封闭与对立。大家统统和稀泥，从而在物质层面消减了晋、楚两大阵营爆发战争的可能性。

六月二十四日，向戌回到宋国，向赵武转达了屈建的主张。

赵武觉得屈建的立意很好，但细节不够完美。他说："晋、楚、齐、秦四国的地位对等，晋国不能指挥齐国，正如楚国不能指挥秦国[①]。如果楚国能够使秦君驾临晋国，那晋国又岂敢不请求齐君朝见楚国呢？"

话有点儿拗口，意思还是很浅显。其他中小国家交相朝见没异议，但齐、秦两个传统大国不宜做硬性要求，应多给他们一点儿自由。他们愿意朝见，那求之不得；他们不愿意朝见，我们也衷心理解，毕竟大家都是带过小弟的人，有时候确实把面子看得比性命还要紧。

二十六日，向戌至陈国复命。屈建又令人赴郢都转呈楚康王。楚康王也懂得其中的曲折，遂同意了赵武的意见。

七月二日，向戌回到宋国。当夜，赵武便和黑肱敲定了盟书的措辞。

四日，屈建亲赴宋国。陈大夫孔奂、蔡大夫公孙归生、曹国和许国的大夫也接踵而至。

此次盟会的目的是为了弭兵，但本身的形式却是兵车会。各国诸侯的军队都驻扎在商丘城外，于是出现了一些有意思的情景。

南北两大阵营的诸侯，这么多年来一直钩心斗角，甚至有些去年还在捉对厮杀（譬如陈国和郑国，楚国和郑国）。现在各自的人马呼啦啦拥挤在一块狭小的区域内，大家脸上貌似一片祥和，内心里难免旧恨翻腾。换作是你居于其间，你紧不紧张？

什么？你会紧张到一天换三次裤子？

你入戏可真快，明天不妨到无锡计生局大门外去碰碰运气。

当时的实际情况是，各国驻军的营地连接成片，但为了营造与媾和主题相称的氛围，各军营地边缘都没有构筑垒堑，彼此之间仅仅以藩篱作为分界，以示互

---

① 当时，四强中晋、齐相对要好，楚、秦相对要好。

不猜忌。

问题是，猜忌作为一种发自肺腑的真情，不是你假装没有就真的没有的。

藩篱这玩意儿，关鸡拦狗正合用，指望它挡人拒马啥的那是脑壳进了水。如果某国军队居心不良，半夜里突然蹿出来清算旧账，那没有防备的一方岂不是要被一锅烩了？

晋国代表团和楚国代表团估计都意识到了这个问题，他们的营地刻意分别安置在整个营区的两头，中间有多国的营地作为缓冲，最大限度地保持了安全距离。

然而，诡谲的气氛依旧泛滥蔓延。

或者是晋国搞到了可靠情报，又或者是晋国用敌对的惯性思维观察楚国，没来由就觉得楚国形迹可疑。总之，关于楚国将会实施偷袭的说法，在晋国代表团中甚嚣尘上。

智盈为此忧虑万分。但赵武却泰然处之，他认为此时此刻背信弃义乃是自绝于诸侯的做法，楚国应该不会肆意妄为，因此晋国大可不必过分担心，并下令白天不用瞭望，晚上也不设岗哨，诸君但请宽坐安睡。

五日这天，各国的主要代表准备到商丘的西门外正式结盟。

出发前，屈建让随行的人员在外衣里面穿上皮甲，会盟的时候便宜行事。

太宰伯州犁劝屈建和诸侯坦诚相见，不要玩阴招。

屈建答道："晋、楚无信久矣，事利而已。苟得志焉，焉用有信？"

伯州犁听了直摇头。

赵武探知楚人果真包藏祸心，不禁也焦灼起来。

羊舌肸安慰他，说了一通多行不义必自毙的道理，又指出宋国作为盟会的东道主，向来与晋国同心同德，即便楚国暴起伤人，晋国也可以在宋国的帮扶下渡厄济难。

羊舌肸的后面那段话令赵武勇气倍增。想当年，楚成王与宋襄公会盟时，夹带兵车入场，并劫持了死要面子的宋襄公，搞得宋襄公贻笑千古。难不成你屈建还想照葫芦画瓢，在宋国的地盘上梅开二度？你当宋国的记性都让狗给吃了？

思及于此，赵武定下心来，毅然赴会。

好在楚国那边也有所顾忌，并没有真的撕下面皮动手动脚。不过会程仍然一波三折。

晋国和楚国一开始就为歃血的先后次序争得不可开交，双方都想坐上本次盟会的头把交椅。

晋国人强调他们向来就是中原的盟主，首先歃血是理所应当。

楚国人反驳说：晋国和楚国地位对等，既然要体现晋、楚共和的精神，那么楚国不能每次歃血都排在晋国之后；况且四十四年前，楚国主蜀地之盟时，诸夏之国便纷至沓来，事实证明晋楚两国交替领导着天下诸侯，此刻由楚国首先歃血也并无不妥。

话说到这个份儿上，就到了考验双方政治智慧的时候。到底是求大同而存小异，还是揪住形式主义的辫子死不松手，成为弭兵最终能否实现的分水岭。

说句老实话，晋、楚双方翻来覆去斗了几代人，将和平谈判深入到今天这个程度殊为不易，一旦功亏一篑，实在太过可惜。

老成持重的羊舌肸对赵武说："德行和尊威是一个前因后果的关系，有了德行才有尊威。诸侯归服于晋国的德行，而不是归服于晋国作为盟主的尊威。因此，致力于修缮晋国的德行才是要务，歃血的先后不争也罢。"

赵武默不作声，一种患得患失的感受在他脑海中鼓荡，要他将盟主的荣誉拱手让给楚国，心理障碍确实太大了点儿。

羊舌肸察言观色，决定改变劝谏的切入点。他继续说道："诸侯会盟时，不是没有小国主持具体事务的先例。只要您把楚国看成小国，那么即便让他们先歃血，又有什么了不起的？"

我这里稍微阐释一下羊舌肸的话，以便大家更好地阅读理解。

古代盟会的仪式中，有一种被称为"尸盟者"的角色。"尸"译为"做主"，但尸盟者并非指主盟者，而是指操办盟会具体事务的盟众国代表。

以割牛耳取血为例。

一头活生生的牛绑在那里，作为盟主，不可能挽起衣袖，左手端个敦盘，右手执把尖刀，亲自上前去割取。那样太下作，太不文雅，要是被牛血溅到身上了也不吉利。

可是不割牛耳就没法歃血，既然盟主不动手，那谁动手呢？答曰尸盟者。

羊舌肸的意思是说，连执牛耳这种被视作盟主招牌动作的行为都可以交由尸盟者实施，楚国率先歃血其实也就是个形式而已，您又何必上纲上线、耿耿于怀呢？

赵武一咬牙，终于做出了委曲求全的决定。

有趣的是，后来《春秋》记载此事时，硬生生地把晋国写成首歃，并自圆其说这是因为晋国讲究信义，宾服人心。

春秋笔法果然举重若轻，名不虚传。

纠结的人还有鲁国代表叔孙豹。

会前，鲁国正卿季孙宿曾以鲁襄公的名义指示叔孙豹，会盟时与邾、滕二国同列。叔孙豹心领神会，季孙宿的用意看起来是在作践鲁国，但实质上是在为鲁国谋取福利。

大家别忘了，晋国和楚国一早就确定，除齐、秦两国外，其余诸国都要交相朝见。这样一来，各国的贡赋应声增加了一倍，对于国家财政而言，可是个不小的负担。

所以，自比小国能够降低贡赋的基数，给鲁国带来巨大的实惠。

然而会程中，齐国要求把邾国作为自己的附属国，宋国也要求把滕国作为自己的附属国，导致邾、滕二国失去了与盟的资格。这就打乱了鲁国的事前部署。

叔孙豹思来想去，觉得自黑也得有个限度。堂堂周公后裔、礼仪之邦，眼睁睁地看着邾国和滕国都已经贬为附庸国了，鲁国还追着赶着跟人家做伴干吗？省了那点儿贡赋去买药吃呀？

于是叔孙豹将心一横，把季孙宿的告诫抛诸脑后，硬着脖子以诸侯国的身份签署了盟约。

窘事说了一箩筐，盟约好歹正式达成了。就盟会召开之前与召开期间互相争攘的情形来看，南北双方的信任基础仍旧十分薄弱，恐怕与盟者一边签约一边都对盟约的效验满怀不乐观的猜测。

然而局势的发展大大出乎人们意料。即今往后，晋国和楚国的利益冲突虽未从根本上完全消除，但直至春秋时代结束，两国之间愣是没有爆发过战争。

如果你问什么是人间奇迹，我告诉你，这就是！

此次盟会后，南北诸侯相互的朝聘和通婚频仍不绝，关系一度相当融洽。

晋国趁机剿杀周边的戎狄之属，继续向北、东、南三个方向扩张疆域；而楚国亦尽全力攻伐吴国，楚、吴相争遂成为继晋楚争霸之后春秋时代的主旋律。

值得一提的是，南北之间在和平阳光的照耀下，并非没有战争阴云笼罩的日子。

不过，对休养的向往与弭兵协议的制约作用产生了奇妙的互促互进效应。晋、楚因渴望相安休养而萌生弭兵的需求，而签署弭兵协议又转为这种相安休养心理增长的依据，以至于战争的阴云最终被机制性的力量驱散。

例如，公元前534年，楚灵王起兵北伐，几年间灭陈县蔡，大有背盟之意。

晋国于公元前531年召集鲁、齐、宋、卫、郑、曹、杞诸国在厥慭会盟，商议救援蔡国。

但是野心勃勃的楚灵王不以为然，继续挥兵东进，围攻徐国，吴国为之震动。

然而就在晋国考虑召集北方诸侯举行大规模盟会之前，楚灵王却死于国内贵族发动的叛乱。随后继任的楚平王宣布陈国和蔡国复国，南北双方和战争擦肩而过。

又如，公元前509年，楚国令尹囊瓦因勒索财物未果而强行囚禁了蔡昭侯。三年后，蔡国如数奉上财物，蔡昭侯这才得以脱身。蔡昭侯不甘受辱，立即请求晋国出兵伐楚。

次年，晋定公会周卿刘子及鲁、宋、蔡、卫、陈、郑、许、曹、莒、邾、顿、胡、滕、薛、杞、郳各国诸侯并齐大夫国夏于召陵，谋划伐楚。

但大夫中行寅以"弃盟取怨，无损于楚"为由劝正卿范鞅罢兵，范鞅听取了他的意见。

其实这时吴军正在攻打楚国，倘若晋国联军与吴军西东夹击，楚国势必难逃灭顶之灾。晋国主动放弃置楚国于死地的好机会，说到底还是自觉不自觉地受到了相安心理的影响。

总之，南北弭兵以后，晋楚双方内乏互相侵吞的雄心，外有弭兵协议作为指导行动的方针，则其习于相安乃是必然之趋势。

在这种趋势下，中原格局产生了深刻的变化。

就南方局势而言，楚国和吴国的争斗愈演愈烈且向中原腹心扩散，俨然成为对霸权的新一轮争夺。

就北方局势而言，因为楚国从意识形态上断绝北伐的念想，北方诸侯获取了充足的安全感。

于是，为应对楚国入侵而生的北方联盟逐渐解体，各国诸侯开始耽于骄奢淫靡，不恤民力而繁兴土木；各国大夫中有野心者，如鲁国三桓、晋国六卿和齐国陈（田）氏之辈，则尽力收买民心，兼并土地，扩充自己的实权，造成君昏于上，臣强于下之势。

这些，都在为战国时代的来临做着种种铺垫。

二相之死

崔杼这个人，想必大家听着还耳熟。前国君齐后庄公因他而立，又因他而死，一立一死之间，顺便给他戴了顶绿帽子。其情节之起伏回转，实为近几章凝重压抑的历史氛围中难觅的轻松与幽默。

在我的内心里，总希望历史的发展不要过于严肃、过于呆板。因为倘若是那样的话，我书写起来太费力，大家看着也太费心，彼此都无甚乐趣。

如果历史能够变着法子去折腾，把各色人物翻来覆去演绎出悲欢痴癫的结局，我相信，历史会更加受到人民群众的尊重与欢迎。

譬如，接下来我所要讲述的这个历史片段，就极具故事风格，远比那些结盟啊弭兵啊之类一本正经的事欢乐得多。

话说齐国头号权臣崔杼的家庭结构比较复杂。

他的首任夫人为他生育了两个嫡子（按长幼分别叫崔成和崔强）后早早地就死了。崔杼正值一朵花的年纪，当然不可能为亡妻守身，于是续娶了风流小寡妇棠姜为第二任夫人。

棠姜嫁到崔府的时候，把她为前夫棠公生育的儿子棠无咎也带进了门，后来又为崔杼生育了一个嫡子，名叫崔明。

棠无咎作为崔杼的继子，在崔氏家族内拥有多少理论上的继承权我们不清楚，但他显然获得了崔杼的信任和重用。因为他和他的舅舅东郭偃一起，担任了崔氏的主要辅臣。

崔杼的世子原本是崔成。可是崔成这孩子运气特不好，得了很严重的病，大概是落下了啥后遗症，反正不适合继续担任世子。所以在崔明出生后不久，崔成就被老爸摘去了世子的头衔。

按照中国古代的传统礼法，上一任夫人所生的嫡子较下一任夫人所生的嫡子有优先继承权。也就是说，崔氏世子的头衔，接下来应该非崔强莫属。

但是，崔杼对棠姜的宠爱正值高潮阶段。而我们知道，男人是一种用下半身考虑的动物，热恋中的男人，是没有理智可言的。

于是，崔明子以母贵，被老爸特命擢拔为世子。

对于这个处理结果，崔成和崔强肯定是极度不爽的。哥哥失去了固有的世子之位，弟弟失去了应得的世子之位，换作是谁都无法忍受。

可是，兄弟俩虽然不爽，却难以把心中的那口鸟气倾泻在某个具体的对象身上。

譬如崔成，虽然没有失德之举就被下了课，但他委实有病在身，客观上无法承担世子的重任，不能完全怪老爸冷酷无情。

又譬如崔强，虽然也是在没有失德之举的情况下与世子之位失之交臂，但他怪谁好呢？

怪老爸吗？老爸从头到尾都没有掩藏见色起意的心理发育过程。男人嘛，崔强自己也是个男人，应该能体恤有异性没人性的道理。

怪棠姜吗？棠姜只不过长得太美，她又没撺掇崔杼改立崔明。你硬要怪她，那就成了匹夫无罪，怀璧其罪。

怪崔明吗？崔明只是个乳臭未干的小屁孩儿，在成年人的游戏里，他只是个纯粹被动的参与者。如果跟他过不去，是不是太无聊了点儿？

这样一来，崔成和崔强相当于在人潮如织的大街上踩到一坨屎，明明恶心得要命，却又不知道该找谁撒气，所有的愤懑只能统统憋在心里发酵。

然而这种混沌的恨意很快就变得具象起来。

崔成身体不好，加上年纪又居长，眼见政治前途黯淡，也就心灰意懒，早早地向老爸崔杼打了退休报告（即不再在家族中担负具体的职务）。

前文曾经说过，春秋时代没有工资的概念，形形色色的官吏都是通过食邑的方式，获取货币、实物收入和役力资源。退休的官吏也一样，要通过食邑来供养余生。

崔成为自己物色的食邑之地，名叫崔地。顾名思义，崔地是崔氏家族世代采邑之地，崔氏的宗庙就设在那里。

在崔成看来，自己被强行剥夺世子之位，又主动提出退休，在政治上做出了巨大的牺牲和让步；作为交换，仅仅拿个崔地安享后半生，无论如何都不为过。

可是有人不这么认为。崔地既然是宗庙所在，那就意味着其邑主拥有主持家族祭祀的权力；而这个权力将来只能归属于崔氏家族的继承人崔明，怎么可以授予崔成呢？

后一种观点，老实说，法理上的依据更加充分，要是两方争辩的话，崔成只有败阵的份。

可是，崔成并非不知道自己在崔地退休的想法是不情之请。他明知"不情"而故意"请"之的思想根源，是觉得自己只不过某种意义上复制了他人的行为方式而已。

因为，崔成作为嫡长子被废黜世子身份也是非礼之举，显然大家都没把游戏规则太当回事嘛！

那么，凭什么别人可以破坏规则来损害他的利益，他就不可以破坏规则来稍微弥补一下自己的损失呢？难道谁敢说，得一个崔地，失一个世子，他崔成赚了吗？

更让崔成怒不可遏的是，反对他获取崔地的人既不是崔杼——事实上在父子俩最初谈及此事时，崔杼已经肯允了——也不是崔明，而是棠无咎和东郭偃；并且崔杼在听了棠无咎和东郭偃的意见后，又改变自己最初的允诺，驳回了崔成的请求。

说到此处，我不禁想起了《三国演义》里的一个故事。

话说关羽被东吴围困于麦城时，情势十分危急，于是派人四处求援，其中有一份求援信就送到了上庸守将刘封的手里。

刘封本名寇封，后改姓做了刘备的义子，但论起亲密程度来，与亲子倒也相差无几。

因为，刘备年近半百才生育长子刘禅。说句老实话，早年对于自己到底有没有播种能力，刘备恐怕打了一个大大的问号。收养刘封时，刘备膝下并无子嗣，所以几乎是把刘封当亲子（或者说继承人）看待的。

刘封值守上庸，距离麦城相对较近，是解救关羽的最佳人选，而且成功实施救援的把握非常大。

可刘封的副将孟达不赞同出兵，他认为孙权和曹操都在虎视蜀汉，刘封应该对局势做出全面评估，切不可轻举妄动，如果贸然发兵救援关羽，很可能导致顾此失彼，连上庸一块儿给丢了。

刘封说，这个道理我懂，可关羽是我叔父，我安能见死不救？

然后孟达说起了一些刘封所不知道的往事："某闻汉中王初嗣将军（指刘封）之时，关公即不悦。后汉中王登位之后，欲立后嗣，问于孔明，孔明曰：'此家事也，问关、张可矣。'汉中王遂遣人至荆州问关公，关公以将军乃螟蛉之子，不可僭立，劝汉中王远置将军于上庸山城之地，以杜后患。"

刘封听信孟达之言，果然拒不发兵。

后来的结果大家都知道了，曾经威震华夏的堂堂武圣，在内无钱粮外无援兵的极端不利条件下，仓皇弃城逃窜，于路途中中伏，被东吴的无名小将马忠俘获，落了个身首异处的下场。

这个故事给我们的启示就是：每个人都应该找准自己的位置，言行举止要符合自己的身份，倘若不该说的乱说，不该做的乱做，迟早会摊上大事。

譬如诸葛亮，他自知刘、关、张构成了蜀汉核心利益圈的最顶层，刘备要立嗣，关、张二人最具有建言的权力，轮不到他诸葛亮叽歪。

从诸葛亮的角度出发，事情确实是这个理。但从关羽的角度出发，他就不能理所应当地认为自己可以畅所欲言，率性反对刘封担任储君。

毕竟他关某人只是刘备的义弟，而刘封是刘备的义子。"义弟"二字蕴含的情谊无论有多么深重，也不可能承载"义子"二字所蕴含的功能。

为啥？当初刘备可是把刘封当备选的继承人招进来的，关羽和刘备再铁，刘备会愿意把基业交给关羽继承吗？

所以，关羽对刘封评头论足，实际上是犯了以疏间亲的低级错误，激起刘封的忌恨，最终付出惨痛的代价，也就不稀奇了。

回到崔成欲致仕于崔地一事上。

棠无咎和东郭偃力阻崔成遂愿的动机为何，对于本书而言其实已经没有探寻的意义。问题的关键在于，他崔成请封崔地是崔氏的家务，关棠无咎和东郭偃两个傻 × 毛事呀？

一个氏棠，一个氏东郭，虽然在崔氏担任辅臣，但终究只是个高级打工仔，倘若足够聪明的话，在涉及如此敏感的事务时就应该之乎者也，含糊其词，避免做出明确的表态。

他俩倒好，俨然自己是崔氏的宗族大佬，满嘴巴跑火车，硬生生撕破了崔成给自己拼凑的最后一块遮羞布。

崔成本来就为被废之事蓄满了仇恨值，如今旧恨未了又添新仇，于是所有情绪都山呼海啸般翻腾了起来。

崔成与崔强商议，要把棠无咎和东郭偃置于死地。大概是担心力有不逮，因此兄弟俩请左相庆封帮忙，称崔杼"唯无咎与偃是从，父兄莫得进矣"，长此以往，必将祸及自身，望庆封看在崔、庆两家交好的分儿上，弄死棠无咎和东郭偃。

庆封一五一十地听兄弟俩倾吐完苦水，口中却不置可否，只是让他们先回去，称自己还要斟酌一下。

崔成与崔强刚出庆府，庆封就火速把家臣卢蒲嫳召来，心事重重地向他转告了崔氏的家族矛盾。

这里我必须友情提示一下，庆封的心事，不是如何设法促进崔氏家族的幸福美满，而是要对齐国的政治局势以及其本人的政治前途重新做出评估。

原来，庆封表面上和崔杼一唱一和，私底下却对崔杼大权独揽充满了各种羡慕嫉妒恨，早就图谋取崔杼而代之了，只是崔强而庆弱，急切间难以下手罢了。现在崔氏兄弟主动要求他介入崔氏的内部纷争，这不正好给了他上下其手的绝佳机会吗？

而卢蒲嫳也是和崔杼有渊源的人。两年前崔杼弑杀齐后庄公时，齐后庄公的亲信们四散逃窜，其中有个叫卢蒲癸的将领避难于晋国。卢蒲嫳正是卢蒲癸的亲戚（或说是兄弟）。

总之，卢蒲嫳因为卢蒲癸而憎恨崔杼。庆封对此心知肚明，他之所以收纳卢蒲嫳，为的就是暗中整合反崔势力，以便有朝一日与崔杼争权。

庆封获取的情报，毫无疑问引起了卢蒲嫳的强烈共鸣。

卢蒲嫳明白庆封的处境与心态。机会确实千载难逢，但这是个不成功则成仁的赌局，在崔杼的积威之下，庆封没有一击必中的十足把握，逡巡犹豫也是人之常情。

这种机遇与风险并存的局面，最考验当事者的能力素质了。

俗话说，狭路相逢勇者胜。你必须具备此时不搏更待何时的血性，树立克服困难、打垮对手的坚定信心。

同时你还得讲究斗争的策略，别像个莽汉一般认死理、较蛮力。

较蛮力往往意味着与成功背道而驰。例如，《三国演义》里的"虎痴"许褚，"长八尺余，腰大十围"，看体形就知道是个少根筋的主。

据说许褚可以在牛发力狂奔的情况下拽住牛尾，反向拖行百余步；还可以在身披重甲的情况下单手控桨，将一只满载的船划过河。要说他勇力绝人，还真没恭维半分。

许褚有一次单挑马超时，斗得性起，居然嫌甲胄在身束缚了手脚，于是中途卸去甲胄，赤体提刀和马超厮杀。观战的两军将士从未见过此等凶悍玩命的打法，俱各惊骇不已。

可许褚勇则勇矣，终因缺乏甲胄的保护，被西凉军乱箭射中双臂，卒致大败而归。

后来，怪才金圣叹读到这段故事时，留下了一句精辟的评语："谁教你赤膊来？"言下之意，许褚光会比拼肌肉，一点儿技术含量也没有，被别的男人射几下实属活该！

"许褚裸衣战马超"虽然是个文艺作品，但"许褚 Style"在历史上不乏真实的映射。

明万历四十七年，辽东经略杨镐率军二十二万，兵分四路，大举攻伐努尔哈赤。

其中西路军的总兵官杜松，是位赫赫有名的勇将，平时最喜欢做的事，就是脱去衣衫，向人夸耀因战伤留下的累累疤痕。

出兵之日，杜松光着膀子在街市上游行，满城百姓轰然喝彩，以为天神下凡。

如此作秀一番后，杜松率六万明军沿规划的路线行进，直至与"管他几路来，我只一路去"的六万清军在萨尔浒遭遇。

两军列阵交锋之时，杜松作为兵团司令，不根据本方大量装备热兵器的特点来制定战术，反而打了赤膊，一马当先向以装备冷兵器为主的敌方发起冲锋。

或许在杜松心目中，只有白刀子进红刀子出的战斗方式，才足以与他威猛的形象相称；火器纵然能够轻易毙敌，却不能凸显他杜大将军的个人风采。

将要接敌时，气象遽变，突然间天昏地暗，数尺开外就完全不可辨识。

杜松继续犯二，令部属点燃火把。他固执地认为火光可以照亮黑暗中的敌人，却殊不知，在黑暗中，火光首先照亮的，恰恰是举持火把的人。

这样一来，一方在明而另一方在暗，明军顿时成为清兵远程攻击的活靶子。

努尔哈赤率六旗清军作主力从正面强攻，他儿子代善和皇太极各统一旗清军从侧翼包抄。

结果，杜松一下子就积攒了很多很多可以炫耀的资本，具体来说，他被清军的箭矢射出十八个血窟窿。

只可惜，杜松再也没有机会见到那些仰慕他、追捧他的粉丝。因为，他已被这十八箭射死，西路军的六万将士亦全军覆没。

扯得稍微远了。

总之卢蒲嫳的观点是，庆封应该动手，而且得手的概率相当大。

抢班夺权这种事，绝少会出现各种有利条件一应俱全的引导氛围，搏命在所难免。

但是资本家有了百分之五十的利润都会铤而走险，你庆封如果取代崔杼成为齐国的头号权臣，想怎么威风就怎么威风，想怎么糜烂就怎么糜烂，利润都不知道百分之几万了，还有什么好观望的？

况且，要推倒崔氏，不一定非得采取火星撞地球的血拼模式，倘若策略制定得当，借力发力，崔氏也没有想象中的那么难以撼动。

至于这策略到底该如何制定嘛，卢蒲嫳早已成竹在胸了。他对庆封说："崔杼身负弑君之罪，早晚难逃一劫，如今子嗣相起纷争，正是被上天抛弃的征兆。一旦崔氏被削弱，庆氏立即就会增强，您还担心什么呢？"

接着，卢蒲嫳又附到他耳边，轻巧地道出一番言语。庆封的眼神终于变得狞厉起来。

过了几天，崔成与崔强再次找上门来，旧事重提，央请庆封襄助。

这一次，庆封不再矜持，拍着胸脯表态："为了崔老夫子好，必须铲除棠无咎和东郭偃。这事如果你们有困难，尽管来找我，我一定鼎力相助。"

庆封的承诺给崔成与崔强带来了莫大的勇气，兄弟俩遂秘密布置一番后，于公元前 546 年的九月五日，在崔氏的议事大厅里杀死了棠无咎和东郭偃。

由于变故来得太突兀、太血腥，崔府上下顿时陷入到了巨大的混乱之中。

崔杼即惊且怒，搞不清楚崔成与崔强的终极目的是什么，脑海中闪过的第一个念头，就是赶紧离开崔府这个危险之地，叫庆封来协助镇压叛乱。

临出门时，崔杼才发现，家政已经陷入瘫痪，下人也几乎逃散殆尽，以至于连个车御都找不到。

幸亏从马厩的草堆里拎出个面无人色的马夫，让他振作精神套好马车；又从柜子里翻出个死太监①，冲着屁股端一脚后，让他临时客串一把车御。当即纵马驱车，向庆封府上狂奔而去。

庆封热情地接待了崔杼，并信誓旦旦地说："崔、庆亲如一家。这些人怎么敢如此胡作非为，请让我为您讨伐他们！"其语气之果决、表情之真诚，与接待崔氏兄弟时如出一辙。

崔杼噙着泪花，握住庆封的手久久不愿松开，这么铁的哥们儿上哪儿找呀！

事情发展到这步田地，趣味度就慢慢抬升了。现在我们梳理一下庆封和崔氏内斗各方之间复杂纠缠的关系。

---

① 春秋时代，"家"是个比"国"低一等级的政权体系，大夫家的内室也配备了太监。

崔成与崔强请庆封支持他们杀死棠无咎和东郭偃，顺便破除崔杼一手建立的家族权力秩序。反过来，崔杼又请庆封支持他镇压崔成与崔强。

也就是说，崔氏兄弟和崔杼作为彼此对立的两方，各自都希望将庆封引为奥援，并且都不知道对方与庆封达成了秘密协议。

而庆封呢？对不起，他嘴巴里喏喏连声，两边讨好，内心里想的却是将计就计，两边通吃。并且崔氏兄弟和崔杼都万万没有想到，庆封的预案其实是将崔氏家族一网打尽。

崔氏，你真悲摧！庆封，你真歹毒！政治，你真醍醐！

庆封让崔杼在庆府安坐，又派卢蒲嫳率领甲士攻打崔府。

崔氏见有外敌骤然来攻，再也顾不上同室操戈，急忙聚集残留的家人，同心戮力，加固围墙，修筑工事，死命抵挡。

卢蒲嫳久攻不下，唯恐夜长梦多，于是煽动临淄城内的民众，并调动依附庆氏的政治势力，一齐围攻崔府。

崔氏平素飞扬跋扈，国人迫于淫威，倒也服服帖帖，不敢有丝毫反抗之举。如今眼见得崔氏已成落水之势，再被卢蒲嫳一激，国人霎时变得勇敢起来，都争先恐后地投入了围剿崔氏的洪流。

崔氏在先前的防御战中本已耗尽全力，哪里还经得起这批生力军的奋力一击。未几，大门就被攻破，明火执仗的甲士蜂拥而入，狂呼叫嚣着见屋就烧，逢人就杀。崔府之中，火光共刀光一色，腥血与哀号齐飞。

棠姜唯恐被那帮臭男人逮着寻开心，遂赶在暴露之前，早早地把自己吊在了一根绳圈里，别人要是再有想法，那她也没办法了。

崔明年纪虽小，人倒是挺机灵，见来势不对，便趁乱隐藏在崔氏的墓群里，侥幸躲过一劫，并于次日逃往鲁国。

其他崔氏的族人，包括崔强与崔成在内，大多死于非命。零星剩下的几个活口，和崔府值钱的财物一起，被卢蒲嫳统统掠走。

干完这一切，卢蒲嫳擦擦手回到庆府，不动声色地向崔杼复命，说崔成与崔强那两个兔崽子已经被他搞定了。

崔杼到底和两个儿子打断骨头连着筋，听闻崔成与崔强的死讯后，他非但没有表现出任何欢畅，反而流露出了深深的落寞与迷茫。

卢蒲嫳强忍住玩弄崔杼所产生的笑欲，装出十分体贴的样子，对崔杼说，外面局势不甚安稳，让我送您回家吧。

崔杼随卢蒲嫳登车出了庆府，一路上默然不语，心乱如麻，不知道家里究竟被卢蒲嫳这厮折腾成了啥样。

渐渐临近崔府，眼睛看到的、耳朵听到的和鼻孔闻到的东西，让崔杼隐隐有了不祥的预感，他不自觉攥紧了马车的扶栏，脊背上汗出如浆，口中却干得冒火。

等到崔府——哦不，现在确切地说，只能称作崔府遗址——映入眼帘时，崔杼差点一口气闭了过去。

他一个跟头下马车，踉踉跄跄地奔上前，扯着喉咙四处呼喊，手脚并用四处寻索，只想看看还有没有活口，哪怕是缺胳膊少腿的也行。

然而，一切都是徒劳，除了他自己以外，这里已经没有任何生命的迹象；甚至他觉得自己呼出来的气息，也带着浓郁的死人味。

崔杼想问问卢蒲嫳这到底是为什么，可当他回过头的时候，只看见卢蒲嫳的马车扬长而去，一阵猖狂的笑声穿透烟尘直射而来。

刹那间，崔杼什么都明白了。他好恨，恨自己麻痹大意，在齐国纵横一世，不料一朝之间竟然被庆封弄得家破人亡。真个生不如死，生不如死呀！

崔杼颤颤巍巍地找出一根绳索，怆然自缢而死。

崔杼这么一死，齐国的实际权力便顺理成章地落到了庆封手里。

庆封是那种典型的小人得志，当权没几天，就急不可耐地表现出了视国计民生若草芥而专心于声色犬马的暴发户本色。

他将政务交给儿子庆舍处理，自己则和得力干将卢蒲嫳纵情享乐，把打猎和喝酒这两大嗜好发挥到了极致。

再后来，庆封干脆带着所有的妻妾和财物搬到卢蒲嫳家里居住，甚至和卢蒲嫳玩起了易内的游戏，极尽淫乱之能事。

齐国的官员若想觐见国相，朝堂里是绝对找不到人的，到卢蒲嫳家来找倒是十拿九稳。

为了继续追索崔杼的余党，庆封特地颁布命令：那些获罪而逃亡在外的人，如果能够举报崔氏余孽，可以自赎其罪并返回齐国。

借着这道东风的便利，避难于晋国的卢蒲癸得以返国。

卢蒲癸十分悍勇。公元前 550 年齐后庄公千里奔袭晋国时，尽遣精兵强将出征，卢蒲癸便是齐后庄公副车的车戎。这要放到现在，他就是一标准的中南海保镖，而且还是御前长随的那种。

人才不仅仅在 21 世纪缺乏，公元前 6 世纪也很紧俏。庆舍为了笼络卢蒲癸，便将他揽为家臣，并把女儿卢蒲姜许配给了他。

庆舍的另一个家臣不知是出于关心，还是出于嫉妒，像煞有介事地对卢蒲癸说："男女婚配要区别是否同宗同姓。卢蒲氏与你同宗（两家都姓姜），你为什么不避讳呢？"

哎，这番话很有道理。当年崔杼不信邪，强娶同姓的棠姜为妻，结果就死了一户口本。前鉴殷殷，后来者不可不察。

这个家臣以为卢蒲癸会悚然而止，不料卢蒲癸满不在乎地说："同宗不避讳我，我要避讳同宗干吗？譬如赋诗的时候断章取义，大家各取所需就是了，管他同宗不同宗！"

前一句话的意思很明显，是庆衙内非把女儿嫁我不可，身为他的下属，我难道还有逃婚的余地吗？

后一句话的意思就耐人寻味了。

春秋时代，人们常常引用诗歌来作为交际辞令。

诗歌的含义很丰富，表述者和听取者往往根据自己的利益需求，各自抽取诗歌中某一个特定的含义来表达看法和申明立场，而置诗歌中的其他含义于不顾。

这就造成一种很有趣的情况。即同一首诗，甲方语意的重点放在含义 A 上，乙方语意的重点放在含义 B 上。双方你说你的，我说我的，话语的实质内容不同，最后却又能达成共识或者说达成妥协。

这种同话不同意的范例，其实本书中曾经出现过。大家如果不嫌麻烦，不妨翻阅公元前 547 年齐景公和郑简公赴晋国为卫献公陈情那一段。

当时齐景公的相礼国弱赋《蓼萧》，郑简公的相礼公孙舍之赋《缁衣》。他们的本意是请求晋平公释放卫献公。

晋平公则利用诗歌一语数关的特点，不对齐、郑两国的请求做正面回应，而是变换主题，就着那两首诗歌拜谢齐、郑两国忠于晋国之事。

那么，卢蒲癸为何要以赋诗断章取义来比喻卢蒲姜与自己婚配的行为呢？目前我们尚无法做出准确的判断。

但我要提出一种可能性。卢蒲癸的潜台词是不是这样，即：你庆舍愿意把卢蒲姜嫁给我，我卢蒲癸也愿意娶卢蒲姜为妻，从形式上看两家一拍即合，但你的出发点是为了笼络进而便于驱使我，而我的用意是借与你结亲打入你的圈子，进而获取某种便利，以达到最终不可告人的目的。

真相到底是什么，只能等待时间给予答案。

卢蒲癸在庆家登堂入室后，又向庆舍举荐王何。

王何这个人前文中也提到过，其境遇与卢蒲癸高度相似，同样靠武力吃饭，同样曾是齐后庄公的亲信，同样在崔杼弑君后逃奔出国。

庆舍将王何召回来，宠信并于卢蒲癸，使二人执寝戈①须臾不离左右。

要特别说明的是，庆舍搞这样两个齐国闻名的猛男来护卫自己，反映的不是他对于周边安全环境的忧虑，而是为了耀武扬威、彰显自己的权势。

事实上，庆氏扳倒崔氏之后，自认为在齐国政坛处于不可撼动的绝对优势地位，不知不觉丧失了对政治斗争风险的警惕性。这一点在后来齐国政局演变的过程中发挥了至关重要的作用。

我之所以要强调这一点，是因为齐国政坛此刻正酝酿着一场大风暴。

当时，齐国有七个显赫的大夫世家，除了庆氏外，还有高氏、国氏②、陈（田）氏、鲍氏③、高氏④、栾氏⑤。

其中的陈、鲍、高⑥、栾四氏对庆氏极度不满，图谋联手铲除庆氏。

庆氏招惹众怒的原因，《史记·齐太公世家》中写得很清楚，"庆封为相国，

---

① 武器名称，贴身卫士专用。
② 高、国二氏即周天子钦命的齐国二守。
③ 鲍叔牙之后，以其曾孙鲍国为代表。
④ 齐惠公之子公子祁字子高，公子祁之子公孙虿以高为氏。
⑤ 齐惠公之子公子坚字子栾，公子坚之子公孙灶以栾为氏。
⑥ 本章后文中出现的高氏，皆指公子祁之后。

专权","已杀崔杼，益骄，嗜酒好猎，不听政令。庆舍用政，已有内隙"。

这大致就是说，庆封专权又不管事，飞扬跋扈，生活奢靡，"四风"问题一个不落地全犯了；齐国的其他政治势力不堪忍受，人心思变。

那好，一方面四氏想要搞庆氏，另一方面庆氏又毫无防备，接下来有好戏看了。

情绪在酝酿，导火线也不期而至。

话说齐国实行公务免费用餐制度，即在国家朝堂里署理公务的官员，国家为之提供免费的工作餐。而根据官员的级别高低，工作餐的伙食标准各不相同，其中大夫的标准是国家每天供给两只鸡。

专制社会有个根深蒂固的陋习，人们但凡获取了一丁点儿的权力，也要挖空心思搞腐败。

譬如齐国为官员烹制工作餐的炊事班，你说他们有什么权力，最多也就是偷吃一些好菜，或者偷带一些食材回家对不？嘿！他们还真就在这一丁点儿的权力上玩出了花样。

管伙食的人以次充好，擅自降低食材的档次，譬如提供给大夫食用的两只鸡，就被他们偷偷地换成了两只鸭（春秋时代鸡贵鸭贱）。

而送伙食的人更加丧心病狂，他们见管伙食的人赚了便宜，心里羡慕得紧，也想打打秋风，于是偷偷地把鸭肉捞出来，只给大夫送去清汤。

好端端的两只囫囵鸡，经过层层盘剥，就硬生生地只剩下一盆汤。我想，就算是被黄鼠狼打劫了，也多少会留下几根骨头吧？你们这帮奴才，真有才！

可问题是，这吃伙食的大夫个个都是受过教育的高级知识分子，指望他们分不清鸡肉和鸭肉的区别可以，若是指望他们连有肉还是没肉都分不清，你们也太欺负人了吧？

一边喝汤一边骂娘的大夫有很多，我们这里单挑两位出来说事。

一位大夫叫栾灶，另一位大夫叫高虿。如果说这两位有什么特别之处，栾灶是栾氏的宗主，而高虿是高氏的宗主。

公膳出了差池，当国者难辞其责。两位大夫本来就对庆氏抱有成见，如今上个班公家连饭菜都死抠，他俩心中对庆氏的怨尤可想而知。

大概是这两位骂得格外狠，惹毛了庆封。庆封有心治治他们，便问卢蒲嫳该怎么办。

卢蒲嫳回答得很干脆："譬之如禽兽，吾寝处之矣！"这话什么意思？古者杀兽，食其肉而寝其皮也。

庆封也动了杀机，但考虑到栾氏和高氏并非泛泛之辈，急切下不了手，所以决定还是做些准备，秘密创造发动变乱的条件。

庆封先去游说晏婴。

晏婴比起当年直口讥刺崔杼弑君专权那会，圆熟了不少。面对庆封的威逼利诱，他逊谢道："婴没什么本事，自己的智慧够不上出谋划策，手下的人也不足以使用。"言下之意，您又想干坏事对吧，麻烦出门左拐，不要脸和不要命的人那边一抓一把。

说完以后，晏婴怕庆封循着非友即敌的思路对他不利，又补充道："我绝不会泄露今天的话，可以盟誓为证。"

庆封说不用不用，谁不知道您德高望重，既然话都说到这个份儿上了，还盟个屁的誓呀？

接着，庆封又去游说大夫北郭子车。

北郭子车是条实心汉子，非常直白地说："大家为官处事的方式各不相同，您的想法，我做不来。"

情节发展到这里，史书中的记载开始语焉不详。根据事态的后续演进，我只能猜测，在随后的一段时间里，庆氏的准备工作仍然没有到位，但反庆四氏与卢蒲癸、王何二人结成了政治同盟，并为反攻庆氏做好了周密的部署。

当时的形势堪称云诡波谲，朝中有眼光的人，譬如陈（田）氏，已经预感到了庆氏的败亡之兆。陈须无和其子陈无宇早早地就在谋划如何趁庆氏解体之际，在国内占取更大的权力份额。

然而庆氏对这些汹涌的暗流自始至终没有任何察觉，他们甚至麻木到了何种程度，说出来都怕大家不相信。

有一次，卢蒲癸、王何二人为攻打庆氏而占卜。不知他俩出于什么心态，占完卜后竟然把卦象送给庆舍去看，并称有人为攻打仇家而占卜，请庆舍给解解卦。

庆舍拿着烧裂的乌龟壳仔细端详一番后，一本正经地说："攻下了，而且会见到血。"他压根儿就没想到，所谓的"有人"，指的就是卢、何等人，而所谓的"仇家"，指的正是他自己。

不过我还是忍不住要夸赞庆舍一下。因为他对卦象的解读，除了人物的指向不明外，其余的就好像自己亲眼看到了结果一样，全无半分差池。

公元前545年，十月，庆封留庆舍镇守临淄，自己跋山涉水跑到莱地打猎。大夫陈无宇也是随行的人员之一。

莱地与临淄相距甚远。庆封做出这样的举动，说明他的自我感觉相当良好，仍然没有任何危险迫近的意识。

庆封出城后，盘踞在临淄的反庆势力到底做了些什么，史籍中没有详述。我们只看到，十月十七日那天，一个行色匆匆的人面见了陈无宇。

此人来自临淄，系陈须无所遣，他找陈无宇的目的，是想告诉他四个字：赶紧回去！

陈无宇心领神会，临淄那边快要动手了，庆氏随时有灭顶之灾，庆封身边已成是非之地，不可久留。

但是，从庆封身边抽身而走并非易事。因为，庆封终究不是个傻子，大家一起在莱地搞奢侈腐化正当兴头上，你陈无宇突然说要走，你小子是怕老婆查岗，还是想给御史打举报电话？

陈无宇为这事急得不行，最后实在找不到其他办法了，只好狠狠心，把脸往下一拉，苦兮兮地对庆封说："老母病重，请求回去探视。"

春秋那会儿，孝道是为人处世的一条基本准则，极少有人敢拿父母的康健信口胡言。所以陈无宇撒的这个谎，庆封非但没有生疑，反而很热心地帮着卜了一卦，推算陈母的"病情"会如何发展。

可惜，庆封肚子里的墨水太少，卦象卜出来后，自己却不会解读。

陈无宇正好借题发挥，捧着龟甲号啕痛哭，伪言道："这是将要死亡的卦象啊！"

于是庆封就批准陈无宇告假回家。

而陈无宇犹恐庆封识破他的诡计，将沿途经过的潍、淆、淄诸水上的船只和桥梁破毁殆尽，以防庆封追袭。

庆封的族人庆嗣听闻陈无宇返京，预感将有变乱发生，便劝庆封速速返回临淄以做必要的防范。庆封不以为然，继续在莱地飞鹰走狗，花天酒地。

庆舍之女卢蒲姜亦察觉老公卢蒲癸的形迹可疑，便质问卢蒲癸是不是有事瞒着她。

卢蒲癸一开始支支吾吾，顾左右而言他。

卢蒲姜威胁他说："你如果有事瞒着我，必然不能成功。"

卢蒲癸大概说了些庆氏乱政而国人思反的话语，具体内容已不可考究。

卢蒲姜说："父亲确实做得过了头，容我找个机会去劝谏劝谏他。"

卢蒲癸只答了个"好"字，至于日后他本人会不会投身到反庆的斗争中去，卢蒲姜没问及，他也没主动挑明。

临淄城中反庆势力的种种异常行迹，并未引起庆舍足够的警觉，他仍旧挥霍着权力带来的虚假繁荣，在黄昏的盛宴上纵酒狂欢，而绝不曾想到，上帝欠庆氏的，记在账上，庆氏欠上帝的，迟早要还。

十一月七日，齐国在姜太公的庙宇举行秋祭[①]。庆舍执掌国政，理所当然地要出席。暗中联结的反庆势力也已准备就绪，约以在秋祭仪式上共同举事。

庆舍出门前，卢蒲姜提醒他，有人要借机发动变乱，千万去不得。

庆舍自负地说谁敢，然后大摇大摆地赶到了太公庙。

太公庙内，齐景公和诸位卿大夫各就各位，喧嚣的祭祀仪式正在进行。

一个叫麻婴的庆氏门人，按照风俗扮演齐太公之尸，享受着众人的祭献；还有一个叫庆奊的庆氏门人，则担任上献的角色，对着活死人行仪。

庆舍在显眼的位置观礼，卢蒲癸与王何手执寝戈在其身后侍立。庆氏的甲士四处警跸。一切看起来都十分有序。

然而，无序的事情马上就会发生。

陈氏和鲍氏的养马人在旁边演戏，庆氏带进来的马匹因之受惊而蹿伏奔跑。

---

① 《左传》采用周正纪年，而齐国采用夏正纪年，《左传》中的十一月七日，在齐国正值九月金秋。

庆氏的甲士大呼小叫，被迫卸下甲胄，追逐惊马，一匹匹将其束服。

这样一来，先前那种众甲士拱卫的整肃格局就被慢慢搅散了。

待约束惊马，庆氏的甲士懒得再站班，连卸下的甲胄也留在原地不管不顾，竟然一边喝酒，一边看戏去了。

庆舍并未在意。他心底里"谁敢"的念头根深蒂固，大概觉得反正没人敢于作乱，甲士护卫也就是种形式，有它不多，无它不少。再说了，卢蒲癸与王何动物凶猛，这庙里即便有人图谋不轨，和他俩比起来，那还不是一群"战五渣"呀？

庆舍在放任，庆氏的甲士就更加放纵，不知不觉，他们已经跟随着戏曲的进行游动到了庙宇之外。反庆势力苦苦守候的时机终于来了。

只见陈、鲍、高、栾四氏的随从不约而同抓起地上的甲胄套在自己身上，瞬间变成了无数狰狞的甲士。

庆舍傻了眼，正不知他们所欲何为时，门口又传来沉闷的响声，扭转头一看，是高虿用槌子连续击打庙门，脸上还满是苦大仇深的神情。

砰砰砰三下击毕，庆舍刚想问兄弟这门是招你了还是惹你了，突然，一阵钻心彻骨的疼痛从背部袭来。庆舍确信有一些原本不属于他身体的东西，强行进入了他。

究竟是什么东西，在场的人看得清清楚楚，是卢蒲癸与王何同时出手，用寝戈偷袭了庆舍。其中王何那一戈尤其毒辣，生生地劈开了庆舍的左肩。

庆舍倒也硬朗，重伤之下兀自不坠，右手钳住庙的椽子奋力摇撼，整个屋宇都为之震动；接着而又抢起身前的俎、壶等物掷向蜂拥杀来的甲士，颇有人中招而死。

可庆舍到底不是个神仙，刚才那一套悍勇无比的动作，犹如油灯熄灭前的爆燃。眨眼之间，他就直挺挺地死去了。

卢蒲癸等人凶性大发，又接连斩杀了麻婴和庆绳等庆氏党徒，直把齐景公吓得面无人色。

鲍国抚慰齐景公说："臣下杀人，是为了尊崇君主，并非为了争权夺利。"这话虽然忒无耻，但好歹让齐景公不至于瘫软在地。

陈须无脱下祭服，送齐景公返回内宫。

不久，庆封率吃喝游乐团兴尽而归，临近临淄时，遭遇侥幸从城中逃脱的党人，并得知了变乱的消息。

根基已失，城外不可淹留，何去何从成了庆封必须当机立断的问题。庆封考虑再三，终究不甘心就此落荒而逃，决定做绝境反击。

十一月十九日，庆封率部攻打临淄西门，未果；继而攻打北门，得手，遂引兵入城，攻打反庆势力据守的公宫。

反庆势力抱团儿防守，与庆封隔着一道宫墙作战。双方乒乒乓乓互相扔了一会儿板砖后，局势渐渐演变成了"有本事你攻进来"和"有本事你攻出来"的口水战。

而对峙的局势，把人员、物资以及心理准备都很仓促的庆封逼到了墙角。

因为，如果庆封不尽快压制反庆势力并重新掌控对朝政的主导权，那么士民唱衰庆氏的声音就会越发响亮，而这种舆论氛围反过来又会进一步加剧庆氏政权体系的瓦解。

所以，庆封的当务之急就是赶在被拖死之前找对手决一死战，这样至少还可以保有一半的赢面。

然而，这一层利害关系，反庆势力也洞若观火，他们才不会没事找事呢。庆封想决战？门儿都没有！

相持了一阵，庆封的意志垮塌，再也无心恋战，出临淄投奔鲁国而去。

说起庆封奔鲁，我不禁想起了一件往事。

一年前，庆封赴鲁国聘问。当时他乘坐的马车异常华美，引起了孟孙羯和叔孙豹的议论。

孟孙羯像是羡慕又像是揶揄地说："庆封的座驾高端上档次呀！"

叔孙豹嗤之以鼻："衣饰和人不相称，必然会带来恶果。庆封的车再好又有什么用？"

及至会见，叔孙豹设宴款待庆封，庆封表现得很不恭敬。

叔孙豹心里极为不满，就赋了《相鼠》一诗。

《相鼠》见于《诗经·鄘风》，原文为："相鼠有皮，人而无仪。人而无仪，不死何为！相鼠有齿，人而无止。人而无止，不死何俟！相鼠有体，人而无礼。人而无礼，胡不遄死！”

大家给评评，这首两千五百多年前的诗作，即便我不加翻译，那也是相当浅显易懂的吧！可令人跌破眼镜的是，庆封听了居然无动于衷，丝毫不见动怒。

这是什么情况？难道庆封就这么臭不要脸？

非也非也！奥秘在于，庆封居然完全没听懂《相鼠》的含义。人言"无知无畏"，庆封真乃绝佳之注脚。

那么庆封此次奔鲁，会不会又出什么洋相呢？答案是，那简直是必须的。

庆封到达鲁国后，向鲁国正卿季孙宿进献一辆光可鉴人的豪车作为见面礼。

鲁大夫展庄叔见了直摇头，一针见血地置评道："马车越是光鉴，其人越是憔悴。"

叔孙豹设便宴款待庆封。庆封在举箸前遍祭诸神，念念叨叨不亦乐乎。

春秋时代，有饭前必须祭神的讲究，所谓"虽疏食菜羹必祭"是也。

这样看来，庆封祭神的举动称得上知礼了。

其实不然！饭前须祭神是不错，但由谁主祭也有很多学问，一般情况下，主祭的人应该是在场身份等级最高者或者饭局的东家。

所以，庆封越俎代庖抢了叔孙豹的生意。说得好听点儿，这是对礼法一知半解；说得难听点儿，这是缺乏教养，不学无术。

叔孙豹很恼火，但又不好直斥庆封是个浑蛋，便让乐工唱诵《茅鸱》。

《茅鸱》是一首上古的逸诗，其主旨是讽刺不敬，用在庆封身上恰如其分。

可叔孙豹很快就再次有了深深的挫折感。因为庆封的反应与听取《相鼠》时如出一辙，始终坦然处之，压根儿就没听明白乐工唱诵的是什么。

我猜想庆封要是在鲁国一直待下去，常年受到礼仪熏陶的鲁国人非疯掉不可。庆幸的是，这种恐怖的情形并没有出现。

拯救鲁国的是齐国。

反庆势力掌权后，先将崔杼戮尸曝晒，继而向鲁国提出外交抗议，谴责鲁国为庆封提供政治庇护。

庆封见势不妙，随即带着部族南下逃到了吴国。

吴国与齐国没什么外交关系，论实力也并不忌惮齐国，因此大大方方地收容了庆封，挑了个叫朱方的城邑让庆封聚族而居。吴王余祭还把女儿许配给庆封为妻。

庆封虽然失去了权势，但日子倒也过得有滋有味，据说其富有程度甚至超过了在齐国为相之时。

然而叔孙豹听闻这个情况后，并不认为庆封捡了宝。他说："好人富有叫作奖赏，坏人富有叫作灾殃。上天恐怕是要降灾给庆封，将要让他聚族而死吧？"

叔孙豹素来看不起庆封，但他关于庆封命运的判断不失为公允。历史证明，庆封的结局没能逃脱叔孙豹划定的范畴。

七年后的公元前538年，楚灵王出兵伐吴，一举攻破朱方，俘获了庆封。

楚国在华夏正统文化源流的观念中，一直是残暴无义的代名词。饶是如此，楚灵王也觉得庆封在齐国主政期间的倒行逆施有悖天理人伦、为世所不容。

于是，楚灵王喝使庆封身负斧钺在军中巡行示众，并责令庆封一边走，一边呼喊："千万不要像齐国的庆封那样，杀害自己的君主，欺凌丧父的新君，逼迫国家的大夫！"

庆封自知难逃一死，心想伸头缩头横竖是一刀，你楚灵王五十步笑一百步，也不是啥好东西，老子凭什么要受尽侮辱后再死？于是流氓劲头发作，巡行之时厉声高呼："千万不要学楚共王的庶子围杀死他的国君——哥哥的儿子麇——而自立为君，来和诸侯会盟！"[①]

楚灵王万万没有料到庆封这个烂人死到临头了还要拉他垫背，当下又急又怒，飞起一闷棍将庆封击晕，然后拖到场边放血。庆氏族人亦概莫能免，统统吃了楚灵王一刀。

明天的太阳还会照常升起，但庆封已归于尘土，他留在这世上的，除了那倾城的财富，只有滚滚的恶名。

《吕氏春秋》说："黄帝那样尊贵也要死，尧舜那样贤德也要死，孟贲（战国时期秦武王手下的大力士）那样勇武也要死。人固有一死，像庆封这样的，可以说是死而又死了。自身被杀，宗族亲属也不能保全，这是为非作歹的缘故。"

---

① 楚灵王围弑杀侄子楚郏王麇而篡位。

死而又死（原文为"重死"）这种说法，比较含蓄，如果我们换个角度来理解，说庆封虽百死不足以蔽其辜，他也只有生受的份儿。

崔杼和庆封从初期的狼狈为奸、互相依仗，到中期的同床异梦、落井下石，再到末期的身名俱灭、惹天下笑，勾勒出齐国政坛钩心斗角的纷争乱象。

当然，纷争本质上是一种实力格局的调整，崔、庆两大世家的相继倒台，冥冥之中为另一个神秘世家的崛起做了铺垫。这个神秘的世家，想必大家已经料到，它就是陈（田）氏。

此时的齐国，虽然朝政由高、栾二氏接掌，但陈（田）氏借由倒庆之功，势力比以前更加壮大；并且齐景公为齐国营造的政治氛围，也为陈（田）氏的迅猛发展提供了可乘之机。

早期的齐景公是个典型无道之君，《史记·齐太公世家》说他"好治宫室，聚狗马，奢侈，厚赋重刑"。

当时，齐国民众收入的三分之二被政府征收，仅剩三分之一养家糊口。国家不见得富裕无匹，可公室私廪中的钱粮堆积如山，用都用不完，年长月久，各种物资遭虫蛀鼠啮，发霉腐变，白白浪费。而民众生活无着，退休官员亦有衣食之虞。

士民怨声载道，但稍有抗争便被齐景公施以断足之酷刑，以至于街市上鞋子越卖越便宜，假足和拐杖却越卖越贵。

这时，陈（田）氏主动站出来抚恤士民。谁没有饭吃，尽管找陈（田）氏借贷粮食。

齐国称量的公制，四升为豆，四豆为区，四区为釜，十釜为钟。陈（田）氏把豆、区、釜的标准各提高四分之一，即五升为豆，五豆为区，五区为釜（则公制一钟等于六百四十升，陈（田）氏家制一钟等于一千二百五十升），然后用公制找士民收贷粮食，用家制向士民发还粮食。一贷一还之间，士民获利甚巨。

陈（田）氏又从山林和海滨向城邑调运木材和鱼盐。士民在街市上购买木材，价格不高于山上；在街市上购买鱼盐，价格也不高于海滨。

士民但有痛苦疾病，陈（田）氏就嘘寒问暖，施与厚赏，助其渡过难关。

如此一来，士民都视陈（田）氏为父母而归之如流水。

陈（田）氏的声望日渐隆盛，齐景公却熟视无睹，乐得让陈（田）氏掏私人的腰包替国家维稳，他自己好继续收敛钱财充实小金库。

　　公元前 539 年，齐大夫晏婴会见晋国的羊舌肸时，就对齐国的国情做了精辟的概述。他说："齐国政权最终将归于田氏。田氏虽无大的功绩，但善于借公事施私恩，有德惠于士民，赢得了士民的倾心拥戴。"

　　总之，崔氏和庆氏相继从齐国政坛淘汰出局，虽然和陈（田）氏的兴盛没有直接而必然的推导关系，但一切人与事都处在缕缕相关的世界里，我们在梳理齐国的政治变迁时，应该从二相之死的尘嚣中窥见陈田代姜的肇始与端倪。